从吉本到奥登
FROM GIBBON TO AUDEN
古典传统论集

[美]G.W.鲍尔索克◎著
于海生◎译

华夏出版社
HUAXIA PUBLISHING HOUSE

目 录

序　言 001

第一部分　第18世纪 001
　第一章　吉本的历史想象 003
　第二章　吉本论衰落中的罗马帝国的内战和叛乱 029
　第三章　关于吉本藏书的一些思考 049
　第四章　守望者：吉本的自传 063
　第五章　苏埃托尼乌斯与18世纪 076
　第六章　赫库兰尼姆和庞贝的重现 097

第二部分　第19世纪 113
　第七章　手语：那不勒斯的手势和古典时代的手势 115
　第八章　柏辽兹、维吉尔和罗马 127
　第九章　爱德华·里尔在佩特拉 143
　第十章　布克哈特论古代晚期 156

第三部分　第20世纪 176
　第十一章　新的旧世界 181
　第十二章　诗人C.P.卡瓦菲斯笔下的朱利安 199

第十三章　卡瓦菲斯和阿波洛尼奥斯 219
第十四章　新的卡瓦菲斯 233
第十五章　晚期莫米利亚诺 259
第十六章　一个现代的伊索 274
第十七章　奥登论"罗马帝国的衰落" 286

参考文献 328
译后记 333
编后记 335

序　言

　　构成本书的17篇论文，源自对古代世界及其历史更专业化的研究。它们不仅反映出我的个人兴趣和研究领域，也例证了一个坚定的信念，那就是，古典时代在现代思想与文学中一直很重要，而且在今天仍然重要。这里收集的文章跨越三个世纪——从18世纪到20世纪，并按时间顺序加以细分。但是，它们具有与其研究过程密切相关的内在一致性。

　　研究罗马帝国的历史学家会非常重视吉本，这一点儿也不奇怪。从我最初研究奥古斯都帝国开始，他所著的《罗马帝国衰亡史》，就提供了一个相关历史性解释和说明的非凡标准，而且无论是在今天还是在其当初问世之际，这一结论都同样成立。我研究吉本并撰写论文的时间跨度长达30年，本书所收录的其他两篇侧重于18世纪的专题文章，也和它们密切相关——一篇是有关苏埃托尼乌斯和塞缪尔·约翰逊的，而另一篇是有关在赫库兰尼姆和庞贝的发现。塞缪尔·约翰逊似乎对吉本没有多少兴趣，而吉本对意大利坎帕尼亚[①]考古发现也没有表现出什么兴趣。不过，约翰逊为欧洲文学传记树立了一个新标准，而且在这方面，他是受到了一个和普鲁塔克属于同一时代的大师

[①]　位于意大利半岛南部亚平宁山脉南麓，濒临蒂勒尼安海。

级古典传记作家的影响。在那不勒斯附近地区的发现，对18世纪的艺术和思想研究产生了巨大影响，这和那位英国艺术爱好者的努力尤其密不可分。传记学和考古学在过去占据了我大部分时间，而这也是我积极探讨这些主题的原因。我热切地希望这些有关苏埃托尼乌斯和庞贝的文章对于18世纪古罗马世界的研究而言，能够起到锦上添花的作用。

在有关卡瓦菲斯①的一系列研究文章当中，吉本的影响和作用显然十分突出，而我的朋友戴安娜·哈斯也匠心独具地出版了卡瓦菲斯有关吉本的注释。卡瓦菲斯不仅是一个热衷于性爱题材的诗人（他可能也因此格外名声大噪），也是致力于探索罗马和拜占庭帝国和复杂的古代希腊世界的诗人。我自己对于古代晚期的研究，让我一次又一次地接触到卡瓦菲斯的相关作品。在卡瓦菲斯看来，吉本，连同希腊历史学家帕帕里戈普洛斯，都是研究古代晚期和拜占庭世界关键性的现代历史学家。这个专心致志而又充满想象力的诗人显然不满足于二手来源。他坚持回到古代文本中寻找真相。吉本经常成为他在这方面的向导。奥登②那篇关于罗马陷落的未能发表的论文（我有幸第一次将其发表出来），以一种奇特的方式，再次向吉本所提出的有关古罗马衰落的问题表

---

① 康斯坦丁·卡瓦菲斯（1863—1933年），生于埃及亚历山大城，20世纪初期希腊大诗人，现代希腊诗歌创始人之一。

② 威斯坦·休·奥登（1907—1973年），英裔美国诗人，毕业于牛津大学。20世纪30年代崭露头角，以能用从古到今各种诗体写作著称，成为新一代诗人代表和左翼青年作家领袖。1939年移居美国并皈依基督教。前期创作多涉及社会和政治题材，后期转向宗教。代表作有《西班牙》、《新年书信》、《忧虑的时代》和《无墙的城市》等，被认为是继叶芝和艾略特之后英国最重要的诗人。

达了某种敬意，而且同样作为一个诗人，他是通过卡瓦菲斯的诗句明确表达了这一点。

如果说吉本为这本文集提供了"骨架"，那么，"肌肉"则是通过对东部地中海社会（尤其是阿拉伯阶层）的多年研究而获得的具有异国情调的"装饰品"。这体现于回顾安德雷·德·乔里奥的一本著名旧作时，所涉及的有关那不勒斯的地中海风情的讨论。这项研究也引领我走近诗人、画家和史学家爱德华·里尔，他参观过地中海东部地区，并完成了许多珍贵的绘图，其中包括19世纪有关约旦古城玫瑰城佩特拉的宝贵证据。

有关前伊斯兰阿拉伯（也即在630年伊斯兰教兴起之前的阿拉伯半岛地区）的一系列研究作品的时代性（这种时代性不只存在于图书馆，也存在于那个地区），让我对于现代世界对有关古典时代的各种解释及其产生的影响更加敏感，因此，古代史研究对于今天的学术研究的意义，是将这本书串联起来的另一条线索。我和史学家阿纳尔多·莫米利亚诺的友谊，带来了许多卓有成效的、有关数百年来古典学术发展趋势的讨论，而在这当中，吉本再次发挥了重要作用。我经常回顾起希腊人和罗马人在欧洲和北美历史上的影响力。这就是为什么柏辽兹十分喜爱维吉尔（在欣赏罗马人的希特勒出现之前，这是德国人崇拜古希腊人的潮流的一个缩影）的原因，而美国人脱离杰斐逊推崇的古罗马共和国模型而转向雅典民主制的过程，也将在本书占据一席之地。这也是一个当代波兰记者对希罗多德的迷恋会出现在本书中的原因。毫无疑问，对于莫米利亚诺在人生后期广泛思想的深入研究，也将在这本随笔集中有所体现。

这些文章在许多地方（期刊和书籍）都出现过，而它们也让我结识了一些令人振奋的同行和朋友。其中有几个来自美国自由主义杂志《新共和国》，该杂志的文学编辑列昂·维瑟提尔，对于我感兴趣的东西不仅显示出一种不可思议的直觉性本能，而且极为慷慨地容许我随意表达我想表达的东西，文章的长度也由我自己决定。我的老朋友伯纳德·诺克斯寄来了奥登的那篇被长期压制的文章供我使用。约瑟夫·爱泼斯坦曾委托我为季刊《美国学者》撰写过几篇文章，他在很长一段时期内是这本杂志著名的主编，而我和莫米利亚诺也共同参与过其编委会的工作。有关卡瓦菲斯的研究作品，能够反映出我与已故的乔治·萨维迪斯之间的友谊，他曾是我的哈佛同事，也是幸存的卡瓦菲斯档案所有者及其许多珍品的杰出编辑。萨维迪斯慷慨地将关于君士坦丁王朝的罗马皇帝朱利安迄今尚无人知晓的诗歌交给我分析，而在意大利巴勒莫市的雷娜塔·拉瓦尼尼一直都在精心准备这些诗歌的翻译文本。我和她在这个项目上的接触，是一个极其令人难忘的体验，她让喜爱卡瓦菲斯诗歌的所有严肃的读者继续受益：由她翻译、润色和完善的那些未完成诗歌的绝佳版本，于1994年在雅典由伊卡洛斯出版社出版。虽然卡瓦菲斯的作品有许多"经典"版本，但一些令人惊异的诗歌此前尚未被翻译成任何语言面世。拉瓦尼尼的版本成为我探索"新的卡瓦菲斯"这一课题的研究论文的模版，它也为我自己临时翻译的几篇节选文章提供了文本。同样幸运的是，丹尼尔·门德尔松现已将它们都译成英语，并将作为他翻译的其他经典诗歌的一个补充文本，于2009年由兰登书屋旗下的诺普夫出版社出版。

在这本书中，并未明确注明法语、德语、拉丁语和希腊语的文本翻译，都是由我本人完成的。在此过程中，没有哪个环节我不曾与哈佛大学的古典学和历史学教授克里斯托弗·琼斯预先讨论过。他的判断力、学识和想象力，在近50年来一直让我受益非浅。而现在，在这新千年伊始之际，我要感谢阿尔多·斯齐亚沃尼和斯特凡·兰卡，是他们鼓励我将所有这些论文编辑成书。其中一些被译成意大利语并在2007年于意大利出版。下面这些章节不仅反映出我自己，同时也可反映出我的一些密友的知识趣味和学术研究。没有他们的支持和协助，我的生活和工作必然要比现在糟糕得多。

每个章节书目信息的主要内容如下所示。考虑到作为最新出版物，参考文献已作更新，文本也加以修改，并且翻译了相关引文。

1. "吉本的历史想象"，《美国学者》（1988年冬）：pp.33—47。

2. "吉本论衰落中的罗马帝国的内战和叛乱"，《美国文理学会会刊》（1976年夏）：p.63—71，转载自《爱德华·吉本和〈罗马帝国衰亡史〉》，G. W. 包骚客、J. 克莱夫和S. R. 格劳巴德主编，p27—35（哈佛大学出版社，1977年）。

3. "关于吉本藏书的一些思考"，格罗里埃俱乐部①公报（2001年）：p49—59。

4. "守望者"，摘自《论文集：吉本和圣城守望者》（2003年）：p82—91。

5. "苏埃托尼乌斯与18世纪"，《18世纪的传记》，J. D. 布朗宁主

---

① 纽约市的一个私人俱乐部和藏书家协会，成立于1884年1月，是北美地区现存古老的藏书俱乐部。

编，p28—42（纽约加兰德出版社，1980年）。

6."赫库兰尼姆和庞贝的重现"，《美国学者》（1978年秋）：p461—470。

7."手语：那不勒斯的手势和古典时代的手势"，《新共和国》，2001年4月，p57—61。

8."柏辽兹、维吉尔和罗马"，以前并未发表的英文原本，曾译成意大利语并发表于《古典时代论文集》（艾奥迪译，2007年），p91—99。

9."爱德华·里尔在佩特拉"，《美国哲学协会研讨会纪要》（1990年），p309—320。

10."布克哈特论古代晚期"，《雅各布·布克哈特论文集》（2004年），A. 切萨纳和L. 戈斯曼主编，p215—228。

11."新的旧世界"，《新共和国》，2002年11月4日，p27—31。

12."诗人C.P. 卡瓦菲斯笔下的朱利安"，《拜占庭和现代希腊研究》第7期（1981年）：p89—104。

13."卡瓦菲斯和阿波洛尼奥斯"，《格兰德大街》学术杂志（1983年春）：p180—189。

14."新的卡瓦菲斯"，《美国学者》（1996年）：p243—257。

15."晚期莫米利亚诺"，《格兰德大街》（1989年秋）：p197—209。

16."一个现代的伊索"，《新共和国》，2007年9月24日，p53—55。

17."奥登论'罗马帝国的衰落'"，《奥登研究》第3期（牛津大学出版社，1995年），p111—119。

第一部分　第 18 世纪

第一章　吉本的历史想象

爱德华·吉本在今天的声誉，甚至比他生前更为稳固。无论在其有生之年还是辞世之后，这位研究罗马帝国的史学家都和约翰逊爵士[①]形成了对照。他没有鲍斯威尔[②]那样的人为其作传，但他基本上也不需要这样的人，因为他留下了一部伟大的杰作。毕竟，假使没有鲍斯威尔的努力，约翰逊爵士最能够让人铭记的地方，恐怕也就是他编撰了那部辞典而已。尽管重要，那也并不是今天的人们经常使用的一部辞典。但是，《罗马帝国衰亡史》却被继续重印和阅读，并在整个西方世界受到赞誉。它是吉本的一个伟大的胜利，也是他的显赫声名（有时甚至是恶名）的根源。

《罗马帝国衰亡史》是一部历史巨著，这是无可争议的事实，但同样无可争议的是，在今天我们并不把它当作一个学术性资源。它的信息并不总是准确的，即使在其最初问世时也是如此。它的作者广泛阅读过原始材料，可是，他的学术分析结论，完全没有超越他从学者们的研究成果中所发现的东西。出于这些事实和问题，有研究需求的

[①] 塞缪尔·约翰逊（1709—1784年），常被称为约翰逊爵士，英国文学史上重要的诗人、散文家和传记家，编纂的《词典》对英语发展作出了重大贡献。

[②] 鲍斯威尔（1740—1795年），苏格兰律师和作家，以其撰写的有关塞缪尔·约翰逊的生平传记声名远播。

严肃的读者不得不转向其他途径——在18世纪，他会使用吉本本人使用过的资源（蒂耶蒙、穆拉托里和波科克等专家的著作），而在当代社会，则需要查阅蒙森等人的作品以及《罗马帝国传略》，等等。《罗马帝国衰亡史》总体而言是可以信赖的，但这显然不是人们选择阅读它的原因。

同样，尽管他的作品是一部极其宏伟的历史画卷，得到人们如此多的赞美，在史书中是那样独树一帜，但这也不是吉本的作品继续受到读者喜爱的原因。他编撰一部超过1000年的历史的勇气，让他成为比较性地展示和刻画罗马、拜占庭、早期的教会以及伊斯兰教的一个开拓者。无论是在18世纪还是在今天，他的全局性眼光都是如此不同寻常，然而，很少有人一次性地将吉本的作品从头到尾读完，从而亲身体验他将几种文化并置考察的华丽笔法。而且，那些真正读完这部作品的人会发现，当整个叙述接近尾声时，它所散发的乐观主义气息，要远远多于他们在阅读该作品第一卷时的类似感受。在15年的创作过程中，吉本的视角乃至他的诠释发生了改变。他在同时代对于西方文明的乐观评估，注定要为古罗马坍塌的纪念碑洒上几缕阳光，而他对于法国大革命的观察所产生的警觉和悲观则来得太迟，以至于无法在《罗马帝国衰亡史》中得到体现。

因此，吉本的读者不会为研究古代历史事实的参考文献而去查阅他的作品，他们大多也不会像阅读一部小说、一部传记乃至一本薄薄的历史手册那样从头到尾地把它读完。《罗马帝国衰亡史》在其漫长的叙事进程中，几乎在任何节点上都是引人入胜的。它会使阅读过程充满乐趣；但是同样，正因它没有复杂的穿插交错的情节，你在任何时候都可以中止阅读而不会感觉不完整。它总是静静地等待着你再次将它翻开，而且很公平地说，阅读吉本的作品会让人上瘾。人们越是读它，就越是想读下去；它提供的信息似乎取之不尽、用之不竭，虽然事实上并非如此。

多少年来，吉本瑰丽的语言诱惑了他的读者，这已经不是什么秘密，但吉本绝不只是一个修辞高手。《罗马帝国衰亡史》对富有创造性的艺术家和学者（对于其中许多人来说，英语并不是母语）长达两个世纪的非凡的影响力，显然要归因于语言天分之外的某种东西。正如我们所知道的那样，它也不可能归因于各种事实（它们在其他地方能够更容易和更准确地查找到，而不是通过《罗马帝国衰亡史》这本书本身）的汇总。我们最近从新近发现的特奥多尔·蒙森（研究古罗马的最伟大的现代历史学家）详细的课堂讲稿中了解到，他在19世纪曾对他的学生说，爱德华·吉本的历史是"有关罗马历史的最重要的著作"。这些最新发现的、由蒙森的一个非常聪明的成年学生所提供的笔记表明，它所呈现的有关罗马帝国历史的解释与吉本的解释表现出惊人的相似性，特别是在君士坦丁与奥古斯都的比较方面。很显然，蒙森的评估与吉本的语言之间，或者与他掌握的事实之间没有任何关系，而是与后者对于帝国历史的整体观有关，而我更愿意将这种整体观称为他的历史想象。当蒙森就在他去世几个月前获得1902年诺贝尔文学奖时，使其赢得该奖项的《罗马编年史》已经存在了大约半个世纪。这是蒙森从年轻时就着手创作的一部作品，但实际上从未完成。第四卷原本应当包括有关罗马帝国的叙事，至于他为何未能完成这一任务，一直是一个谜，尽管他经常讲授有关罗马帝国的课程。答案似乎是：他不仅敬畏他那位伟大的英国前辈，而且害怕与他竞争。蒙森一定知道，他是比吉本更优秀的学者，却担心吉本是更出色的历史学家。

在19世纪德国的其他地方，另外两个造诣很深但又与蒙森区别很大的人，曾经带着同样的钦佩之情阅读吉本的著作。理查德·瓦格纳的妻子卡西玛的日记表明，从1869年到1876年的无数个夜晚，他们两个人断断续续地彼此为对方阅读吉本书写的历史。他们因阅读吉本的大作而感到快乐（根据卡西玛的亲笔记录），并且多次对吉本无比生动的叙事能力感到惊叹。在1871年，吉本叙写的有关"叛教者朱利安[①]"的悲剧，每每让他们陷入沉思，而在接下来的一年，他们开始欣赏古代基督教拉丁教父圣·安布罗斯和罗马皇帝狄奥多西一世[②]的对抗所展示出的力量与角色的冲突。虽然瓦格纳夫妇由衷地欣赏吉本的英语风格（因为他们阅读的是他的原作），并情不自禁地将它与卡莱尔[③]的风格相比，但让他们印象最深刻的，是吉本对于历史人物的个性的洞察力，以及

---

① 朱利安（331—363年），君士坦丁王朝的罗马皇帝，公元361—363年在位。他努力推动多项行政改革，宣布各教派享有同等地位，他本人则大力扶持多神教与传统罗马信仰，意欲改变自君士坦丁大帝以来基督教在罗马帝国的独尊地位，这便是四世纪异教在罗马的复兴运动。他在位不过短短二十个月，在历史上却留下"叛教者"的恶名，这当然是基督教书写的历史使然，由此也可以看出基督教会对他的怨恨。

② 狄奥多西世（约346—395年），罗马帝国皇帝，379年到395年在位。他是最后一位统一的罗马帝国的君主。临终之时，他将罗马帝国分给其子霍诺留（西罗马）和阿卡迪乌斯（东罗马），罗马帝国自此分裂为东西两个国家。在狄奥多西一世统治时期，他在帝国内禁止一切异教形式，从而确立了基督教正统地位，使基督教成为帝国后期及中世纪欧洲的权威宗教。他也因此被后世冠以"大帝"称号，成为为数不多的获大帝称号的罗马统治者。

③ 托马斯·卡莱尔（1795—1881年），苏格兰散文家和历史学家，英国19世纪著名史学家，代表作为《法国革命史》。

对于他们的斗争的戏剧化展现。吉本的历史想象再次脱颖而出。

在第 20 世纪，另一个母语非英语的读者密切地关注并阅读吉本的作品。他就是出生于亚历山大的希腊诗人卡瓦菲斯，他在自己收藏的《罗马帝国衰亡史》上添加的详细旁注，在几十年前就已出版。① 卡瓦菲斯带着批判的眼光阅读吉本的著作，纠正他提供的资料，有时还会挑出他的写作方法的瑕疵，但总体来说，他非常欣赏作者的历史视野。正如瓦格纳夫妇在吉本的代表作中发现了戏剧一样，卡瓦菲斯则是发现了诗歌。在第 31 章描述一个战败的皇帝在哥特族②征服者的人群中吹起长笛的一个场景中，卡瓦菲斯在页边这样写道，"这是一首美丽的十四行诗的主题，我说的是像法国诗人魏尔伦这样的人会创作的那种充满忧伤的十四行诗，je suis l'empire à la fin de la décadence（我是正在走向消亡的末日帝国）。"还有，当读到第 57 章时，卡瓦菲斯在有关穆罕默德先知（吉本认为他是一个"在东方仍然值得尊敬的人"）的叙述旁边写道，这个故事是李·亨特③所写的一首美丽的诗歌的主题，他甚至明确地给出这样的备注："那位诗人承认，他应当感谢吉本，"因为事实的确如此。卡瓦菲斯对于《罗马帝国衰亡史》的旁注，表明了他自己对作者全面的认可和感激；在他所写的诗歌当中，有好几首——特别是那些有关叛教者朱利安的诗歌——都是他应当感谢吉本的叙述的证据。

如果我们看一下在 20 世纪研究罗马的最伟大的历史学家罗纳

---

① 详见本书第十二章。
② 指曾入侵罗马帝国的一支日耳曼民族。
③ 李·亨特（1784—1859 年），英国著名的散文家、评论家和诗人，浪漫主义代表作家之一。

德·赛姆爵士的作品，我们就会发现，正如在前一个世纪吉本对于蒙森的影响一样，吉本对他也同样产生了一种深刻的影响。而且应当指出，这种影响并不是文体风格的影响，因为赛姆不同寻常的风格，当然是对于塔西佗不够雅致的风格所做的一种英语语体改造。但是，赛姆的视角——包括他的历史观，他的历史想象——是彻头彻尾的吉本风格。《罗马革命史》中对于奥古斯都的描绘，在某种程度上要感谢塔西佗和阿西尼厄斯·波利奥，但更要感谢吉本在《罗马帝国衰亡史》第三章的叙述。两位古代作家为第一个罗马皇帝那种充满敌意的基本形象提供了暗示，然而，是吉本首先创造了那种肖像。赛姆受惠于他的18世纪前辈的程度，甚至超越了《罗马帝国衰亡史》给他带来的帮助。赛姆将吉本针对一位严肃的批评家（那个批评家指责了吉本创作的有关早期基督教的那两章内容）的大篇幅的雄辩的答复（也即所谓的《我的自辩》）作为他的榜样，以相似的篇幅以及类似的讽刺和令人难忘的措辞，回应了另一位同样严肃的批评家。赛姆的那本名为《奥古斯都史之辩》的小册子，是来自我们这个时代的一种吉本式的自我辩护。

  最后，在我们尝试了解吉本的历史想象的基本成分之前，另一个非常不同于赛姆和卡瓦菲斯的20世纪的作家，也值得我们给予些许关注，因为在很长一段时期内，他对于吉本可能是作出了最犀利也最简洁的评价。作为20世纪最伟大的美国剧作家和传记家之一，约翰·拉尔在有关杰出的喜剧作家乔·奥顿的传记中描述说，奥顿的一个文学代理人提到过，奥顿曾写过"非常有趣而又深刻的文学批评作品"。这个人问奥顿，他和他的朋友哈利韦尔是否读过吉本的书，而对方的答复是，"那是一个多么有个性的老皇后！讽刺，讽刺，他总是在讽刺！"这显然远远不是单指吉本的风格和他的讽刺。它触及吉本展示历史人物和事件的整体技巧。一个继承了谢里丹和王尔德的英语传统的喜剧作家，能够从吉本那里感受到这一特质，这一事实本身，就和理查德·瓦格纳就《罗马帝国衰亡史》的戏剧性特征所作的评论一样令人印象深刻。

那么，现在让我们尝试解决这样的问题：是什么让吉本在《罗马帝国衰亡史》中的历史想象如此特别，是什么让他的著作远不只是一大堆事实的罗列，或者是一个措辞巧妙而又适于引用的词句宝库？对我们而言，幸运的是，吉本在25岁时，曾就他自己的性格写过一篇值得注意的评论。在承认他的基本美德和慷慨大度在某种程度上因骄傲而受损之后，他写道："我不够机智。我的想象力很强，却未必讨人喜欢；我擅长记忆，而且常常过目不忘。我在理解力方面的特质是理解的广度和深度；但我需要的是既快速又准确。"在其有关年轻时的爱德华·吉本的传记中，帕特里夏·克拉多克恰如其分地这样描述吉本对于智慧的苛评：他的传主无非是想要表明，他似乎没有能力在日常谈话中说出塞缪尔·约翰逊笔下的那种"好东西"。没有人（尤其是吉本本人）会怀疑他的幽默感和他有力的讽刺，同样毋庸置疑的是，没有哪个像鲍斯威尔一样的人能将吉本在社交场合说出的格言警句编撰成一本书。吉本谈话语速流畅而且总是滔滔不绝，不过，他并不是那种会对他人的谈话作出刻薄回应的人。这也许是他和约翰逊彼此互不喜欢的诸多原因之一。

吉本对于他称之为机智的那种东西的坦率自省促使人们相信，在描述他的想象力很强却未必讨人喜欢这一方面，他同样是有自知之明的。吉本职业生涯中的作品都会给人留下强烈的印象,在提供给读者的愉悦感方面,但他的早期作品(比如夭折的有关瑞士共和国的历史)显然不及《罗马帝国衰亡史》。没有人会质疑吉本的这一看法,那就是他擅长记忆,而且常常过目不忘:他的全部作品都证明了这一点。当他说,他在理解力方面的特质是理解的广度和深度时,这本身似乎是对于这个作家的一个相当惊人的预测:他写出了一部超过千年历史并包含丰富而新颖的评论的巨著。与此同时,当25岁的吉本声称自己缺乏快速和准确的特征时,没有哪个研究过《罗马帝国衰亡史》的专业学者会不认同这一点。吉本不是一个编撰者,他也不是一个勤奋的研究者。简而言之,他完全不是勒南·德·蒂耶蒙①那样的人,这显然也是他为什么需要依赖这样的学者的原因。

吉本对于缺乏准确性的自我意识,无疑使他在18世纪的欧洲辩论中站在哲学家而非博学者队列。吉本能说英法双语,他在说法区地区所受的教育和经历的生活予他的作品一种奇特的异国情调。吉本相信,在他生活的这个时代,单纯的博闻强记和对古代的知识,并不是真正重要的东西。哲人史学家应该以一种既使人愉悦又能给人教益的形式呼应时代的需要。换句话说,吉本热烈地赞同贺拉斯②的箴言,那就是要将 dulce(有趣)和 utile(有益)结合在一起。早在1758年,当年轻的吉本还生活在瑞士洛桑③,并在探究贺拉斯的《诗艺》的创作

---

① 勒南·德·蒂耶蒙(1637—1698年),法国著名的教会历史学家。
② 贺拉斯(公元前65—公元前8年),古罗马诗人和批评家。
③ 1752年,14岁的吉本被父亲送往牛津,并很快考取了玛格达伦学院。父亲后来发现,吉本对天主教感兴趣,而在当时的英国,天主教徒会受到上流社会的排挤,于是就把他送到瑞士洛桑,交由一位基督教新教导师辅导。

年代时，他就花时间去研究了法国历史学家博雷特里对于罗马皇帝继承情况的描述。当时，能够流畅地用法语写作，并让自己进入哲学家之列的年轻的吉本，是这样描述博雷特里的著作的（他在其法语文学论文中表达了这一观点）："让清晰的阳光照进古籍的阴影，能够满足渴求自我提升的学者们的需要；在知识的荆棘上撒满鲜花，是仅仅追求自娱自乐的聪明人的计划。将实用性和愉悦性结合起来，是最苛求的读者所能要求的全部。在这方面，他可以毫无顾虑地向 M. 博雷特里提出要求。"

这一使他丰富的想象力得以运转的历史观，陪伴了吉本的一生。在《罗马帝国衰亡史》最后两卷的第一卷导论部分（也就是在第 48 章的开头），吉本评论说，在他讲述了罗马帝国五个世纪的衰亡史之后，还有一段超过 800 年的历史时期等待着他的关注。"如果我坚持同样的叙述进程，"他写道，"而且遵循同样的叙述方法，那就需要通过好几卷来编织一个冗长和纤细的线索，那样一来，耐心的读者将不会得到教益和娱乐带给他的适当回报。"有鉴于此，由于接下来的历史描绘不大适合满足这一双重目标，吉本就在叙事过程中减少了细节描述，以避免单调乏味。像这样的编年史形式的写作，与他的历史研究目标完全相反。对于这一最后阶段的工作，他决定采取一种总结式的处理方式，并对此作了解释，"所有这些历史记载，必然还将单调而又一致地继续重复一个有关脆弱和痛苦的故事；原因和事件过程的天然联系将被频繁和仓促的过渡环节所打断，有关背景和状况的琐细堆积，必然会破坏那些构成了一部遥远历史的实用性和装饰性元素的整体画面的色彩和效果"。这样的观察视角是极其有价值的。我们应该注意到，吉本强调了"那些构成了一部遥远历史的实用性和装饰性元素的整体画面"的"色彩和效果"。实用性和装饰性会让我们再次联想起 dulce 和 utile。

在同样使用法语写作《英国文学纪事》（在 18 世纪 60 年代后期，吉本和他的朋友戴维登共同出版了这一作品）的过程中，吉本显然从一个欧洲大陆视角（而且，他无疑是注意到了孟德斯鸠的观点）作出这样的评论："欧洲其他国家在历史发展进程中已经超过了英国。英国拥有杰出的诗人和哲学家，可它却因只有虚伪做作的演说家和枯燥乏味的编年史家而备受指责"。但是，吉本接着提到了两个例外人物，当他开始着手《罗马帝国衰亡史》这一项目时，正是这两个例外人物继续为他自己的创作提供了当代模版。他们便是罗伯森和休谟。而且，我们应当谨慎地注意到，他在《英国文学纪事》的开头部分是这样称赞这两位作家的："两个伟大之人让这种指责安静下来。罗伯森用最有力的雄辩这一优雅姿态，装饰了有关他的祖国的编年史。仿佛生来就是为了教诲和评判人类的休谟，将深刻和精妙的哲学之光带入到历史中。"因此，罗伯森给编年史带来了优雅，而休谟为它带来了教益。众所周知，当《罗马帝国衰亡史》第 1 卷问世时，休谟本人在去世前不久热烈赞扬了它。至于罗伯森，吉本表达了对他的极高敬意——他在很可能已成为他整个著作最有名的那个章节当中，套用了罗伯森本人的话。在《罗马帝国衰亡史》的第 3 章，我们可以读到，"如果一个人需要确定人类所经历过的最幸福、最繁荣的世界史阶段，他会毫不犹豫地指出从图密善①去世到

---

① 图密善（51—96 年），古罗马弗拉维王朝的最后一位皇帝，生性残暴。他在公元 81 年继位，公元 96 年被人暗杀。

康莫德斯①继位这一过渡时期"。只有在今天研究18世纪历史的专家才会知道，在其先于《罗马帝国衰亡史》第1卷问世七年前所出版的有关查尔斯皇帝五世的历史中，罗伯森这样写道："如果让一个人确定在世界历史上人类处境最为痛苦和不幸的那个阶段，他会毫不犹豫地说出从狄奥多西大帝之死到伦巴德族②在意大利建立王国这一时期。"对于吉本而言，这种相似性不是剽窃，而是致敬。他关心的是如何尽可能成功地写好有关安东尼王朝③这一过渡时期的开头，因此，他所遵循的一种思想体系，可以甄别出相比于那个最痛苦时代的最快乐、最安宁的时代，这也构成了他在历史写作过程中所寻求的、一种能够同时提供教益和优雅的机制。

我们认为可能涉及的"剽窃"对于吉本而言无关紧要。他只是把他能够找到的事实进行组装，并且心安理得地使用他认为其中最可靠的资料。他非常熟悉古典时代和后古典时代的许多伟大作品，并在一定范围内查实了它们的来源（这也成为研究他的现代专家了解他的起点之一）。事实上，他压根儿就不想把时间浪费在古代文物的长期

---

① 康莫德斯（161—192年），古罗马皇帝，实行残暴统治，公元192年死于由他的情妇所领导的一次阴谋事件。

② 日耳曼民族的一支，最初居于日耳曼西北部，公元4世纪开始大规模南迁。公元568年越过阿尔卑斯山，侵入意大利北部，并于次年占领意大利半岛中部和南部地区。公元8世纪末期入侵教皇辖区。教皇向法兰克国王求援，伦巴德人被法兰克王国击败并归入法兰克王国。伦巴德人在艺术、语言和法律方面创造了辉煌的成就。

③ 又称涅尔瓦-安东尼王朝（另译安敦尼王朝）（96—192年），是罗马帝国经六位皇帝统治的一个王朝。之所以称之为"安东尼王朝"，是因为当时的罗马统治者一般都认为，安东尼统治时期是罗马帝国最发达和最繁荣的时代，并认为元首本人就是君主的理想典型。

研究上。他在详细阐述有关道成肉身的神学辩论那一章的开头欣然承认，要记录下他打算在公众面前所展示的一切，必然是一种大到不能再大的麻烦。他毫不犹豫地将面临的问题摆在他的读者面前："我应该如何去证实我过去竭力限制和压缩的这种调查？"换句话说，他打算就他读过的东西提供一种人工"合成品"。然后他写道：

> 如果我坚持用适当和特殊的证据支持每一个事实或看法，那么，每一行字都需要一连串的证据，每一个注释都将膨胀为一个关键性论述。但是，我亲眼见过的有关古代史的无数段落，都经过了佩塔维斯和雷勒克以及博索布勒和莫斯海姆等学者的编译、加工和例证。我很愿意用这些值得尊敬的向导者们使用过的人物姓名和性格特征去充实我的叙事。

在这里，吉本再清楚不过地表明，他对于追求传统学术研究的细节考证缺乏兴趣。

细心的《罗马帝国衰亡史》的读者会发现，吉本套用古代作者的许多段落，都来自他查阅过的某个现代作家的文本，而不是直接来自古代作家。以叛教者朱利安为例，我能够证明一点：吉本援引自阿米亚鲁斯·马尔采利努斯[①]以及朱利安本人作品的一些内容，实际上是直接从博雷特里的法语译述而非原作翻译过来的。[②] 在围绕关于基督教起源的第 15 章和第 16 章这两章而产生的极大的争议声中，作为一

[①] 阿米亚鲁斯·马尔采利努斯（325—391 年），4 世纪的罗马士兵和历史学家。
[②] 见本书第四章。

个批评家，不幸的亨利·爱德华兹·戴维斯，牛津大学巴里欧学院的文学学士，将吉本大面积直接引用的内容做成了对比性表格。当然，戴维斯将它们定义为抄袭。

吉本对他的批评进行了强有力的回应，戴维斯成了这种回应的一个无助的"靶子"，他也因此被"载入史册"。著名的《第15/16章某些段落的自辩》这个小册子，从头至尾都有力反驳了戴维斯在一本内容详细的著作中提出的全部指控。我们都知道，吉本在《自辩》具有讽刺性的开篇当中，用一种明显感到困惑的语气强调说，戴维斯先生"自称是文学学士，而且是牛津大学巴里欧学院的一个成员"。而且，他在这部作品中指出，"我不能公开宣称说，我很希望结识戴维斯先生；但假使他愿意不辞辛苦，在我不在家的随便哪天下午上门做客，我的仆人会带他参观我的书房，他一定会发现，那里有相当多有价值的作家的作品，包括古代的和现代的，信教的和不信教的，它们都为我的历史研究直接提供了材料"。

但是，这些明显的回击之举不应该使我们忘记，吉本从一开始就觉得有必要撰写那部《自辩》。戴维斯的攻击对于吉本的作品的品质构成了一种真正的威胁。多达数十页的有关剽窃的部分是最具破坏性的，然而，那也是吉本在回应中使用篇幅最少的部分。在有关抄袭的标题下，吉本只是告诉他的读者说，他应该得到感谢，因为他选择依赖的是那些最可靠的学者，而且在任何情况下，他都不会浪费大量时间去查询在他之前的其他人查询过的资料。"认为历史学家应该去精读浩如烟海的卷帙，"吉本抗议说，"并且隐隐地希望他提炼出几条有趣的线索，或者认为他应该把所有时间用在满足他的读者的短暂娱乐上,这肯定是不合情理的。幸运的是,对于我们双方而言,勤奋的教会批评家们推动了我们的查询工作。"换句话说,戴维斯提出的指控并非没有意义;而且吉本也知道,如果不对这些指控进行回应,它们就可能大幅减少作品的读者数量。因此,与其说他的《自辩》是对于戴维斯指控的一种回应,不如说它是对那些指控并不重要的一种有效确认。一直以来,吉本痛击亨利·爱德华兹·戴维斯所采用的精彩措辞,往往会使读者忘记后者只是攻击那部名著第15章和第16章的许多人之一。不过,正是有了这种攻击,才促使吉本进行了一次详细的回应,毫无疑问,他也利用这一机会对其他批评者的观点作了回应。

即便在某种程度上,吉本对于正确的治学方法漫不经心的态度理应受到指责,但这却使他发挥了他作为一个启蒙哲学家的才华,而没有暴露出让他充当博学家而必然会暴露的不足之处。在他的《自辩》当中,针对戴维斯所指控的那些抄袭,吉本以一种近乎缴械式的坦诚说,如果公众认为他有关早期基督教的那两章不乏既有趣又有价值的材料,那么,"他们可能没有看到最应当看到的东西"。他接着说:"如果我的读者对于我为前辈的劳动成果所赋予的形式、色彩和新的安排感到满意,那么,他们或许就不会把我视为一个卑鄙的小偷,而是看作一个诚实和勤奋的生产商,这个生产商只是公平地获取了原材料,并用一定程度的技巧成功地对它们进行了加工。"这一极其开放乃至厚颜的描述,表明了吉本把自己看成为公众着想的历史学家。学者提供原材料,而他用适当的形式、色彩和安排对其予以加工。毫无疑问,正是通过对原材料的精心整饬,吉本的历史想象才有了用武之地。我详述了吉本对于学术研究态度相当轻慢的观点,是因为他的想象力使他更倾向于形式、色彩和安排，而不是学术上的精确性。因此，《自辩》的作者在很大程度上，与那个 25 岁时的年轻作家——他承认自己缺乏准确性，并将他的理解力的特质归结为"广度和深度"——显然系同一人。

所以，吉本处理古代历史和中世纪历史原材料的方式，很像是一个小说家处理情节线索的方式。许多人都会记得他在《自传》中向菲尔丁①表达的有名的敬辞——他宣布说："《汤姆·琼斯》的浪漫传奇故事，那个有关人类言行的精美画面，其生命力将比埃斯科里亚尔修道院②和奥地利舍恩布龙宫③更加长久。"但是，吉本从未想过自己写小说。他在《罗马帝国衰亡史》一个有名的注脚中评论说："色诺芬的《居鲁士的教育》含糊而又沉闷；《长征记》翔实而又活泼。这就是小说和事实之间永恒的差异。"不过吉本像创作小说那样塑造他的事实，就此保留了人类历史的生气和小说家的艺术。正是在这个意义上，吉本能够通过《自辩》将自己描绘成一个生产商。

对于吉本而言，写作过程不仅仅包括丢弃乏味的资料，比如他不

---

① 菲尔丁，英国 18 世纪的戏剧家和杰出的小说家。1749 年出版的《汤姆·琼斯》，是菲尔丁艺术上最成熟的代表作。文学史家常以《汤姆·琼斯》与《俄狄浦斯王》和《炼丹术者》并列，认为它是结构最完美的三大世界名著之一。

② 全称"埃斯科里亚尔圣洛伦索王家修道院"，建于公元 16 世纪末（为纪念殉难的基督教徒圣劳伦斯而建），位于西班牙马德里市西北瓜达拉马山南坡，是世界上最大最美的宗教建筑之一。该建筑名为修道院，实为集修道院、宫殿、陵墓、教堂、图书馆、慈善堂、神学院、学校为一体的庞大建筑群，气势磅礴，雄伟壮观，有"世界第八大奇迹"之称。

③ 位于奥地利首都维也纳西南部，亦称美泉宫，是奥地利哈布斯堡王室的避暑宫殿，1694 年由奥地利玛利亚·特利萨女王下令修建。

得不处理的最近800年的诸多历史信息；这也需要他将那些重要事件有针对性地充实到那种似乎不太适当、因而极少使用的传统表述框架中。吉本一如既往地对他的创作过程开诚布公，而且在《罗马帝国衰亡史》第10章的开端部分，当他处理文字记录尤其匮乏的公元3世纪中期这一阶段时，他强调说："那个时代的混乱局面，真实纪念物的大面积缺乏，给一个想要维系清晰而又连贯的叙述线索的历史学家带来了相当大的困难。"不过，这又是从罗马帝国过渡到拜占庭时代早期的一个关键时期，因此，所有在吉本之后的历史学家，都能敏锐地感觉到他面临的问题。例如，《剑桥古代史》的第一版，将那整个时期的记述转交给钱币学家，因为这个阶段遗留下来的有趣的钱币要多于文本。吉本解决这个证据不足的问题的办法，就是相对自由地进行创作。他这样描述那种解决方案："眼前都是不完善的片段，它们总是过于简略，而且往往含糊而晦涩，有时候甚至自相矛盾，作为一个历史学家只好去收集、比较并且猜测。尽管他从来都不应把猜测放到与事实一样高的位置，然而在某些情况下，对于人性的认知，对于人类热烈奔放的激情所导致的必然过程和结果的认知，或许可为匮乏的史料提供某种补充。"

正是借助于这一方式，吉本从他对于人类本性的认知当中，提炼出西方文学中某些最令人难忘的热烈奔放的激情形象。他对于奥古斯都的著名描绘（它以塔西佗作品中几处暗示为基础，后来成为赛姆对古罗马革命的看法的源泉），几乎完全是在推理基础上创作出来的。这一描绘完全没有任何古代文本的佐证：

> 奥古斯都对于一部被他摧毁的自由宪法的关心与尊重，

只能通过这一可能性来解释:在那个难以捉摸的暴君的性格当中,具有细心和周到的一面。他有冷静的头脑和冷酷的心灵,还有一种怯懦的性情,这促使19岁的他戴上了伪善的面具,从此再也没有把它摘下来。他用同一只手并且可能以同样的脾性,签署了放逐西塞罗的法令和饶恕元老院民众派领袖秦纳的圣旨。他的美德乃至他的恶行,都是矫饰和造作的产物;而且由于受到他的各种兴趣的支配,他起初是罗马世界的敌人,而最终却是罗马世界的缔造者。

这一精湛、巧妙而又令人印象深刻的肖像描绘(我们也许永远不会知道是真是假),不仅为吉本所说的"匮乏的史料"提供了补充,它也为这位历史学家的整个创作过程提供了一个系统性原则。随着这个伟大的叙事开始跨越多个世纪,吉本总是在关键时刻回到与罗马帝国创建者的比较方面,而且从未忽视他在第三章所提供的性格描述。我们已经注意到,蒙森对吉本在奥古斯都与君士坦丁之间的比较产生了深刻印象:在这种对比中,拜占庭帝国的创建者(没有任何古代信息来源这样描述过他的形象)被作为一个权谋大师和第二次罗马革命发起者而加以展现。另外,吉本通过强调首个罗马皇帝从暴政统治者到最高"父母官"的崛起过程,以及从英雄主义者到残暴和腐化的君士坦丁堡[①]创建者的没落过程,加强了奥古斯都和君士坦丁之间戏剧性的对比。这显然符合吉本对于基督教在一度成为罗马帝国国教之后

---

① 土耳其最大城市伊斯坦布尔的旧名,即欧洲帝都。现在则指伊斯坦布尔金角湾与马尔马拉海之间的地区,历史上曾是罗马帝国、拜占庭帝国、拉丁帝国和奥斯曼帝国的首都。

所产生的影响的看法。

在许多章节（其间跨越了数百年历史）之后，作者再次将奥古斯都与14世纪可悲的查理四世进行对比："如果我们消除了奥古斯都和查理四世①之间的时空间隔，这两个政治家之间的对比将十分鲜明而又令人吃惊：一个是在热衷于炫耀的面具下隐藏了他的脆弱性的波西米亚人，另一个则是在谦虚的外表下隐瞒了他的力量的罗马人。"1872年7月的一个晚上，理查德·瓦格纳对卡西玛说，吉本在他的作品中强有力地创造了戏剧化的人物。对于一部伟大的戏剧而言，"所有的角色都在那里，一个也不缺"，但是，"能够提供指导的剧作家却失踪了"。瓦格纳的意思似乎是说，精彩的戏剧性场面呈现出一个个令人难忘的角色，但他们彼此间并没有戏剧舞台对一部系统性作品通常所要求的那种更多的互动，归根结底，他们并不是戏剧人物。不过就像学者们为吉本提供了原材料一样，在瓦格纳看来，吉本也转而为戏剧家提供了原材料。

除了凭借对人类激情的充分了解而创造出历史人物以外，吉本也能够通过其他手段进一步发展他的叙事过程，譬如从一个历史时期到另一个历史时期，将材料进行有意识的有时甚至是令人吃惊的换位。就实现他的目标而言，作者更多的是对一种古代来源的实用性而非历史的准确性感兴趣。我们不止一次地注意到吉本创作方法的这一特征，但它有一个存在的前提，那就是应当将其视为作者自由发挥想象的另一种手段。在《罗马帝国衰亡史》第8章描述波斯贵族的过程中，吉本将从古代到

---

① 查理四世（1316—1378年），来自卢森堡王朝的波西米亚第二任国王，1355年被加冕为意大利国王，并在同年成为神圣罗马帝国皇帝。1365年，他被加冕为勃艮第国王，并成为罗马帝国疆域内所有王国的统治者。

现在在一系列令人难忘的故事文本创造性地串联在一起,他这样做只有一个理由:人类的本性倾向于保持不变,因此,在公元前 5 世纪有关波斯人的事实,也会发生在公元 3 世纪的波斯人身上。在那一章最后一个注脚中,他毫无顾忌地写道:"从希罗多德、色诺芬、希罗狄安①、阿米亚鲁斯和让·夏丹②等人那里,我已经提取出有关波斯贵族的各种有价值的信息,而且都是有充分根据的。它们似乎要么符合每一个时代的特征,要么是萨珊王朝③所独有的特征。"换句话说,提到了萨珊王朝的信息,被纳入到他对那个波斯王朝的描述中,那些没有提到萨珊王朝的信息,也被纳入到他对波斯王朝的描述中,因为它们符合每一个时代的特征。在这方面,还有一个尤其有名的例子,那也是卡瓦菲斯在其旁注中对吉本提出猛烈批评的一个例子:吉本直接引用了色诺芬的《长征记》的一段文字,并将其纳入他对公元 3 世纪后期伽勒利④战胜波斯人的那个故事中。还有,在吉本所描述的有关 1453 年金角湾战役⑤中,他毫不犹豫

---

① 希罗狄安,公元 2 世纪的希腊语法学家和历史学家。

② 让·夏丹(1643—1713 年),也被称为约翰·夏丹,法国旅行家和历史学家,其十卷本著作《约翰·夏丹爵士的旅行》,被认为是有关波斯和近东地区的早期西方学术研究最优秀的作品之一。

③ 萨珊王朝(226—651 年),又称萨桑王朝,系古代波斯最后一个王朝,因其创建者阿尔达希尔的祖父萨珊而得名。它是波斯在公元 3 世纪至 7 世纪的统治王朝,被认为是第二个波斯帝国。

④ 穆罕默德二世从公元 305 年到 311 年期间在位的罗马帝国皇帝,因其残酷迫害基督徒而臭名昭著。

⑤ 又称君士坦丁堡战役。1453 年,奥斯曼土耳其帝国灭亡拜占庭帝国的攻城战。1453 年年初,土耳其苏丹穆罕默德二世亲率众多步兵、骑兵和战舰,从海陆两面包围并占领君士坦丁堡,彻底消灭了拜占庭帝国。

地使用了修昔底德在公元前5世纪后期所提供的证据性的信息。在生动地描述了穆罕默德二世①在海滩上骑马这一细节的一处脚注中，吉本这样写道："我必须承认，我的眼前出现了那个生动而迷人的画面，那是修昔底德从参与锡拉丘兹港大海战的雅典人的激情和姿态中所提炼出的画面。"这就是吉本的想象力被那些古代资料所滋养的过程，但他完全没有受到它们的限制。

不过，尽管那些出色的描述性段落能够反映出吉本对于书籍的阅读和人性的了解，但他的重塑和再现过程在本质上是戏剧性的，而不是纯粹视觉化的。在《罗马帝国衰亡史》中几乎没有任何迹象表明，吉本的审美在很大程度上有助于他的视觉想象。他很少提到艺术和建筑，这不足为奇。他对纪念碑之类的事物感兴趣的方面，主要在于它们的象征手法和历史意义，所以，当他面对帕尔米拉②遗迹或者在斯普利特的戴克里先宫③等18世纪的发现时，他一反常态地一言不发。对于帕尔米拉，他只是不乏赞赏而又略显平淡地提

---

① 穆罕默德二世（1432—1481年），也被称为征服者默罕默德，奥斯曼土耳其帝国第七代君主和军事统帅。1453年率军攻占君士坦丁堡，灭拜占庭帝国，并迁都于此，改称伊斯坦布尔。后向巴尔干半岛扩张，征服伯罗奔尼撒半岛。向东先后征服小亚细亚的多个公国及黑海北岸的克里木汗国，将东部疆界扩至幼发拉底河，创建庞大的奥斯曼帝国。

② 叙利亚境内的著名古城。帕尔米拉曾是公元前1世纪建立于叙利亚沙漠中部绿洲、一个具有较高文明程度的国家。公元1世纪末，这里就已成为连接波斯王朝与罗马的贸易中心，并一直维持着地中海东岸重要商业城市的地位。

③ 罗马帝国皇帝戴克里先（284—305年在位）退位后居住的宫殿，位于今克罗地亚的斯普利特。戴克里先在帝国经历数十年大动乱后重整朝政，一度恢复稳定。这座占地近4公顷、气势威严的皇宫，便代表了罗马帝国君主专制化的特色。它在7世纪阿瓦尔族入侵时遭严重破坏，但中央大拱门犹存于斯普利特市内。1979年，该遗址被列为世界文化遗产。

到詹姆斯·道金斯和罗伯特·伍德两位知名专家的研究工作，至于在斯普利特的那座宫殿，他觉得自己有必要直接引用亚当①对那座宫殿的描述。对于受到18世纪艺术家和鉴赏家如此多关注、在庞贝和赫库兰尼姆的最新考古发现，他根本就没有提过。但是，这对于这位作家而言也许是再正常不过的，须知他在1764年那次教育游历②（他确信，正是那次旅行使他产生了创作《罗马帝国衰亡史》的灵感和动力）过程中，曾到过那不勒斯地区，却从未抽时间去造访庞贝。从吉本在那年的日记可以知道，他试图去欣赏和研究意大利博物馆的艺术精品，但大多数评论听上去很是空洞，他在罗马也没有和温克尔曼③及其艺术家和交易商圈子接触（相比之下，鲍斯威尔主动结识了这些人），更不要说他对于那个时代的考古本就兴味索然。所有这些都无可争议地表明，他对于艺术本身并没有严肃的兴趣。

尽管在艺术或者实物方面缺少激情，但吉本对于地形学却感到兴奋，就像他会对人类激情本身感到兴奋一样。他对君士坦丁堡的描述仍是有史以来的最佳描述之一，尽管他从未去过那里。他想象紧邻博斯普鲁斯海峡的那座伟大城市（他讲述的大部分历史故事都发生在那里）的整体布局的能力令人惊叹，但他只是将那座城市作为激发想象

---

① 罗伯特·亚当（1728—1792年），苏格兰历史学家和新古典主义建筑师。

② 通常指从前英国贵族子女遍游欧洲大陆的教育旅行。从16世纪起，欧洲中上阶级家庭的孩子受教育的一部分就是出国旅行，一般是从十三四岁开始，由一位家庭教师陪伴，短则几月，长则数年，深入了解欧洲各国语言、地理、文化与艺术，以便为日后成为学者、骑士或领导者做准备。

③ 温克尔曼（1717—1768年），德国著名考古学家与艺术学家。

力的一个事件发生地或场景而看待的。在《罗马帝国衰亡史》最后一章的开篇,吉本对坐在朱庇特神庙①废墟上的波吉奥②的描述,与同样坐在一堆废墟上的吉本的自我描绘形成了一种巧妙的匹配。在那个至关重要的时刻,他应该是已经孕育出了撰写这部历史巨著的想法。事实上,根据《自传》的不同草稿可知,当吉本描述那个令人难忘的时刻时,他被波吉奥对于往昔的梦想所误导并且深信,此时的他就像波吉奥一样,是坐在朱庇特神庙的遗迹当中,尽管事实上并非如此。毫无疑问,他的错误更多的是出于在作品结尾采用一种艺术化对比的愿望,而不是源于他对自己许多年前读过的意大利学者纳尔迪尼作品中错误记述的记忆。波吉奥的沉思和幻想的确发生在朱庇特神庙废墟之上;但是,当吉本去罗马时,卡法莱里宫③已建成于那些废墟之上,因此,吉本应当是坐在赤足修士们在那里唱诵晚祷的朱诺神庙④(而非朱庇特神庙)的原址上沉思。尽管有这些不准确之处,对于朱庇特神庙的描述却如同对于君士坦丁堡的描述,成为吉本将地形用于故事场景设置的又一个显著证据。

他这样描述的兴趣完全不是出于审美。他将如此多的天赋挥霍在上面,只是为了给那些伟大的事件提供一个适合的舞台。瓦格纳恰如

---

① 位于罗马的卡比托利欧山,是古罗马帝国最大的宗教庙宇,也是帝国最重要的宗教建筑。
② 波吉奥·布拉基奥里尼(1380—1459年),意大利学者和早期人文主义者。在德国、瑞士和法国修道院图书馆,他重新发现和复原了基本上濒于腐朽、并被遗忘的大量古典拉丁手稿。
③ 一座建于16世纪的意大利著名宫殿。
④ 一座俯瞰罗马广场、旨在敬奉罗马女神朱诺的意大利神庙。

其分地注意到了吉本编纂史料的戏剧特质。但是,并非只有那些角色是戏剧性的;对于他们本身和各种场景的描述,也具有戏剧性特征。地形是一种现场场景,是一种用于将被展现的重要事件的舞台设置。在现代的一篇有关吉本的简论中,德国著名的历史学家和思想家弗里德里希·梅尼克准确地描述了吉本的历史写作的戏剧特征。"他的历史著作一次又一次地使我们联想起一部经典剧目的戏剧性场面。"梅尼克写道。梅尼克接下来指出,虽然在措词中所采用的大量修饰手段有时可能会稍显枯燥,但他的叙述中的戏剧性力量却能够推动读者继续阅读下去,他的这一观点很可能是正确的。我们再次看到,对于非英语读者而言,吉本的著作的非凡之处,与其说是富有才气的写作风格,不如说是对于材料的独特的呈现方式。而且我们也可能会记得,这也正是吉本本人所认为的他在历史写作中的最大成就。我们也不要忘记,从他年轻时在瑞士洛桑阅读时开始,吉本就沉浸在拉辛和高乃依的经典历史剧中。"J'aime le théâtre,"吉本在 1764 年写道:"mais j'ai peu de goût pour la farce(我喜欢戏剧,但我对闹剧没什么兴趣)"。

特奥多尔·蒙森是无可争议的吉本作品最博学的德国读者,正如我们所看到的那样,他承认《罗马帝国衰亡史》具有持久的价值,即便是在相隔一个世纪的情况下,他也似乎感觉到了来自其作者的某种竞争。蒙森智力超群,他不可能没有认识到,吉本为他的叙事所赋予的想象,是以对原始材料来源进行一定程度的恣意的和表面化的处理为前提的。凭借《罗马史》赢得诺贝尔奖的年轻的蒙森,已经证明自己是一个历史叙述大师,但是,年长的蒙森必然越来越多地意识到那种近乎无法相容的内在冲突带来的紧张感。这种内在冲突一方面来自尽情而自在地发挥历史想象力，另一方面，又要试图最大程度地维持学术上的严谨。

当蒙森访问英国时，他对于吉本不吝赞美之词，就和他在柏林向学生授课一样毫无保留，所以，牛津大学古代史教授亨利·佩勒姆邀请蒙森参加1894年在伦敦举行的吉本逝世100周年纪念活动，也是自然而然的事，而且他告诉蒙森说，如果不能参加这次活动，也可以寄来一份适当的声明。蒙森发了一封信，佩勒姆教授在当时作了宣读，而这封信也作为向《罗马帝国衰亡史》作者表达敬意的诸多致辞之一而被广泛报道。

澳大利亚的布莱恩·克罗克博士经过多方努力，查找到了蒙森当初寄给佩勒姆那封被发表的简短书信。它令人惊奇地透露出一种出人意料的信息，因为这封信表明，蒙森拒绝当众表示敬意。蒙森用他那出色的英语这样写道：

> 您以吉本委员会的名义向我提出邀请，让我感到无比荣幸；但您必须原谅我，因为我不能接受这一邀请。我需要承担起一项研究碑铭的最新任务，这也是一个非常严肃的任务，所以，今年冬天我是绝不可能离开柏林的。若非因为这一缘故，我也许会尝试克服我的"会议恐惧症"——不过它也会因为我重访英国，并再次看望我的英国朋友的快乐而得到抵消。
>
> 至于您想让我写的那篇文章，我当然很难推辞这一请

求；但经过很长时间的考虑，我恐怕不得不谢绝这一请求。我承认作为一位无与伦比的历史学家，他的地位已经达到了别人无法企及的高度，不过在公开场合说起他，我理应以特定方式限制我对于他的著作的赞美。他教会了我们如何将东西方的传说结合在一起；而且，他在历史创作中注入了人性的基本原则和神学本质；在文明走向腐败、人性不断堕落，以及政府和教会越来越专制的那数百年历史中，他那"庄严的冷笑"的记述风格为其打上了坚固的烙印。但是，他的研究与他伟大的观点不能相提并论：他对于学术资料的研读，已经逾越了一个历史学家的本分。他是第一流的作家，但并不是一个非常勤奋的学者。这一点我必须说出来，不应当有任何回避；但您知道，这样的说法与这种节日气氛不符，而且也会减损我在别人心目中的风度。

所以，我们在这里得到了蒙森就那位无与伦比的历史学家所作出的一个明确声明。作为学者的蒙森是在向对手提出"挑衅"，而且他最终找到了吉本的那种很容易被挑剔的地方——学术的不足之处。蒙森没有说错，那就是，吉本的研究与他伟大的观点不能相提并论。他同样没有说错的是，吉本对于学术资料的研读——或者就像我们今天可能会说的那种临时抱佛脚似的突击阅读——已经逾越了一个历史学家的本分。吉本处理第一手资料时，并不总是富于判断力的。不过，蒙森也必然十分清楚地知道，如果吉本做了一个彻头彻尾的学者通常会做的那种研究，那些伟大的观点很可能永远都不会产生，或者永远不会被恰如其分地表达出来。我认为这正是蒙森在晚年所面对并感到困扰的一种悖论。

倘若吉本是蒙森所希望的那种学术型历史学家,他就不会(事实上也不可能)成为我们今天所欣赏的那个历史学家。他可能会是另一个蒂耶蒙,甚至是另一个休谟或者罗伯森。通过认识吉本的弱点,我们就能够看到他为什么如此伟大。正是这些弱点使得那种强大的想象力得以自由发挥,并创造出构成《罗马帝国衰亡史》的那些无与伦比的人物形象、高妙的戏剧艺术和生动的场景。这些都是压倒了吉本的勤奋与雄辩的那种历史想象力的全部体现,并且使得他的作品远胜于一部由各种令人难忘的引文组成的文集。蒙森对于吉本的看法基本上是正确的;然而,假使他对其稍作改动的话,即便在公开场合把它表达出来,对于其名誉也不会有任何影响。但假如他那样做,他就必然不得不承认,吉本的作品并不是学术性的,而是某种超越了学术性的东西——一部极富天才的文学作品。如果没有前辈的劳作,吉本肯定就不可能承担起他在《自辩》中所谈到的那种生产过程,但是,他自己也没有欲望或者能力去做同样的研究。他所做的事,乃是某种更不寻常的事情。如果蒙森没有准备好面对这一点,那么很可能是出于同样的原因,他永远都未准备好去写他的罗马历史那些缺失的部分。虽然堪称是现代最伟大的罗马历史学家,但在罗马帝国的历史创作方面,特奥多尔·蒙森完全无望与爱德华·吉本匹敌。

第二章　吉本论衰落中的罗马帝国的内战和叛乱

在《罗马帝国衰亡史》第 26 章开端附近，吉本提到"罗马帝国衰亡的那个灾难新时期，可以追溯到瓦伦斯[①]统治时代"。虽然他因此在恺撒-奥古斯都时代之后四个世纪左右开始写到帝国的灭亡，但正如每个人都知道的那样，他自己对于衰落的叙述是从所谓安东尼和平时代的瓦解开始的。在 1790 年到 1791 年的冬春季节，吉本意识到自己犯了一个可怕的错误：他误解了衰落的原因，并由此在错误的起点上开始了他伟大的创作。但是，这种意识来得太晚了。吉本的七卷本手稿（其中包含《罗马帝国衰亡史》的修订内容）保存着如下有说服力的叙述："我应该推断帝国的衰落是从内战开始的吗？也就是在尼禄[②]垮台之后，甚至是在接替了奥古斯都统治的那个暴政时代后期才发生的事情？天啊！我应该那样推断，可现在才想到这一点有什

[①] 弗拉维斯·埃弗利乌斯·瓦伦斯（328—378 年），罗马帝国东部皇帝（364 年至 378 年在位）。378 年 8 月 9 日，他率领的罗马部队在哈德良堡战役中被哥特人击败，他本人受伤后被困在一间木屋中活活烧死。

[②] 尼禄·克劳狄乌斯·德鲁苏斯（37—68 年），古罗马帝国皇帝，54 年登基。后世对他的史料与创作相当多，但普遍对其形象描述不佳，称之为"嗜血的尼禄"。著名犹太人史学家约瑟夫斯也对尼禄的残暴做出了肯定，但他明确指出，并不是所有罗马史学家的评论都是公正的。

用呢？这种失误是无可挽回的，后悔也毫无用处。"①具有一种不可思议的讽刺意味的是，吉本极力赞美的罗马历史学研究前辈、"最早将哲学应用于事实研究的历史学家之一"②塔西佗同样认识到——虽然当时还不算太晚——他对于罗马帝国的初期创作，必须通过之前有关罗马帝国统治时期的另一种研究工作加以补足。1790年年底，吉本看到了两次革命性的大起义，一次发生在美国，一次发生在法国，我们可以想象，这可能足以推动他比以前更加重视内战和社会动荡的意义。这种调整对于吉本是很艰难的，到1793年时，他已经放弃了对于法国造反者（根据他现在的判断，他们已经成为"新的野蛮人"）的所有希望。③但无论怎样，他们属于国内起义者，而不是外来侵略者。

在阅读吉本有关罗马帝国衰落的章节时，如果我们关注他对于内战和起义的评论，我们就很容易看到，为什么这个伟大而严谨的历史学家会如此毫不含糊地苛责和修订他自己的作品。吉本广泛的阅读和哲学反思只能说服他相信，社会动乱只能是一种丑陋的破坏因素，是社会结构的一个污点或者是一个国家的"伤口"。它们基本上都是"外伤"；它们叫人讨厌，但易于清洗或愈合。吉本敏锐的思维被他自

---

① 《爱德华·吉本英文文选》，P. B. 克雷杜克主编（牛津：牛津大学出版社，1972），p338。关于这些笔记的日期，见《论文》p211。

② 《罗马帝国衰亡史》，第9章，p230。

③ 《爱德华·吉本书信集》，J. E. 诺顿主编（伦敦：卡塞尔出版社，1956），p321。这一极端看法源于 Gibbon 最初对革命家有过同情反应之后，产生了极大的绝望感。他在1789年12月写道："要经过多少年法国才能恢复元气，或者在欧洲列强当中找到自己的位置？"（《书信集》，p184）。

己善用比喻的力量钝化了,这不是不可能的。

污点和伤口这样的表述几乎以同样的频率,出现在很少能够代表这位历史学家最深刻思想的论述中。例如,在第3章,我们会发现吉本最惊人的错误之一(我们还将提到这一点):"要不是仅仅因为这个虽然短暂但却充满暴力的好战者的集体行为(公元69年),从奥古斯都到康莫德斯的两个世纪的发展就不会沾染民众的鲜血,也不会受到革命的干扰。"① 在第4章我们被告知,因为对于权力的热爱,"几乎每一页历史都染上了公民的鲜血。"② 在第7章,那个老戈尔迪安③恳求他的支持者让他平静地死去,"不要让民众的鲜血沾染他虚弱的躯体"。④ 而且在第26章吉本宣称,一个成功夺权者的事业"经常被反叛或者内战的罪恶所玷污"。⑤

对于吉本而言,罗马帝国是一具"伟大的躯体",⑥ 就像在塔西佗的《历史》中伽尔巴⑦的演讲所提到的"immensumimperii corpus(伟大的帝国之躯)"。⑧ 它可能会受伤,但伤口可以愈合。奥古斯都"希

---

① 《罗马帝国衰亡史》,第3章,p98。
② 《罗马帝国衰亡史》,第4章,p110。
③ 即戈尔迪安一世(约159—238年),罗马帝国皇帝。由于他238年自立为帝时已年老体衰,便任命他的儿子戈尔迪安二世为共治皇帝。他的政敌努米底亚总督卡佩里亚努斯很快起兵造反。戈尔迪安二世率军在伽太基附近战败,戈尔迪安一世见大势已去,便上吊自杀。
④ 《罗马帝国衰亡史》,第7章,p194。
⑤ 《罗马帝国衰亡史》,第26章,p1073。
⑥ 《罗马帝国衰亡史》,第15章,p446。
⑦ 伽尔巴(公元前5—公元69年),罗马帝国皇帝。公元60年起任东部西班牙总督。公元68年4月,伽尔巴被近卫军拥立为帝,公元69年1月15日,在罗马广场被人暗杀。
⑧ 塔西佗,《历史》,第1卷16页。

望民事纷争的伤口会完全愈合"。① 3 世纪的罗马皇帝塔西佗②"致力于治愈帝国的傲慢自大、民事纷争和军事暴力给这个躯体带来的伤口"。③ 在君士坦提乌斯④执政的最后几年,蛮族士兵"在民事纷争的伤口得以愈合之前"进入高卢。⑤ 在有关塞普蒂默斯·西弗勒斯⑥成为皇帝的一个重要段落中,吉本承认,表象可能具有欺骗性,"虽然内战的伤口似乎完全愈合了",⑦但实际上并未愈合。一种"致命的毒素"留在躯体的重要器官中,⑧而且早在西弗勒斯之前,那种"缓慢发作的秘密毒素"就被注入到"帝国的命脉中"。⑨ 吉本本人可能并未完全摆脱他从阿米亚鲁斯那里发现的错误带来的束缚:"将他的

---

① 《罗马帝国衰亡史》,第 3 章,p87。
② 马库斯·克劳狄·塔西佗(200—276),275 年 9 月至 276 年 6 月在位。出生在意大利因特兰纳,和著名的罗马元老历史学家塔西佗没有血缘关系。塔西佗曾担任多种公职,在 273 年任执政官。罗马皇帝奥勒良被杀后,他被元老院推举为皇帝。他于 276 年 6 月死于卡帕多细亚,在位不到一年(有些历史学家说他是因热病而死,而有些则说他是被军队所害)。
③ 《罗马帝国衰亡史》,第 12 章,p331。
④ 君士坦提乌斯一世(250—306 年),西罗马帝国的皇帝。他是君士坦丁王朝的开创者,也是著名的君士坦丁大帝的父亲。
⑤ 《罗马帝国衰亡史》,第 19 章,p694。
⑥ 西弗勒斯(145—211 年),是从 193 年到 211 年在位的罗马皇帝。他创立了塞维鲁王朝,也是第三世纪危机之前最后一个帝国王朝(所谓"第三世纪危机",又名军事无政府状态或帝国危机,是指罗马帝国在 235 年至 284 年期间,受到三项同时发生的危机而走向衰落甚至接近崩溃的过程。这三个危机分别是外敌入侵、内战及经济崩溃。在这段期间,罗马帝国的组织、社会、日常生活以至于宗教均产生根本转变,因此,该危机被视为古典时代前期和后期之间的分水岭)。
⑦ 《罗马帝国衰亡史》,第 5 章,p145。
⑧ 《罗马帝国衰亡史》,第 5 章,p145。
⑨ 《罗马帝国衰亡史》,第 2 章,p83。

事实从他的比喻中区分出来并不容易。"① 似乎在吉本看来，在罗马衰落时期，那些丑陋而且具有破坏性，有时甚至是恶毒的内乱和社会动荡，充其量不过是对权力的普遍热爱而导致的一种肤浅的社会现象。对于被吉本载入编年史的那些有益的社会事件的思考，让他的态度变得异乎寻常地明确。举一个特别突出的例子：从公元132年到135年，在巴尔·科赫巴②领导下的犹太人，举行大规模的起义反对罗马政权。这次起义激烈而持久，并且最终需要哈德良皇帝本人出面控制。当这次起义结束时，耶路撒冷变成了罗马在其废墟上建立的新的殖民地城市爱利亚·卡皮托林纳。没有哪个历史学家会否认这些事件在罗马编年史以及欧洲文明当中，直至在当前时代的编年史中的重要性。在《罗马帝国衰亡史》的开篇处，吉本似乎完全忘记了那为期四年的战争："要不是因为导致动用边疆军团的一些小冲突，哈德良和安东尼努斯·皮乌斯③的统治就能够为世界和平带来不错的前景。"④ 但是，朱迪亚地区⑤并不在边疆，这些冲突也并非小规模的冲突。吉本当然

---

① 《罗马帝国衰亡史》，第26章，p1023。

② 犹太人知名政治人物。他率先起身反抗当时统治巴勒斯坦地区的罗马政权，并于132年到135年领导起义。哈德良皇帝调遣时任不列颠总督的西弗勒斯展开平叛行动。起义最后以失败告终，巴尔·科赫巴壮烈牺牲。哈德良皇帝在耶路撒冷建立新城，迁移外族人前来居住，禁止任何犹太人进入新城。耶路撒冷从此变成外邦人的城市，犹太人失去了他们的"应许之地"，开始了最长久的背井离乡的民族飘泊史。

③ 安东尼努斯·皮乌斯（86—161年），从138年到161年在位的罗马皇帝，哈德良的继子。

④ 《罗马帝国衰亡史》，第1章，p38。在为这部分文本所写的脚注中，吉本有些蹩脚地提醒他自己和读者暂时忽略巴尔·科赫巴起义。

⑤ 巴尔·科赫巴发动起义的地区，也是当时犹太人的最主要居住区，圣城耶路撒冷就位于朱迪亚。

知道巴尔·科赫巴叛乱,而且在创作过程中,他的主题也渐渐接近他在第 15 章所撰写的有关犹太人的历史:"但是最后,在哈德良的统治下,犹太人可怕的狂热成就了他们的灾难。"① 在第 16 章,吉本提到"那场激烈的战争最终以耶路撒冷的毁灭而终止",而且将其描述为"那场令人难忘的叛乱"。② 可是,他自己在写第一章的文本时并未想起这一点。

吉本完全能够将人民暴动和起义从"那些为了少数几个好战而又狡诈的领导者的利益而得到人力支持的内战"当中区分出来。③ 总体而言,他既不喜欢也不信任那些被其视为暴民的起义者。他将 1776 年欧洲的和平与繁荣归因于对"出身优越的特权"的普遍认同,他声称这是"人类所有特权中最朴素和最无害的特权"。④ 他完全无法忍受古代亚历山大城⑤高度复杂的社会紧张感和动荡感:"那些属于最微不足道的情况,譬如肉或扁豆的暂时性稀缺,忽视了一次习惯性的敬礼,在公共浴池不小心占了别人的位置,甚至是一次小小的宗教纠纷,都足以在广大民众中随时引发一场叛乱,而且他们的怨恨总是无比狂暴而又不可调和。"⑥ 吉本的看法很容易也很自然地会与他的榜样

---

① 《罗马帝国衰亡史》,第 15 章,p454。
② 《罗马帝国衰亡史》,第 16 章,p526。
③ 《罗马帝国衰亡史》,第 7 章,p198。
④ 《罗马帝国衰亡史》,第 7 章,p198。
⑤ 埃及最大海港和全国第二大城市,历史名城。公元前 332 年,希腊马其顿国王亚历山大一世建立了这座城市,并以他的名字命名。公元前 305 年至公元前 30 年,它成为埃及托勒密王朝首都。公元前 48 年,罗马统帅恺撒率兵占领亚历山大,烧毁图书馆,珍藏的典籍付之一炬,造成人类文化史上的一场浩劫。
⑥ 《罗马帝国衰亡史》,第 10 章,p293。

和前辈塔西佗达成一致，因为后者就一向鄙视那些习惯于看各种热闹以及戏剧演出的"plebs sordid（肮脏的平民）"。[1] 在塔西佗看来，那些暴民以他们当初谄媚地将维特里乌斯[2]奉为皇帝时的乖僻和疯狂去虐待他的躯体；[3] 罗马人的激情是短命和不祥的（breves et infaustos populi Romani amores）。[4] 再比较一下吉本的叙述："民众的决定通常取决于一个瞬间；那种过于善变的激情，既有可能迫使那些被煽动者在皇帝面前放下武器，也可能会让他们猛扑到他的身上。"[5]

吉本对于民众运动的观点，使他对罗马帝国后期社会历史上的一个重要事件不屑一顾。在高卢[6]地区的所谓"巴高达运动"[7]的农民起义，是在"四帝之年"[8]统治时期开始的，并且具有持久的影响。吉本在将巴高达运动起义者和"14世纪先后受到法国和英国折磨的那些

---

[1]　塔西佗，《历史》，第1卷第4页。

[2]　即奥鲁斯·维提里乌斯·日耳曼尼库斯（15—69年），罗马帝国皇帝之一。69年，他的部队击败了皇帝奥托，奥托自杀，维提里乌斯进入罗马城并成为皇帝。但在69年年底，支持后来成为罗马帝国第九个皇帝维斯帕先的部队进罗马，维提里乌斯兵败被杀。

[3]　塔西佗，《历史》，第3卷85页。

[4]　塔西佗，《罗马编年史》，第2卷41页。

[5]　《罗马帝国衰亡史》，第6章，p177。

[6]　古罗马人把居住在现今西欧的法国、比利时、意大利北部、荷兰南部、瑞士西部和德国南部莱茵河西岸的一带凯尔特人统称为高卢人。公元前2世纪，罗马人侵入高卢地区，建立了纳尔博南西斯行省。5世纪初，高卢多片土地陆续被外族占领。6世纪中叶，法兰克人统治整个高卢后，将其改称法兰克并建立法兰克王国，高卢之名自此废止。

[7]　罗马帝国时期高卢下层人民的反抗运动。因参加者自称"巴高达"（高卢语意为"战士"）而得名。该起义始于3世纪60年代，罗马在高卢的统治濒于瓦解。3世纪80年代，起义遭到镇压，5世纪时再度兴起，给罗马政府以沉重打击。

[8]　指罗马帝国前期公元69年这一年中，相继出现四位罗马皇帝（分别是伽尔巴、奥托、维特里乌斯和维斯佩西安）更迭即位的情况。

人"做了一种浅显和错误的比较之后而引出这一主题;① 他讽刺性地评论说:"他们主张拥有人与生俱来的权利,但他们却使用最野蛮的手段争取这些权利。"② 当他们向罗马军队投降时,"团结和纪律的力量,轻而易举地就征服了那些肆意妄为而又彼此不和的贩夫走卒"。③ 如果只是阅读吉本的著作,你就不大可能知道,发生在"四帝之年"的农民起义,成为5世纪巴高达运动起义者们长期独立统治布列塔尼④的源头。当吉本在第35章结尾⑤终于涉及布列塔尼(或者是所谓的阿莫里凯⑥)的命运时,没有任何迹象表明他回忆起这一事实:在5世纪创建了那种"混乱的独立局面"的"巴高达运动的联盟成员",就是他描述过的那些肆意妄为的贩夫走卒的后代。他提到"帝国的那些造反领袖利用剥夺人权的法律和无效的武器,以及他们煽动叛乱者而推动的"阿莫里凯(Armorica)起义,也根本不是事实。它是发生在美洲(America)的起义,不是在第35章收尾时他脑子里迸出的在阿莫里凯的起义,他显然出现了记忆混淆。正如我们从他著名的"关于西罗马帝国陷落的总体看法"这篇论文中所知道的那样,吉本很喜欢作对比和预测,但由于一些基本态度的影响,他在这方面并不总是很敏锐。虽然当代事件会让他产生兴趣和灵感,然而他对于它们通常的反应,就像是被囿于书斋而与外界绝缘的文人的反应。吉本的议会

---

① 《罗马帝国衰亡史》,第13章,p363。
② 《罗马帝国衰亡史》,第13章,p364。
③ 《罗马帝国衰亡史》,第13章,p364。
④ 法国西北部一个历史悠久的地区,在英国海峡和比斯开湾之间的一个半岛上。
⑤ 《罗马帝国衰亡史》,第35章,p356。
⑥ 法国西北部一地区的古称,尤其指布列塔尼。

席位能够使他直接感受到当代历史的兴奋度,然而,这并没有改变他的学究气质。

如果说吉本蔑视民众的暴动和叛乱,他也以同样地蔑视看待古罗马派系领导人提升叛乱规模和讨好民众或军团的做法。使人惊讶的是,他竟然将从奥古斯都到康莫德斯执政的两个世纪形容为"未被民众的鲜血所染,也未被革命的暴力所扰"——在公元66年的军事哗变是唯一的例外。[1]吉本接下来承认,他注意到了"三次规模不大的叛乱",并在一个脚注中加以列举。不过,卡米卢斯·斯克里波尼阿努斯[2]所领导的叛乱,显然是各省叛乱领袖觊觎王位的未来宣言的一个不祥之兆。在图密善统治时期安东尼厄斯·萨图尼努斯[3]的叛乱,标志着罗马篡位者与边疆地区原始部落之间的联合。而公元175年在叙利亚的阿维狄乌斯·卡西乌斯[4]叛乱,标志着罗马省长官在不顾一切地志在夺取帝王之位的过程中,第一次尝试利用他的乡土民众的忠诚。吉本怎么可能忽略所有这些情况呢?这些起义在他看来微不足道

---

[1] 《罗马帝国衰亡史》,第3章,p98。

[2] 罗马帝国的一个篡位者,曾与尼禄的生父一同担任过执政官,后成为达尔马提亚的地方长官。公元41年,罗马新帝克劳狄斯继位,卡米卢斯·斯克里波尼阿努斯联合元老院议员安尼乌斯煽动针对克劳狄斯的叛乱。被推举为帝后,他宣布将重建共和国,不料此举使军队转而反对他,迫使其流亡至亚得里亚海的伊萨岛,并在那里畏罪自杀,整个事件只持续了五天。

[3] 图密善在位期间日耳曼行省的罗马总督,公元89年春季,出于对皇帝的私怨而领导了被称为萨图尼努斯叛乱的一次反叛行动。由于莱茵河突然解冻,他的日耳曼盟友受阻而无法与他汇合,这次叛乱也很快被图密善派来的军队镇压下去。

[4] 阿维狄乌斯·卡西乌斯(约130—175年),公元175年,因传闻皇帝马库斯·奥勒留已死而反叛罗马,并曾短暂地统治过埃及和叙利亚,后被部下刺杀。

只有一个原因：它们都失败了。它们"在几个月内都被悉数镇压，而且甚至没有经历过一次像样的战斗的危险"。

对于从奥古斯都到康莫德斯统治期间具有几乎不间断的和平这一观点，不仅源于对于吉本对他所提到的各种叛乱的轻视，也取决于他对其他叛乱的忽略。我们在吉本所叙述的哈德良执政时期那段历史当中，已经注意到犹太起义的缺位；在对1世纪历史的调查中，他同样忽略了爆发于公元66年，并随着马萨达①被毁灭而终结的犹太人起义。我们压根儿没有听说过在提比略②时代非洲的塔克法里纳斯起义③，更不要说在尼禄死后，那些自称是尼禄的反叛者所得到的普遍的民众支持，也不必说在图拉真④统治末期散居的犹太人举行的暴动（这些都从现代考古学发现中找到了更明确的记录，但在吉本所知的信息源中就已得到充分证明）。吉本对于罗马帝国最初几个世纪是一个相对未遭破坏的和平时期深信不疑，这一点可以追溯到他所崇敬的作家塔西佗的言论。吉本的措辞像极了后者——immotaquippe aut

---

① 犹太人的一处圣地，位于犹地亚沙漠与死海谷底交界处的一座岩石山顶，也是公元66年到70年爆发的犹太人反抗罗马人统治的起义据点。据说在马萨达城堡即将被攻破之时，城堡内900多个犹太人选择了集体自杀。

② 即提比略·尤里乌斯·恺撒·奥古斯都（公元前42—公元前37年），罗马帝国第二位皇帝，公元14年到37年在位。提比略个性严苛，执政后并未受到臣民普遍爱戴，并在执政后期采用残暴手段对付政敌。在罗马古典作家的笔下，他的形象被定位为暴虐而好色。但近代学者根据最新历史资料，对提比略作出全新评价。

③ 公元22年由非洲部落酋长兼罗马军官塔克法里纳斯领导的一次叛乱。

④ 图拉真（53—117年），古代罗马帝国安东尼王朝第二任皇帝，98年至117年在位。图拉真在位时立下显赫战功，使罗马帝国版图在他的统治下达到极盛，元老院赠其"最优秀的第一公民"称号。

modicelacessita pax（一个未遭破坏或者只受到轻微影响的和平时期）。①在创作涵盖从公元 14 年到 68 年历史的《罗马编年史》的过程中，塔西佗可能会很自然地写出这句话，尤其是将其作为他的"和平的代价是君主制"这一观点而予以强化：奥古斯都的法律"gave iura quis pace et principe uteremur；acriora ex eo vincla（使我们享受和平和君主制，结果却带来了更严重的束缚）"。②吉本充分领会了这一教训和这些话。可是，就连塔西佗本人都不会把从公元 68 年到 96 年这些年头描述为一个"无比平静的时期"，正如他的《历史》开篇几章清楚地表明的那样。

在提出任何反对意见之前，吉本最初将塔西佗视为一个融合了博学家和哲学家特质的哲人史学家榜样。毫无疑问，按照吉本的观点，我们能够设想出一个哲人史学家应该而且有能力去完成的事情，即，找到各种历史秘密的原因和联系。譬如，当罗马军队宣布效忠当时还是王子的西弗勒斯·亚历山大③时，吉本感慨地评论说："也许如果一个哲学家深入调查那种奇特的交易，我们就应该会发现那些秘密的原因，从而了解为什么王子能有那样大的勇气，并让军队臣服于他。"④后来，在回顾古代对于狄奥多西一世性格特征的评价时，吉本写道："很少有几个观察者对社会革命有清晰和全面的认识；对于为何会有那么多人在步调一致的基础上，产生盲目而又善变的激情，他

---

① 塔西佗：《罗马编年史》，第 4 卷 32 页。
② 塔西佗：《罗马编年史》，第 3 卷 28 页。
③ 西弗勒斯·亚历山大（208—235 年），罗马帝国西弗勒斯王朝最后一个皇帝，222 年至 235 年在位。235 年 3 月，他与母亲莫西娅一道被叛军将领杀害。
④ 《罗马帝国衰亡史》，第 6 章，p177。

们难以发现其中详细和隐秘的动因。"①对于一个历史学家的哲学作用的这一观念,在吉本的脑海里根深蒂固,并且在他早期的《文学研究论》(1761年出版,但写于1758年到1759年)当中得到了明确表达。在这部作品中,年轻的吉本详述了何谓"哲学精神",并将塔西佗视为它的化身:"据我所知,只有塔西佗符合我对于哲人史学家的概念。"②那个哲学家能够在一大堆混乱的历史事实中,注意到"那些基本上依靠真正有效的信息而胜出的人"。③吉本坚信在人类历史上总是有"秘密的弹簧",这很自然地使他倾向于将内战或者起义这样如此公开而明显的事件,看成纯粹表面化的、肤浅的东西,而且归根结底是没有价值的。这些都属于"非本质性的意外因素"④。在提到君士坦提乌斯与马格南提乌斯⑤的对抗时,吉本是以这句话开始的:"就在内战终结了罗马世界的命运之际……"⑥在他看来,类似战争只是暂时中断了那种被隐秘的动因所推动的历史进程;它仅仅被作为局外因素而加以呈现。

在写作《罗马帝国衰亡史》的过程中,吉本对于隐秘的动因的寻找,不仅将他的注意力从动荡事件那里转移开来,也让他为罗马的整体衰落假定了一个神秘的起因。吉本一如既往地使用比喻:"这种长

---

① 《罗马帝国衰亡史》,第27章,p69。
② 《文学研究论》,第52章。
③ 《文学研究论》,第49章。
④ 《文学研究论》,第49章。
⑤ 马格南提乌斯(303—353年),从350年到353年的一个罗马帝国篡位者,后兵败自杀。
⑥ 《罗马帝国衰亡史》,第19章,p688。

期的和平，对于罗马人的统一化管理，像一种隐秘的慢性毒药输入到帝国命脉中。"① 虽然在康莫德斯之前并没有开始出现明显的衰落，吉本还是需要解释在出现"和平毒药"期间发生了什么。到4世纪末期，一种同类毒药从一个有机体转移到另一个有机体："感染了朝廷和各个城市行为礼仪的腐败和奢侈之风，将一种秘密的毁灭性毒药灌注到军团的营地里。"② 而且我们能够记得，在长期的和平与狄奥多西王朝的腐败风气之间，塞普蒂默斯·西弗勒斯增加了一种来自193年内战的"致命的毒药"，然而，它并不是一种秘密的毒药。它是那样醒目，鉴于吉本对于69年那些类似的内战事件不屑一顾的态度，他本该考虑到193年的各种具有"毒药"特征的事件。但不管怎样，吉本在他庞大的著作中终究没有保持一致性。而且，他还有一个特殊的原因理应去更多地关注193年：随着康莫德斯在前一年年底死去，以及西弗勒斯在193年内乱结束之际的最终出现，从吉本的角度来看，罗马明显地开始衰落了。随着公众普遍幸福的时代的结束，吉本从西弗勒斯身上看到了一个"罗马帝国衰落的主要责任者"。③ 吉本迫使自己得出了这个引人注目的观点。

到第38章写到"基本看法"时，吉本对于罗马衰落的观念发生了显著变化，倾向于支持那种会使人联想起孟德斯鸠的观点的一种解释："罗马的衰落，是极度繁荣与伟大的自然和必然的结果。"没有任何有关和平与脆弱的"秘密毒药"的措辞，没有重提塞普蒂默斯·西

---

① 《罗马帝国衰亡史》，第2章，p83。
② 《罗马帝国衰亡史》，第27章，p70。
③ 《罗马帝国衰亡史》，第5章，p148。

弗勒斯的影响。蛮族和基督教开始吸引吉本的注意。他忘记了他试图找到的那个隐秘的动因。他的问题，就在于长期寻找一种单一的秘密原因。如果他当初能够寻找不同的"秘密的弹簧"，他的解释就可能有更好的一致性。我们并不清楚，为什么吉本对于哲学精神的观念会长期推动他寻找一种秘密毒药，一个用来解释罗马衰落的整个故事的隐藏的原因。但是，我们不妨冒险猜测一下。它可能还是源于吉本所景仰的那个杰出而又"诡异的"天才——塔西佗。

在其《历史》第1卷当中，塔西佗宣称，随着尼禄的死亡，帝国的秘密暴露出来（evulgatoimperiiarcano）：在罗马之外的另一个地方，可能会出现一个皇帝。误判了皇帝可能在某个省"复活"对于军团的意义和影响的吉本，试图突破塔西佗对"帝国的秘密"的认知；但是，正如对待"只受到轻微影响的和平时期"的态度一样，塔西佗的整体规划似乎根植于他的思想中。在这个研究罗马衰落的历史学家看来，必然存在一种"帝国的奥秘"。拒绝从内战和叛乱中看到任何秘密的吉本不得不另寻他途。在此过程中，随着其思考自然而然地通过比喻而得到表达，塔西佗的"帝国的奥秘"在他的笔下，开始转变成罗马帝国庞大躯体的一种毒药。[①]

毫无疑问，吉本未必非要借助塔西佗而获得一个有关"秘密原因"的概念。对于18世纪的情况，他有过大量的思考，这至少在吉本早期的《文学研究论》中表现得很明显——他在该作品中探讨

[①] 不妨比较塔西佗在《罗马编年史》第1卷第10页的不同语境下使用的措辞。当然，我并不是在暗示吉本产生的观点必然和塔西佗有关，我只想指出，一个吸收了塔氏文风的作家，很可能会适当采用对方的表述方式。

过（他后来却忘记了这一点）寻找事物诸多而非单一成因的重要性。①虽然塔西佗本人的成就对于塑造后文艺复兴时期的因果关系理论具有一种强大的影响，但吉本密切关注古代的原始信息来源这一点，同样不可忽视。他为了撰写《罗马帝国衰亡史》而重新研究塔西佗著作的过程，足以让他产生寻找罗马帝国衰落秘密成因的强大动力。正是在此过程中，吉本的精神遗产，不知不觉地转变成他心目中那位古典大师的态度。

在吉本那非凡头脑的某个区域，也可能响起过 4 世纪长于雄辩的异教徒（非基督教徒）辛玛库斯②极力呼吁朝廷对异教保持宽容的声音。但是，吉本对于辛玛库斯的努力及其影响的记述，似乎并不足以使他得出这样的概念："即便是怀疑主义也被用来为迷信辩解。宇宙那个伟大而又不可理解的惊天秘密，让所有的调查者无功而返。"③这显然不是一个哲人史学家致力于发现的那种秘密，帝国的秘密才是题中之义。

据说，在从创作《文学研究》中那一篇《哲学精神简论》到筹划撰写《罗马帝国衰亡史》的过程中，吉本经历过一个与其意大利之旅有关的、几乎纯属好古癖的阶段。可是，其日记并没有显示出这一点。它只是让我们看到了一个求知欲极强的学者，他阅读和消化所能找到的所有深奥的专题论文，并且令人钦佩地感觉到，他这样做的目

---

① 《文学研究论》，第 49 章。
② 原名奎恩特斯·奥勒留·辛玛库斯，4 世纪罗马贵族，支持异教复兴的代表人物之一。
③ 《罗马帝国衰亡史》，第 28 章，p75。

的，就是要实现他的某种终极研究目标。他用法语写道："这是一项枯燥到令人厌烦的工作，但是，如果你要建起一座大厦，你就必须打好地基。你有义务承担起泥瓦匠和建筑师的责任。"①关于穆拉多利②和莱纳西斯③等人的文献研究，吉本写道，"归根结底，它们将为我充分供应传统习俗、社会风貌和令人好奇的逸闻趣事方面的材料，以及隐藏在普通历史中的所有有趣的历史。"④这些在1764年夏季的佛罗伦萨的思考和言论，显示出一种无比强烈的责任感。"隐藏的历史"（qui est cachée）的概念，透露出这个充满哲学思维的作家仍旧坚守自己的责任，但对于社会风貌和传统习俗的关注，表明了《哲学精神简论》所缺少的一种成熟。就在同一时间，吉本忙于和意大利地理和经济有关的题材的探索和写作，这也是他深入研究穆拉多利针对维莱利亚⑤发现的一处碑文（它提供了维莱利亚在图拉真统治时期流行的营养学体系的珍贵细节）所写的专题论文的直接结果。吉本甚至认为，他能够在他非常钦佩的穆拉多利的论文基础上作进一步改进。那个碑文"就那个时代的历史、地理和经济提供了最有益的阐释"。⑥

显而易见，这位哲人史学家甚至在他于1764年来到罗马之前，

---

① 《从日内瓦到罗马之旅：吉本从1764年4月20日到10月2日的日记》，乔治·A.博纳尔主编（伦敦：纳尔逊出版社，1961），p129。

② 穆拉多利（1672—1750年），意大利历史家，因发现被称为"穆拉多利残篇"的最早期新约圣经著作而知名。

③ 莱纳西斯（1587—1667年），德国哲学家和历史学家。

④ 《从日内瓦到罗马之旅》，p221。

⑤ 意大利古城，1747年出土了大量有价值的文物。

⑥ 《从日内瓦到罗马之旅》，p122。

就着手研究罗马的历史。吉本的计划是撰写一本意大利地理教材，但是在 1764 年夏季，随着他研究碑文和观察意大利艺术的深入，最初的计划逐步发生了改变。他在 8 月 30 日这天的日记中写道："我的既定目的是撰写地理教材，不过仍然存在改变计划的可能。"[①] 就在同一天，他写下了有关隐藏在"普通的历史"中的有价值的"社会启示"。当吉本到达罗马时，撰写罗马及其帝国宏大历史的念头，可能已经在他的脑海里成型。即便我们拒绝接受吉本后来就其于 1764 年 10 月 15 日在朱庇特神庙废墟上突然产生的念头的描述，认为那不过是一种浪漫小说似的自我陈述，然而事实上，如果说《罗马帝国衰亡史》的创作萌芽是出现于吉本在意大利之旅的工作和思考过程中，这也绝不是不可能的。

正如我们很容易从日记中判断出来的那样，吉本在当时对于那个主题的态度，与他在 1776 年所表现出来的态度迥然不同。毋庸置疑，我们会注意到他对于古代资料同样细心的关注，对于地理研究的同样的兴趣，以及同样的敏锐和机智。这些都是真正的吉本式的特质。但是，在《罗马帝国衰亡史》中那种对于社会和经济生活的强烈兴趣，却是无与伦比的。吉本对于维莱利亚的碑文的勤奋研究，在他后来的那部巨著中没有任何体现，甚至都没有粗略地提及图拉真皇帝的营养学方案。在《罗马帝国衰亡史》中，没有迹象表明作者对普通历史进

[①]《从日内瓦到罗马之旅》，p221。我们有时可能会做出错误的假定，那就是吉本在去意大利之前，就完成了对该国的基本描述，因为他是为准备这次旅行才开始的这一工作。但是从日记的这段记述当中，以及在 1764 年 6 月 20 日从佛罗伦萨所写的一封信可以知道，他在意大利旅行期间，仍在着手完成那个始于瑞士洛桑的工作。

行过筛选，从而找回那种"隐秘"的社会历史。在这位初出茅庐的历史学家和《罗马帝国衰亡史》作者之间的鸿沟，在他于1764年5月3日在都灵①所写的这几句话中体现得最为明显："那个宫廷对我而言既让我感到好奇，也让我充满厌恶。朝臣的奴性叫我作呕，我也带着恐惧之情，感受到了水泥地面上沾染着民众鲜血的富丽堂皇的宫殿。"②这些话语或许可以和吉本在佛罗伦萨看到尼禄半身雕像时的反应相比较："我应该说这句话吗，并且就在这里说？尼禄从来都不像提比略、卡里古拉③或者图密善那样令我反感。他有很多恶劣行径，但他并非没有优点。"④吉本研究了太多的古代历史，他不可能不知道民众和士兵对于尼禄的高度尊敬。在1764年，吉本不可能完全忽略那三个假冒尼禄之名的造反者以及他们的支持者。在1764年，吉本对于朝廷、公元1世纪的罗马皇帝以及一般社会历史的态度，显然不同于1776年。巴高达运动也许会让一个带着恐惧之情看到"水泥地面上沾染着民众鲜血的富丽堂皇的宫殿"的历史学家更感兴趣。

是什么导致了这种变化？吉本的个人情况可能与此有关，特别是他在伦敦的社会地位以及他在议会的席位。不过，这当中仍然有塔西佗的影响因素。为了写他的《罗马帝国衰亡史》，吉本沉浸于一个他必定越来越感觉与其心意相通、而且自撰写《论文学研究》以来，就将其视为一个哲人史学家榜样的作家的作品："长时期的革命可能会

---

① 意大利第三大城市和工业中心之一。
② 《从日内瓦到罗马之旅》，p18。
③ 卡里吉拉（12—41年），罗马帝国皇帝，公元37年到41年在位，以其残暴和荒淫著称，公元41年被人暗杀。
④ 《从日内瓦到罗马之旅》，p168。

导致各种灾难，但长时期的革命未必会产生一个塔西佗来记述它。"①在那个老罗马人的影响下，吉本充分利用了他对于对方的认同感以及意大利之行的兴趣。塔西佗所着力强调的罗马宫廷及其生动的特征，为吉本许多最考究的叙述内容赋予了活力。他对于民众的蔑视与塔西佗很相像，并且拒绝为社会动荡赋予任何特殊意义（后者并不是塔西佗的风格）。叛乱和内战所发挥的往往是看上去色彩斑斓但本质上却很肤浅的作用。当它们出现在吉本的叙事当中时，命运会被摧残，历史会被玷污，政体会受伤害；但在他看来，它们与衰落的成因几乎没有任何关联。

不过，在法国大革命爆发之后的某个时间（而且有可能是受其影响），吉本开始写道，他从安东尼王朝崩溃追踪罗马衰落是错误的。他试图从塔西佗所停笔的那个幸福时代末期写罗马帝国的历史。② 但是事实上，按他自己的说法，他本应从公元69年的内战乃至从公元14年"取代了奥古斯都统治的暴政"推断出"这个帝国的衰落"。这可以构成对公元1世纪的全新评价，并为那些与吉本的早期预测并不相容的内战和"不值一提"的暴乱活动赋予某种意义。但是，承认错误是无法挽回的这一做法本身，具有令人好奇和使人心痛的意味。这

---

① 《罗马帝国衰亡史》，第36章，p399。

② 参看塔西佗在《阿格里科拉传》这部专著和《历史》第1卷对他所在时代的描述。吉本对于安东尼时代的著名评价的措辞方式，非常类似于罗伯森对狄奥多西死后一个半世纪的情形的描述："如果让一个人确定在世界历史上人类处境最为痛苦和不幸的那个阶段，他会毫不犹豫地说出从狄奥多西大帝之死到伦巴德族在意大利建立王国这一时期。"（《查理五世的历史》，1769，p10）。我倾向于认为，这种相似性在风格层面比实质层面更重要。参考D. 乔丹《吉本和他眼中的罗马帝国》（厄巴纳：伊利诺斯大学出版社，1971），p216。

并不是第一眼看上去那样，是一种大胆的再思考。在极力贬低自尼禄死后的内战意义的同时，吉本在寻找一种更深刻的秘密的过程中，最初与他的古罗马导师显然意见不一。从1790年到1791年的冬春之交，当他承认应当从公元1世纪的那两个时期挑选一个着手时，他无疑相当于最终屈从了塔西佗的做法；因为塔西佗实际上是从公元69年的内战开始撰写他的重要著作《历史》，并从那个"取代了奥古斯都统治的暴政"开始撰写另一部著作《罗马编年史》。在美国革命和法国革命背景下，那个老罗马人给他的弟子上了一课。

第三章　关于吉本藏书的一些思考[1]

在1773年，爱德华·吉本住进了他在伦敦本廷克街7号新装修的房子，在那里所拥有的独立性和舒适感，为他提供了他认为创作《罗马帝国衰亡史》所不可缺少的"奢侈品"。置身于配有白漆书柜和金黄色饰边的蓝色墙纸的藏书室，吉本发现（正如他在《吉本自传》写到的那样），他能够将"一天划分为研究时间和社交时间两部分"。当他需要为他的研究去查询更多图书时，他不需要为找到它们而去太远的地方。"对于一个书迷而言，"他写道，"伦敦大大小小的书店带来了不可抗拒的诱惑；而且我撰写历史的过程需要各种各样和越来越多的资料。"他将自己的藏书室描述为一个实用的工作间，他的藏书本身也证明了他作为一个历史学家的诚信。当吉本开始对巴里欧学院不幸的亨利·戴维斯（他试图抹黑《罗马帝国衰亡史》第15章和第16章的内容）的指控进行反驳时，他用每一个藏书家后来都将了解和重视的一段话宣布："我不能公开宣称说，我很希望结识戴维斯先生；但假使他愿意不辞辛苦，在我不在家的随便哪天下午上门做客，我的仆人会带他参观我的书房。他一定会发现，那里有相当多有价值的作

---

[1] 注：本文是格罗里埃俱乐部代表在去参加吉本藏书展览会期间，在威廉斯镇查平图书馆发表讲座的内容（马萨诸塞州，2000年11月11日）。

家的作品，包括古代的和现代的，信教的和不信教的，它们都为我的历史研究直接提供了材料。"

吉本和他雇用的助手巧妙地使用了扑克牌背面，为这个宝贵的藏书室制作了一个目录卡片盒。到 1783 年为止，他的藏书数量多达 6000 册以上。在那一年，吉本移居瑞士洛桑，与他的好友和学术同行乔治斯·戴维登会合。在写给戴维登的一封信中，他再次强调了他的藏书对于他撰写作品的重要性，也强调了他在收集藏书时对当时收集藏书的流行时尚的不屑。吉本用帮助他出版了早期文学论文的出色的法语对戴维登说："Les auteurs les moins chers à l'homme de goût, des ecclésiastiques, des Byzantins, des orientaux, sont les plus nécessairesà l'historien de la décadence et de la chute[那种在有品位的人（神职人员、拜占庭人和东方人）眼中最缺少吸引力的作家及其作品，对于研究衰亡过程的历史学家来说，是最不可或缺的]。"在计划移居洛桑时，吉本考虑过将全部藏书运送到那里的巨大成本，并且哀叹"上帝并未选择让瑞士成为一个海洋国家"（"Le ciel n'a pas voulu faire de la Suisse un pays maritime"）。他决定把几千册藏书（一大批在两个多世纪之后，也即在今天才在伦敦雅典娜俱乐部①出现的藏书）留下来，因为就像他在给戴维登的信中所写的那样，他指望在洛桑就可以找到合乎要求的作品。

他在洛桑获取的那批藏书，后来有了一个新的目录；直到 1980 年，它在摩根图书馆②的存在才为公众所知，虽然从 1904 年该图书馆

---

① 伦敦的一家著名私人俱乐部，建于 1824 年。

② 一家藏品丰富的博物馆，位于纽约曼哈顿中城东三十六街与麦迪逊大道交会处，本是金融家皮尔庞特·摩根设在纽约的私人图书馆和住宅。后来摩根将其设计建造成一所标榜文艺复兴时期艺术特色的私人图书馆，以表达其对文艺复兴的艺术和理想的敬意。

刚刚建成不久，它就一直存放在那里。当吉本藏书的那位勤奋的现代书目编纂人杰弗里·凯恩斯（那位杰出的经济学家[①]的弟弟）在20世纪30年代后期撰写有关吉本的藏书书目时，他当时与这个目录失之交臂。吉本于1794去世以后，他的藏书的命运众所周知，因为他在遗嘱中规定，除了遗赠给洛桑学院图书馆的共97卷的六部著作以外，其他藏书都予以出售。英国小说家和藏书家威廉·贝克福德买下了那些藏书，用他自己的话说，这是为了"当我路过洛桑时有东西可读"。他的确这样做了。"我都快把我的眼睛读瞎了，"他声称，接着又说，"我把那些藏书作为礼物送给了我的私人医生。"而那个医生——在讲德语时，元音总是不必要地发生变音情况的不幸的弗雷德里克·绍尔先生，最终分两个阶段卖掉了那些藏书，而相关出售纪录为研究吉本的藏书提供了更多的档案资料。

贝克福德在处理掉这些极有价值的18世纪藏书方面所扮演的角色，具有极强的讽刺意味。在他自己所拥有的吉本的《罗马帝国衰亡史》一书中，他写下了对作者的一种控诉，这种控诉也恰如其分地出现于威廉斯镇[②]那次书目展览的文物证明中。在这里，我不得不提及一个事实：我从罗杰·森豪斯[③]的藏书当中，获得了一份亨利·戴维斯攻击第15章和第16章的那本书清晰的原版副本。在他的藏书票[④]

[①] 指梅纳德·凯恩斯，英国经济学家，凯恩斯主义创始人。长期在剑桥大学任教和主编《经济学杂志》，主张实行管理同货以稳定资本主义经济。

[②] 美国新英格兰地区的一个著名小镇，拥有美国众多文化资源，包括在夏日举办的威廉斯戏剧节，以及两座全国知名的博物馆---威廉斯学院美术博物馆和克拉克艺术中心。

[③] 罗杰·森豪斯（1899—1970年），英国出版商和翻译家。

[④] 供藏书使用的一种标志物，其最初功能如同藏书印章，属于个人收藏的一种标记。

背面他的签字下方,森豪斯用铅笔写道:"参见威廉·贝克福德有关吉本刻薄的短评[安东尼·霍布森①在演讲中引用过(它们),格罗里埃俱乐部,1959年5月]。"因此,我似乎也完全可以像索斯比的安东尼·霍布森那样,再次面向格罗里埃俱乐部成员而引用贝克福德那令人吃惊的话:

> 时间已经不远了,吉本先生,你那近乎可笑的自满,你那数不清的、而且有时显然是蓄意犯下的错误,你为了让人们对一切最神圣、最庄严的事物给予挖苦和嘲讽而经常歪曲历史事实的做法,你对于东方语言的无知,你那有限的、远远称不上精通拉丁语和希腊语的知识,你在笔记中那些下流淫秽的评论,你那不时地显露出来、就像人造玫瑰似的伪善的道德观,你那无比冷酷的怀疑论,你那离经叛道的、对于浮华修饰的偏好,你那浮夸冗赘的措辞,你那单调无趣的笔法,所有这些,都将比以往更多地暴露在人们眼前。一旦你从你那华丽而又俗气的高跷上被公平地踢下去,你就将原形毕露,被降格到你恰当的地位和真实的水准上面。

要解释贝克福德购买吉本的瑞士藏书的决定,需要临床心理医生般敏锐的洞察力,但最终,我们必须感谢他把藏书交给了绍尔医生,而后者至少负责任地将它们放到市场上出售。因为我们是如此了

---

① 20世纪英国知名书商和学者,经营索斯比拍卖行图书分部长达20多年。

解那些藏书，也许一种兼具娱乐性和启发性的做法，就是首先找到吉本显然知道、但在本廷克街或者洛桑的藏书中未能发现的几本书的书名，然后再去考虑一些他曾经拥有、但显然被忽视的重要的书，这样一来，我们或许就可以更多了解关于他的工作方法和他自己的鉴赏品位。最终，我需要探究吉本如何看待他自己在整个文学殿堂的地位，正如当他的人生接近尾声时，他在选择和购买摆放在洛桑的藏书室的那些杰出作家的半身雕像时可能想到的那样。他的《吉本自传》六易其稿这一事实明显表明，吉本不仅关注他在后世人心目中的形象，而且还要建立其独特的肖像轮廓。

让我介绍一下吉本曾引用过、但显然在其藏书清单之外的一本重要的大部头作品。这是从1644年开始出版、由杰出的伯兰德学会①编纂的系列作品，总标题是《圣徒传》。当吉本创作他的作品时，上述事业并未完成，但其对于圣徒的人生经历所做的系统性调查，从当年1月到7月取得了长足的进展。在用于1976年一个相关纪念性研讨会的一篇文章中，一个著名的伯兰德学会成员、已故的史提芬·朗西曼爵士，不公正地指责吉本完全忽视了《圣徒传》。事实上，吉本在《罗马帝国衰亡史》第33章一个注解中的确引用过该作品："见伯兰德学会的《圣徒传》……这个跨越了126年（1644—1770年）、使用了50册对开本篇幅的系列圣人传记，最后一次面世时间是在今年10月份。对于耶稣会士的压制，很有可能阻碍了一项通过寓言手段传播

---

① 由一些欧洲学者、历史学家和语言学家构成的一个组织（最初都是耶稣会士，后来也包括非耶稣会士），自17世纪初开始研究圣徒传记和基督教的圣徒崇拜，最重要的出版物就是《圣徒传》。

大量历史和哲学知识的事业。"

在吉本为其早期的几卷本作品所写的笔记中,朗西曼批评的不公平甚至表现得更为明显。这些大部分于1972年由帕特里夏·克拉多克第一次出版的笔记,是用红色摩洛哥羊皮革做封面的,并保存在摩根图书馆。这些笔记有四次提到了《圣徒传》,吉本在其中一次引用时这样写道:"引导过我的工作的伯兰德学会成员,用不懈努力完成了有关圣詹姆斯①的那篇文章。"我们需要知道的是,吉本是从哪里读到了伯兰德学会编写的这些大部头作品。在第33章的这处笔记表明,吉本读到的他所引用作品的最后出版日期是在10月7日。这正是那套1770年版的大部头图书最后面世的那一天。由于吉本当时显然没有预料到,当他写下这一笔记时,另一卷本的《圣徒传》于1780年再次出版。我们可以有把握地说,他参阅伯兰德学会编写的那些作品的时间是在1770年和1780年之间。虽然在《罗马帝国衰亡史》中所引用的那处有关《圣徒传》的笔记发表于1781年,但他给出的明确结论显然有赖于他在前十年的调查。

幸运的是,对于吉本在何处以及在何时查阅《圣徒传》,《吉本自传》使我们有可能建立起近乎准确的信息。在1777年,就在《罗马帝国衰亡史》第1卷在前一年的出版使他名声大噪之际,吉本应他的旧日情人苏珊娜·内克②女士之邀,去巴黎住了几个月。虽然他在那里参与了一轮颇为忙碌的社交活动,但还是找到了时间阅读。"那几

① 《圣经》中的基督教圣徒之一。
② 苏珊娜·内克是吉本在洛桑时期结识并热恋过的一个姑娘,但由于父亲反对,这段爱情未能延续。吉本曾经说过:"作为一个情人,我只能叹息;作为一个儿子,我只得服从。"他终生未娶,把毕生精力与心血全部倾注在著述活动中。

次有一些时髦人物参加的晚宴，经常持续到第二天凌晨，"他承认，"但我偶尔会光顾皇家图书馆，还有圣日耳曼修道院图书馆：考虑到我可以坐在家中免费阅读他们提供的书籍，我有充足的理由去赞美那些慷慨的机构。"毫无疑问，正是通过1777年那些图书馆的慷慨协助，吉本才开始熟悉伯兰德学会的那些大部头作品。相比较而言，他在1781年之后对这一主题的完全沉默表明，他从未再次有机会（或者主动）接触那些庞大而昂贵的作品版本。

我想援引吉本曾经引用过、但并未见于其藏书清单的另一个主要作品的例子。在18世纪的欧洲，对于古代晚期和拜占庭帝国早期最有价值的描述之一，是研究拜占庭帝国的法国历史学家查尔斯·勒博所著的不朽作品《拜占庭帝国史》。这位天主教学者出生于1701年，因此是吉本的上一代人，他的这部历史著作出版于1757年。他本人死于1778年，但其作品出版时间一直持续到1787年，总数量多达24卷本。吉本精通法语，因此，他不可能错过一部与他自己的时代有如此明显的重叠、而且使用他可以轻松读懂的语言撰写的历史。不过，吉本从未将勒博的《拜占庭帝国史》增加到他的藏书中。在他的《罗马帝国衰亡史》最初三卷本里，他甚至从未引用过这部著作。但是，在或许可被称为"洛桑三部曲"（它们都在洛桑完成，并于1788年出版了最后三卷）的作品中，勒博及其作品在吉本的注释中出现了两次。第一次提及是在第49章，当时，吉本对第8世纪打破宗教偶像斗争后的偶像重建过程作出评论。吉本以那种显然是同时反对神职人员涉政和反女权主义的态度指出："那些现在仍未倒塌的偶像，被那些最虔诚的宗教团体和女性团体秘密地珍视着；那些僧侣和女性所结成的亲密的联盟，取得了对于人类理性和权威的最终胜利。"在一个脚注中，吉本将新教和天主教在这个问题上的观点作了对比，并且声称，天主教通常会受到"教士们的愤怒和迷信的严重影响"。接下来，他几乎是带着遗憾之情写道："甚至就连勒博这样的绅士和学者，也会受到这种可怕的传染。"

这一简短而具有启示性的点评会让我们作出几个推论。吉本显然发现，作为一个信仰天主教的人，勒博有其乖戾的一面，但与此同时，作为一个有成就的人，吉本很尊敬他。将他描述为"绅士和学者"，几乎明确地暴露出吉本在某次去法国期间，必然和他有过私人接触，而且那很可能是在1777年（勒博去世前一年）。吉本反感勒博的宗教偏见，大概是他没有在其藏书清单中加上《拜占庭帝国史》这一项的原因，但至少当他在着手其"洛桑三部曲"的工作中，他显然查阅过这本书。勒博还在其他地方被引用过——这次是在《罗马帝国衰亡史》第53章，吉本承认，他使用了勒博这部著作第14卷提供的有关塞奥法尼斯·康蒂努特斯[①]作品希腊文本的一处综述。"在参阅塞奥法尼斯著作的过程中，"他在一处注释中写道，"勒博规整而简洁的摘要（《拜占庭帝国史》第14卷，第436页和438页），为我提供了有价值的信息。"吉本的希腊语水平远远不及他的拉丁语，而他的拉丁语远远不及他的法语，这并不是什么秘密。我们完全可以想象，他在通过勒博的总结而艰难地获取到一个有关拜占庭的信息来源时那种如释重负的心情。更何况在整理混沌的拜占庭历史的过程中，一个规整而简洁的摘要将会多么合乎吉本的心意。在构成《罗马帝国衰亡

[①] 塞奥法尼斯·康蒂努特斯（775—845年），拜占庭帝国僧侣和赞美诗研究家。

史》第48章的一个概述中，他本人也给出了一个类似的摘要，一个深为德国古典学学者雅各伯·伯奈斯所钦佩的有关拜占庭历史的出类拔萃的总结，也是整个《罗马帝国衰亡史》唯一没有注脚的一章（由于伯里①和奥列芬特·斯米顿②后来给这一章添加了注释，这一情况容易被忽略）。

在《罗马帝国衰亡史》正式文本之外，勒博在吉本笔下的再次出现，是在从1787年起他为第5卷和第6卷所写的零碎注释当中。他从吸引了他的注意力的希腊战争中发现了有价值的东西，因此我们必须假定，他在当时至少是匆促地通过《拜占庭帝国史》阅读了这方面的历史。那么，他是在哪里读到它的呢？在《罗马帝国衰亡史》文本中以及文本之外对于勒博的提及，都是在吉本于1783年返回洛桑之后。吉本的遗嘱或许包含某种线索。虽然他指定在其死后，要将他的大部分图书出售，但正如我们注意到的那样，他将近100卷作品都捐赠给了洛桑学院图书馆。我们有理由假定，这是这位著名历史学家对那些曾与他密切交往的当地学者当初的大力协助所表达的一种感激之情。我们也有理由推断，他曾经在洛桑学院图书馆翻阅过勒博所写的各种不乏宗教偏见的著作。

根据对《圣徒传》和勒博的《拜占庭帝国史》的引用情况，我们可以约略看到吉本如何为他本就相当多的私人藏书资源作了补充，在这方面，他曾经因为戴维斯而写的辩护，也证明了他在创作中的诚

---

① 约翰·巴格内尔·伯里（1861—1927年），爱尔兰历史学家、古典学学者和语言学家，曾主编《拜占庭中世纪史》。

② 奥列芬特·斯米顿（1856—1914年），苏格兰作家、新闻记者、历史学家和教育家。

意。然而，我们必须说，在这两种情况下，吉本的反对教权偏见的主张，也许会使他并未给予这些作品足够的关注，而且我们也可以理解，为什么他会避免因购置这些大部头而让自己承担巨大的开支。另一方面，我们现在也必须知道，是什么促使他去购买他在任何时候都没有引用过的那些书。

为了解决这一问题，我选择了出现在吉本的藏书清单中、但他从未提到过的希腊小说家的作品（其中有的作品有两种版本），作者分别是查里顿、艾菲索斯的色诺芬、朗戈斯、阿基里斯·塔蒂乌斯和赫利奥多罗斯。他们的作品都是用希腊语写的浪漫小说，主题都是浪漫爱情和恐怖探险。这种文学类型在罗马帝国很流行，并曾引起皇帝朱利安的不满。和其作品同样出现于吉本的藏书清单的拉丁语小说家佩特罗尼乌斯不同，这些希腊作家（除查里顿之外）是在《罗马帝国衰亡史》第 1 卷所涵盖的那几个世纪写作的，作品反映了他们所在时代的品味和风格，而且含有与基督教有关的某些有趣的相似之处，包括死而复生和葡萄酒代表鲜血等信息。其中几部小说使用了高超的写作技巧，尤其是充分掌握希腊风格、并且极其擅长叙事的赫利奥多罗斯所写的《埃塞俄比亚传奇》。由于我们从吉本对菲尔丁及其小说《汤姆·琼斯》的不吝赞美可知，他绝非不喜欢小说，或者不知道它对于社会历史的重要性，因此，他购置这些书却未在作品中引用过它们这一点，似乎不能不令人惊讶。归根结底，很难相信读过赫利奥多罗斯或阿基里斯·塔蒂乌斯作品的吉本，会写下在《罗马帝国衰亡史》第 2 卷结尾就后来的希腊文学所做的可怕的评论："如果我们排除独一无二的琉善，那个懒惰的时代没有产生过一个有创造性天才或者精通优雅的创造艺术的作家……一大批所谓的批评家、编纂家和观察家让学术蒙羞,而且在天才衰落之后,紧随着的就是鉴赏趣味的堕落。"字里行间,丝毫没有暗示出希腊小说的存在及其地位。

可是,那些小说家的作品版本在吉本的藏书中的存在,至少能够从他的角度表明,他承认这些作家是值得关注的。一个藏书丰富的古典藏书室应当收藏他们的作品。与此同时,吉本明显地忽视它们也充分表明,他并没有读过它们,或者说肯定没有认真地读过它们。因为它们都是用希腊语写的,其中有些比另一些更难读懂,而它们当中最出色的——赫利奥多罗斯的作品——无疑属于难度较大的那一种,所以,吉本有可能只是不想费事阅读而已。在这方面,没有类似勒博那样的人就这些作者及其作品提供一个整齐而简洁的总结,另外,所有这些希腊语著作版本相应的拉丁语译本,都像学术性拉丁语那样晦涩难懂。吉本不仅拥有而且明显阅读过的这类题材的作品,只有斐洛斯特拉图斯①所写的有关哲学家兼演说家、来自古罗马省泰安那镇的阿波罗尼奥斯的传奇人生②。然而,这是被长期和广泛讨论过的有关在基督教早期异教信仰的文本,而且在一处有名的注脚中,吉本很自然地将阿波罗尼奥斯的神迹和耶稣的神迹做了比较。如果他知道这些小说家描述过那些复活的故事和异教徒的圣餐情况,那就很难相信他不去使用它们。

在吉本的藏书中这些著作的存在,表明有些书籍明显是用于装饰而非参阅和借鉴。这些未被使用的作品,会使我们进一步看到吉本希

---

① 菲洛斯特拉图斯(170/172—247/250 年),罗马帝国时代的希腊智者和作家。
② 指斐洛斯特拉图斯的《泰安那的阿波罗尼奥斯之传记》这部作品。

望留给这个世界以及后世的个人形象。他的个人自传数易其稿,暗示出他非常关心如何为自己声名远播建立一种可信的描述。针对那些他所花心思不亚于他的自传的藏书,他在1788年初步决定:从威基伍德公司①那里订购8个伟大的文学人物半身像,作为匹配他的藏品的一种装饰物。他在洛桑收了21岁的威廉·德·塞福瑞为弟子,并在1787年后半年和他去了英国。当他和那个年轻人准备在1788年返回瑞士时,他指示后者正式订购那8个半身像。这显然是一个深思熟虑的项目,因为这些半身像都得花不少时间订做。直到今天,它们都保存在瑞士沃州②档案馆里。

吉本选择并展示的那些作家是荷马、柏拉图、亚里士多德、西塞罗、莎士比亚、弥尔顿、牛顿和蒲柏——这是一个耀眼的名人组合。这些经典的名字都是无可挑剔的,但吉本对他们中任何人都没有明显的亲切感。自从他在青年时期的探索之后,他就很少再去阅读荷马的作品,而且哲学也不再多么合乎他的口味。作为塔西佗的一个充满激情的崇拜者,他不可能对西塞罗词藻华丽而内容空洞的拉丁语风格感到亲近。莎士比亚和弥尔顿的著作无疑都是当代无可挑剔的阅读选择。正如这种展示所提醒我们的那样,他将莎士比亚用作自己超越塞缪尔·约翰逊的一种动力,而且他显然非常欣赏莎士比亚的人文主义精神。然而,没有任何迹象表明,吉本经常阅读莎士比亚或者弥尔顿的作品。在近乎同时代人的半身像方面,他选择了牛顿和教皇。他无

---

① 英国著名的瓷器生产商,由出生于英国斯塔福德郡陶工世家的乔舒亚·威基伍德于1759年创立。

② 瑞士境内西边的一个行政州域,下设19个区。洛桑是其州府所在地。

疑很钦佩牛顿精确的编年史研究①，而且在他的藏书中有一套牛顿的《光学》。作为讽刺作家的蒲柏必然让吉本感觉志趣相投，但他所有有关蒲柏的评论几乎都会涉及后者翻译的荷马作品，吉本将其描述为"一种具有各种优点的文字描绘，只是与原作相去甚远"。

因此，总体而言，吉本选择在藏书室展示的文学名人，似乎反映了他所认为的人们对于文学界的普遍观念。他们和吉本本人的个人偏好没有太大关系。看起来，他似乎希望他的藏书室及其摆列在他珍贵的书籍中间、用黑色威基伍德陶瓷做成的8个文学人物雕像，能够构成一个举世公认的杰出人物群体某种凝缩的精华（无论吉本是否会将其吸收到他的著作中）。吉本正在将他的藏书室变成一种不朽的前厅。从荷马开始，到牛顿和蒲柏结束的这一摆放顺序，显然意在指向这个万神殿的下一个成员：吉本本人。

一个私人藏书室并不只是简单的书籍汇总。它是其主人的一面镜子，但这是一面相当神奇、所反映的信息远远超出表面化的映照物的镜子。它可以暴露隐秘的愿望，它比任何手术刀都能够更深入地切入一颗不平静的心灵。对于像吉本这样确定无疑的天才而言，他的藏书室是我们了解他的人性弱点及其伟大抱负的可靠向导。为了塑造一个罗马帝国历史学家的完美形象，他能够一遍又一遍地修改他的《自传》，但是，他的藏书室却并不那么容易修改。它的庄严和权威，能够反映出吉本是什么样的人，以及他想成为什么样的人。

---

① 牛顿在晚年创作了《古代王国修正编年》，并认为这是他全部著作中最重要的一部。在这部书中，牛顿打破了托勒密编年史体系，试图用统计的数学方法对古代西方的国王年代重新编排，以便与圣经旧约的记载相互对照。

书目注释

乔治·爱德华兹精心准备了威廉斯镇的展览目录（纽约：格罗里埃俱乐部，2000 年）。由杰弗里·凯恩斯编制的展览目录第二版是不可或缺的：*The Library of Edward Gibbon*（多尔切斯特：圣保罗书目，1980 年）。关于吉本残缺不全的笔记，参见帕特里夏·克拉多克的 *The English Essays of Edward Gibbon*（牛津：牛津大学出版社，1972 年）。这本珍贵的书包含的远不止是吉本的英语文章。吉本的信件由 J.E. 诺顿编辑成三卷本（伦敦：麦克米伦出版社，1956 年）。史蒂文·朗西曼的观点可见于 G.W. 鲍尔索克、J. 克莱夫和 S.R. 格劳巴德主编的 *Edward Gibbon and the Decline and Fall of the Roman Empire*（马萨诸塞州剑桥市：哈佛大学出版社，1977 年）一书，该书辑录了他的论文"吉本和拜占庭"。雅各伯·伯奈斯对于吉本的那些被严重忽略、实则极具洞见的研究草稿，可见于由 H. 尤泽纳主编的 *Gesammelte Abhandlungen* 丛书第 2 卷：*Edward Gibbon's Geschichtswerk*（柏林：威廉·赫兹出版社，1885 年）。有关写给塞福瑞的信以及从威基伍德公司订购半身像的证明文件，可见于保存在法国格勒诺布尔历史博物馆的 1976 年洛桑纪念性展览目录：*Exposition Gibbon à Lausanne, organisée à l'occasion du Colloque "Gibbon et Rome"*。对于新近在伦敦雅典娜俱乐部发现的与吉本藏书有关的知识，我要将此归功于约翰·波科克。

第四章 守望者：吉本的自传

在给他的赞助人霍尔罗伊德[①]（谢菲尔德勋爵）的一封信中，吉本强调说，《罗马帝国衰亡史》第1卷在1776年2月17日"呱呱坠地"。接下来的两卷出版于1781年，而最后三卷直到7年后才问世。在1776年2月，吉本还是一个（正如戴维·沃默斯利在他那迷人而且具有开拓性的新书开头说的那样）"没什么名望的人"。他发表过文学论文，以及对于沃伯顿[②]勋爵有关《埃涅阿斯纪》第6卷批注的评论，他还是英国议会成员，但不论怎样，他都不是一个名人。不过，到了1788年，当他那部伟大的历史著作最后一卷面世时，他的确很有名气，而且直到他在1794年去世时始终如此。

吉本是他那不断增长的声誉勤奋而精明的监护人。沃默斯利以一丝不苟和富有想象力的学术研究，成功地跟踪了吉本为调整和增强他给同时代人留下的印象而精心设定的步骤（这不只体现在出版那部历史著作的过程中，也体现在他为撰写个人自传的六次校正性的尝试中）。沃默斯利在其论著末尾令人信服地指出，当吉本死后，谢菲尔

[①] 即贝克·霍尔罗伊德（1735—1821年），英国政治家，也是给予吉本终生支持的得力友人，曾在吉本逝世后协助出版其尚未发表的文稿。

[②] 威廉·沃伯顿（1698—1779年），英国作家，文学评论家和牧师，生前是英国坎特伯雷省格洛斯特教区大主教。

德勋爵在准备系统性地出版传主手稿的过程中，对于吉本的个人传记做了强制性改动。沃默斯利的著作的标题部分，吸收了吉本在《自辩》第 15 章和第 16 章（有关基督教）的一处引文，不过这本著作本身显然涵盖了更大的领域。它从吉本对于《罗马帝国衰亡史》第 1 卷第二版极其详细而又具有启示作用的修改情况写起，并以谢菲尔德就 1814 年和 1815 年两次出版的《吉本自传》第二版所做的总结作为结尾。

在其作品序言后半部分具有提示性作用的那几个段落中，沃默斯利将他的研究描述为"在方法方面近乎杂乱而不加选择"。似乎是为了避免他所谓的文学理论家常见的"不必要的教条主义"，他支持对吉本的作品做一种密切的语境分析，尤其是要关注在吉本生前和死后不断变化的思想环境和现实环境。我们不能不赞同这一文学研究观点——沃默斯利以吉本的方式，将其总结为一种特殊的阿里乌斯派①式的"三位一体论"："参考文献是圣父，上下文（语境）是圣灵，而仔细研读只是圣子。这是一种滞后的、具有依赖性和从属性的研究活动，它只能在资深专家所标定的范围内安全地进行。"沃默斯利的方法对于读者有更高的要求，但其合理性要由实际结果决定。对于他的方法可行性的这种侦探性工作是令人兴奋的，而且能够让我们更加清晰地同时了解吉本和谢菲尔德。

在详细研究吉本对于《罗马帝国衰亡史》第 1 卷第二版和第三版所做修改的过程中，沃默斯利的关注点集中在第 15 章和第 16 章，因

---

① 阿里乌斯教，由希腊基督教牧师阿里乌斯（250—336 年）提出，其教义核心就是"圣三一"理论（或者"三位一体论"）。

为这些都是引起过无比激烈的争论的内容。很显然，吉本从一开始就预期他写的东西会遭到教士的对抗，但对于仅在三个月后紧随第一版的第二版修订表明，他注重削弱那些可能对于自然神论思想表现出一种让人无法接受的拥护和赞同的段落的力量。当他在1776年4月和5月作出修订时，他显然是试图先发制人地对抗那种群体性的反对意见。沃默斯利在耶鲁大学贝内克古籍善本图书馆①发现了谢菲尔德论文中一处最重要的未被发表的注释，它清楚地表明，吉本甚至愿意考虑去掉那两章内容，如果它们会严重妨碍他的作品的影响力的话。根据谢菲尔德的说法，他"问过我，将那些容易得罪人的段落从出版社的第二版手稿那里撤掉是否可取"。虽然谢菲尔德劝他不要这样做，但在1777年问世的三卷本法国版中并没有第15章和第16章，译者遗憾地指出，他不得不删掉它们。即使如此，包含一个伦敦出版机构印记的这些章节的法文文本，在同年以单独的第四卷本形式出版。

　　沃默斯利指出，随着来自神职人员的批评开始增加，吉本意识到，公众的不满实际上可能有助于扩大他的声誉。有鉴于此，在修订于1777年5月出版的第1卷第三版的过程中，他采取了显然不同于第二版的措辞柔和的策略。他的语气变得更自信，他的观点通过一系列有助于其结论的学术引文而得到支撑。这一做法预示了他将在1779年的《自辩》中向亨利·戴维斯作出强有力的回应。沃默斯利对于吉本在回应其批评者的过程中所创造的一种适宜的辩论风格的分析，很

---

① 世界上最大的专业保存珍贵书籍和手稿的图书馆。

容易让人联想到本特利①所曝光的那些著名的"法拉里斯②信函"这一显著的先例,但毫无疑问,吉本套用本特利的风格所具有的讽刺意味在于,本特利本人完全不会赞同吉本的自然神论者的倾向。本特利的作品只是给吉本对抗舆论批评提供了一种模板,正如它后来对于 A. E. 豪斯曼③所起到的同样的作用一样。当吉本发现了有关基督教的章节对于推动其名声的潜在作用之后,他自豪地对它们采取的捍卫立场,取决于他能否高效地守护学术高地。因此,对于戴维斯的书中所涉及的可能带来潜在破坏作用的剽窃指责,及其通过对比的表格形式所记录的所谓照搬照抄,激发了吉本开始了他那长篇大论式的反击。和其他很多人不同,戴维斯直接针对吉本的学术研究进行攻讦,而这正是后者需要捍卫的高地。

有了本特利风格的《自辩》作为支撑,吉本可以专心准备注定在 1781 年问世的那两卷文本,这包括他对于君士坦丁、朱利安和亚他那修④这些人物有名的处理手法(它显著地影响到在下个世纪出现的布克哈特所著的《君士坦丁》)。沃默斯利有效地借鉴英国学者蒂莫

---

① 即理查德·本特利(1794—1871 年),19 世纪英国出版家和古典主义学者。

② 法拉里斯(约公元前 570—公元前 554 年),意大利西西里岛阿格里真托城邦的暴君。据称他会把敌人放置在一只铜牛里用火炙烤,而且由于牛的特殊设计,从里面传出的受刑者的声音就像是牛的吼叫(所以,历史上将其称为"法拉里斯的铜牛")。理查德·本特利证明,由法拉里斯所签署的、旨在表明他是一个温厚的统治者和艺术赞助人的 148 封信函是伪造的。

③ 即阿尔弗雷德·爱德华·豪斯曼(1859—1936 年),英国学者、诗人。曾在剑桥大学攻读古希腊、罗马文学,著有诗集《什罗普郡一少年》(1896)和《最后的诗》(1922)。

④ 亚他那修(298—373 年),日耳曼裔东方教会的教父之一,在世时曾是埃及亚历山大城大主教。他是第一个列出《圣经新约》正典书目的人,被基督教教会列为圣人之一。

西·巴尼斯对于吉本塑造的亚他那修这个人物的研究，试图理解为什么吉本笔下的朱利安的形象不如人们可能认为的那样"正面"，而亚他那修却要"正面"得多。吉本甚至令人惊奇而又不乏合理性地断言，亚他那修原本会比"君士坦丁那些堕落的儿子"更能成为一个好皇帝。显而易见，批评他的人会因为这一评价而感到困惑。然而在这方面，语境分析并不能展示整个故事，而且，假如沃默斯利将有关那个老日耳曼人适当的原始资料研究增加到他那些"近乎杂乱的方法"中，恐怕将更有帮助。吉本笔下的朱利安（他在很多方面令人敬重，但无疑是一个狂热的暴君），不折不扣地是他年轻时在洛桑研究博雷特里所著的传记时，不断接触到阿米亚鲁斯·马尔采利努斯笔下的朱利安的一种忠实反映。他在青年时代的这方面的研究笔记，保存在1755年的"洛桑摘录簿记"中，并准确地显示出与那部历史著作相关章节同样的解释。事实上，吉本关于朱利安"浓密的"胡子[①]及其生活于其间的昆虫的著名评论，是来自博雷特里的"barbe peuplée（浓密的胡子）"的这一字面翻译。

沃默斯利对于吉本就亚他那修和朱利安的描绘所作的对比性探讨，涉及在吉本的文本中多次表达的朱利安的"做作"。不过，"做作"是博雷特里在描述这个皇帝时最喜欢使用的一个词。至于亚他那修，博雷特里已经作了会得到那个大主教本人感到欢喜的对比。他称后者是"ce grand homme（伟人）"，并在其《朱利安传》一书中

[①] 公元四世纪之前，罗马公民皆习惯于剔除胡须，但朱利安喜欢穿希腊式长袍，打扮成古代学者的蓄胡造型。这和他从基督教转向希腊传统信仰、师承新柏拉图思想并崇信神秘仪典不无关系。

回顾了朱利安对待亚他那修的态度。他翻译了朱利安写给埃及总督艾克底修斯的那些充满恨意的信件——其中一封信被吉本详细引用，后面还加上了无疑是在模仿博雷特里本人的观点的措辞。吉本这样写道：

> 皇帝并未明确下令处死亚他那修；但那个埃及总督明白，对他而言更稳妥的做法，是理解并履行而非完全忽略一个脾气暴躁的主人的命令。不管怎样，大主教还是谨慎地选择了退隐，并回到沙漠地区的修道院。

博雷特里是这样写的：

> 那个皇帝不满足于只是放逐亚他那修，他很可能（也许是秘密地）下达了将其处死的命令；打算取悦皇帝的艾克底修斯，至少是看出朱利安对他的疏忽感到不满，因为后者早就决定要从这样一个可怕的对手那里拯救多神教。然而无论怎样，亚他那修到了尼罗河，并在提贝①隐居下来。

在内容、措辞风格和语序上，吉本都很接近博雷特里，他发现后者的诠释非常适合他的目的，不过，这也是他几十年来悉心研究并完全领会的一种诠释。

---

① 古埃及的一个地区。

出版于 1788 年的《罗马帝国衰亡史》的最后三卷,在沃默斯利那里所占据的篇幅少于最初的几卷,虽然他专门用了一个章节对吉本笔下的穆罕默德进行了细致阐述。他熟稔地探究了 18 世纪将这位伊斯兰教创始人的教义经过处理,用作非"三位一体"信仰者的异端邪说的教义的情况,并且认为,要阅读吉本的相关叙述就必须联系到这一点。塞缪尔·约翰逊曾暗示吉本可能曾经是一个穆斯林,这一有名的观点似乎可被合理地解释为是在暗指他的神学怪癖,而不是他在青年时代对于研究阿拉伯的兴趣,尽管他在那一学术领域的个人兴趣无疑鼓励和充实了他的怪癖表现。随着在 1788 年《罗马帝国衰亡史》最后三卷本的问世,吉本无疑开始享有一种前所未有的巨大声誉,于是他开始考虑撰写一部自传,以便在子孙后代那里继续保持和巩固自己的名望。

吉本在 1788 年开始处理他的《自传》共六部未完成草稿的第一部,但这不是他第一次尝试描述自己的人生。1783 年,他用法语和第三人称写了一篇谢菲尔德勋爵在《杂述》一书所提到、并保存在大英博物馆的简短的自传式陈述。奇怪的是,对于《自传》一直抱着一丝不苟和无可挑剔的关注的沃默斯利,对于这部法语版自传不置一词。这篇文章在结尾的一处说明,表明了那部史诗般的巨作在 1783 年最新出版了八开版,而且吉本指出,他一直写到土耳其人占领君士坦丁堡。这部分文字还提到了牛津和洛桑,但丝毫没有提及导致吉本回到瑞士的宗教信仰转变这一因素。他对于法语和巴黎上流社会的喜爱溢于言表,这种情感无疑是真诚的,但同时也是考虑到了法语读者。不过,他的确很满意地提到了第 15 章和第 16 章所遭受的强烈批评,并且声称，他被降格到不得不着手完成"à la tâche facile maishumiliante de confondre le calomniateur（让诽谤者感到困惑这一简单而又耻辱的任务）"。回应戴维斯绝非易事。即使是在如此单薄的一篇自传中，吉本在作出评论时依然顾及他的声誉。他显然尚未准备好如何解释他在青年时期对于天主教的欣然接受，但他能够毫不犹豫地宣称，巴黎社会是"la plus douce et la plus éclairée de la terre（地球上最美好、最开明的社会）"。

类似的亲法国情怀的表达，也出现在吉本手稿的其他地方，但是1789 年的事件改变了这一切，并使描述自己的人生这一任务远比他在1783 年所设想的复杂得多。吉本相识超过 30 年的朋友乔治斯·戴维登在 1789 年 7 月 4 日去世之后，紧接着就在 14 日出现了巴士底狱风暴。吉本的世界几乎在一夜间就被颠覆了。他的朋友的故去是预料之中的，但法国大革命却迫使吉本不得不重新评估他对于法国文化的认同，以及他自己的政治取向。在他自己于 1794 年去世前的那几年里，这场革命使他的观点越来越趋于保守，他开始以换成在过去将不可想象的方式捍卫传统制度和礼仪。在第三部、第四部和第五部自传草稿中，他甚至进行自我谴责，因为他在很长时间之前的 1770 年那篇有关《埃涅阿斯纪》第 6 卷的文章中，可说是轻蔑地对待了沃伯顿大主教。

通过对《自传》连续几部草稿所做的系统性分析，沃默斯利得以追溯吉本对于人生两个关键事件的重新评估：他父亲的去世，以及他在牛津莫德林学院的经历。有关他父亲辞世的第一个版本冷静甚而近乎无情："在几个月或者几年之后，恐怕就没有几个孩子会对父母复活感到由衷的高兴。"(草稿3)。但是，在自传第三版中我们最终读到了这样的内容："我失去了一个慈爱的亲人，一个亲密的伴侣和一个有价值的人，我为此由衷地感到悲伤。"(草稿5)。同样，吉本对于牛津大学教师和他自己皈依罗马天主教的那种缺乏活力的描述，在第6部草稿中变化为对于一个相对较长、而且从总体上不乏尊重的描述——在他的笔下，牛津大学那里充满了怪人怪事，但也充满了古代智慧和传统，而且正是在那里，是科尼尔斯·米德尔顿①的作品（以及其他因素）推动年轻的吉本选择了皈依。在这方面，吉本公开承认了被长期揣测的一种影响的存在，但这种影响并非体现在《罗马帝国衰亡史》那两个著名章节中，而是体现于他自己短暂的皈依经历中。

通过对手稿内容的详细审视，沃默斯利作了令人信服的分析。根据吉本对在1790年11月出版的柏克的《法国革命论》的认同，他认为这位历史大家已不再为法国革命而心驰神往了。吉本开始对受到严重威胁的那个旧时代感到遗憾，并且担心在某种程度上，这个世界可能会要他为在其历史著作中所表达的观点而招致革命这种可能性负责。他现在感觉到有必要强调维护家庭、旧制度和传统政府的首要价值。牛津大学出版社值得称赞，因为它允许沃默斯利用表格方式对比性地展示出《自传》草稿的相关内容，所以，读者可以很容易地确认他的结论的合理性。标注日期为1791年3月并采用编年体形式的倒数第二稿（草稿5），构成了对于柏克的一种直接回应，正如我们可以从

---

① 科尼尔斯·米德尔顿（1683—1750年），英国学者和牧师，同时也被认为是英国当时最出色的文体家之一。

谢菲尔德在编辑过程中，有针对性地将其添加到正文文本的一处注释中所看到的那样："请允许我毫无保留地赞同柏克先生对于法国革命的立场。我敬佩他的雄辩力量，我赞成他的政治观点，我崇拜他的骑士风度，而且我几乎可以原谅他对于教会体系的敬畏。"值得注意的是，这些话几乎复制了吉本写给谢菲尔德、注明日期为1791年2月5日的一封信里的内容。

除了迅速变化的法国政治环境和柏克的《法国革命论》，很可能还有另一个导致吉本修改他的自传的诱因，那就是鲍斯威尔的《约翰逊传》在1791年的出版。关于吉本早年经历的最终草稿（草稿6）的内容完整性，看起来就像是为了实现鲍斯威尔式的丰富和翔实。倘若没有来自鲍斯威尔的传记的影响和对约翰逊的人生履历的全新关注，就很难解释吉本在1793年1月的这一愿望：他提出撰写一部新的传记（以谢菲尔德作为中间人），主要由英国政治、军事和教会背景下的个人经历所构成。那封写给谢菲尔德并包含这一令人好奇的建议的信函强调，有关《自传》的任务"必须推迟到一个成熟的季节"，因此在有生之年，吉本很可能看不到它的出版。沃默斯利第一个指出，那些手稿的特点会根据吉本对于身后出版或者生前出版的不同期待而发生变化。向柏克表达敬意的草稿5属于后一个范畴，但为了传记的完整性而推迟的草稿6，显然属于前者。沃默斯利在《自传》不同草稿方面的研究工作，甚至让先前出版的法国版本可怕的不足之处、以及该版本试图创建一个综合性文本的无意义而变得更加明显。随着《自传》的一个与迄今的六部草稿似乎均无关联的最新片断的出现，这一情况在最近变得更加复杂。沃默斯利不可能知晓这一点。在马萨诸塞州威廉姆斯学院查平图书馆的一次吉本个人物品展览中，有一张出自吉本晚年手稿的小纸片，这是英国收藏家乔治·爱德华兹出借的个人藏品。它被作为展览目录（格罗里埃俱乐部，2000）卷首内容而加以复制，其简短的文字信息如下所示（其中显然有删改的痕迹）：

> 德国皇帝和西班牙国王威胁旧世界的自由，抢劫新世界的宝藏。查理五世的继承者们也许蔑视他们卑微的英格兰姻亲。但是，《汤姆·琼斯》那小小的几卷本，那有关人类生活的精致画卷，其生命力将比埃斯科里亚尔修道院和奥地利舍恩布龙宫更加长久。

我们原本是从《自传》手稿中单独的一页知道这个有名的段落的。它在以往都被研究者同草稿 A 开端部分有关家谱描述的讨论联系在一起，因为它们在介绍孔子后裔方面有着极大的相似性。那页纸张的实际措辞是：

> 德国皇帝，还有西班牙国王，都威胁了旧世界的自由并抢劫新世界的宝藏。查尔斯五世的继承者们也许蔑视他们卑微的英格兰同胞；但是《汤姆·琼斯》的浪漫传奇故事，那个有关人类言行的精美画面，其生命力将比埃斯科

里亚尔修道院①和奥地利舍恩布龙宫②更加长久。

除了标点符号的区别，爱德华兹家族提供的信息片断，表明了在字眼上有三处主要不同之处。它使用的是"姻亲"而不是"同胞"，是"小小的几卷本"而不是"浪漫传奇故事"，是"生活"而不是"言行"。这证明在晚年时的删改过程中，吉本首先复制了原有的文本，而且他大概是一边复制一边修改。这种改动最引人注目的方面是：他在提到《汤姆·琼斯》时，使用了"小小的几卷本"这样的措辞。这里所指的只可能是出版于1749年该著作的原十二开本。吉本对于菲尔丁小说的钦佩众所周知，但当他在别的地方提到它时，他称其为"浪漫传奇故事"。因此，无论它具体写于什么时间（也许是在1789年），这个新的残片的原始日期，应当是在那个已知的单独一页纸之后。以"姻亲"和"生活"这种更明确也更有活力的措辞取代"同胞"和"言行"，也能够表明后来进行过校订。

至于大英博物馆的谢菲尔德论文中为何竟然没有这个信息残片，就和吉本为什么会那样描述菲尔丁小说最初几卷一样难以猜测。他自己的藏书包括那个八开本版本，因此，他有可能是在生命最后几个月在和谢菲尔德的接触过程中，看到了那种十二开本。这个新的片断表

---

① 全称"埃斯科里亚尔圣洛伦索王家修道院"，建于公元16世纪末（为纪念殉难的基督教徒圣劳伦斯而建），位于西班牙马德里市西北瓜达拉马山南坡，是世界上最大最美的宗教建筑之一。该建筑名为修道院，实为集修道院、宫殿、陵墓、教堂、图书馆、慈善堂、神学院、学校为一体的庞大建筑群，气势磅礴，雄伟壮观有"世界第八大奇迹"之称。

② 位于奥地利首都维也纳西南部，亦称美泉宫，是奥地利哈布斯堡王室的避暑宫殿，1694年由奥地利玛利亚·特利萨女王下令修建。

明，吉本对《自传》手稿的处理过程，要比我们已知的那规模宏大的六部草稿的阵容混乱得多。

沃默斯利的作品的最后一部分，是用于探究谢菲尔德在拿到《自传》的几部草稿时，对它们进行的无情改动。显而易见，这样做的目的，是为了创造出一个新的吉本形象，使之在1796年这个发生了变化的世界中更能够为人接受；这是为了最大程度地弱化他的亲法情结，为了软化他的反教权主义，甚至也是为了让吉本去说他原本不曾说过的话。沃默斯利认为，谢菲尔德对《自传》手稿的编辑方式完全是不道德的。他的这一说法绝对是正确的。这一点可从沃默斯利所掌握的一些最令人吃惊的例子中得到充分证明，其中一个例子，就是在法国版本中由于疏忽而被完全忽略的一处改动。在总结经常被讨论的《罗马帝国衰亡史》第15章有关"耶稣受难的黑暗性"这一话题时（似乎没有哪个古代异教徒注意到这一点），吉本在草稿3中写道："在一篇有关耶稣受难的黑暗性的大篇幅专题论文中，我是私下里从一个无信仰时代的全体沉默中得出了我的结论。"谢菲尔德在编辑过程中复制了这句话，但是将动词"得出"换成了"撤回"，从而彻底颠覆了吉本的本意，而且有效地表明后者对于在其史作中说过的话感到后悔。对于吉本的措辞的删改和操纵，甚至发展到重新处理了"我努力挣脱了巴黎的拥抱"（草稿3）这样的有关亲法情结的无害表达——谢菲尔德将其改成"我不情愿地离开了巴黎"。

相比于过去，吉本的现代读者从戴维·沃默斯利那里受到的恩惠甚至更多。他所著的《吉本与"圣城守望者"》显然是一篇堪称典范的学术研究作品。

第五章 苏埃托尼乌斯与18世纪

当鲍斯威尔为介绍他的《约翰逊传》而诉诸权威来源时,他引用了他所称的"古代传记作家之王"的普鲁塔克。接着引用了普鲁塔克的《亚历山大大帝》的一处文字(首先是炫耀性地援引了希腊语原文,然后是对原文的翻译),即有关一个人言行中那些看似微不足道、实则可从中窥见其个性的那些东西的价值。在18世纪初,法国的博雷特里同样援引了普鲁塔克这个名字,以便为他所创作的有关叛教者朱利安的传记正名,而且他也同样看到了引用来自《亚历山大大帝》那段相同叙述的适宜性。① 在了解普鲁塔克的人生的读者当中,没有谁会把那位古代大师夸张性的呼吁和祈愿当一回事。无论是鲍斯威尔还是博雷特里,都没有以普鲁塔克的风格和方式写传记。这当中唯一的相同之处就是,他们都引用了那个有名的段落,以便证明在创作过程中纳入看似微不足道的细节的合理性。

得益于阿米欧②、诺斯③和德莱顿④所创作的那些不仅有名、而且

---

① 引文出现在博雷特里那部传记(由一家阿姆斯特丹出版机构首次出版于1735年)的结尾处。
② 即雅克·阿米欧(1513—1593年),法国文艺复兴时期的作家兼翻译家。
③ 即托马斯·诺斯(1535—1604年),英国治安法官、军官和翻译家。
④ 即约翰·德莱顿(1631—1700年),英国古典主义时期重要的诗人、批评家和戏剧家。

经常重印的有关普鲁塔克著作的翻译版本，普鲁塔克的名字几乎成了传记体裁的同义词。如果说阅读普鲁塔克风格的各种模仿之作需要读者在一定程度上首先熟悉那些原始传记的话，那么，由于普鲁塔克的传记经常被放在书架上或在各种出版物的序言中屡屡被提及，就认为它们经常被阅读，这种想法就有些危险了。那些传记固然是16世纪、17世纪乃至18世纪的一种文化和精神遗产，而且没有人会说，它们不是一流传记的典范；但是，普鲁塔克的那些重要著作就如同《圣经》一样重要：不管你说什么或者做什么，你总能从中引用相应的文字为你的想法提供支持。有关亚历山大的叙述，雄辩地证明18世纪那些更具创造性和冒险精神的传记作家的存在，尽管他们非常清楚他们与普鲁塔克之间巨大的距离。他们对于个人生活隐秘细节的兴趣，涉及各种主题的内容丰富的谈话记录，对于坏人和好人的个性一视同仁的过度迷恋，全都与普鲁塔克的世界相去甚远。当普鲁塔克着手撰写德米特硫斯[1]（他认为这是一个品质不端的人）的人生时，他感觉有义务就其所做的那些似乎令人厌恶的事而向读者提供一种解释乃至辩护。[2]普鲁塔克对人性本身不感兴趣，只是将其作为一种道德教育的基础。他对于没有什么社会地位的人没有任何兴趣，只是对大人物感兴趣。他很少关心文人的人生。[3]

如果说18世纪的传记最重要和最具原创性的成就来自（就像绝

---

[1] 德米特硫斯（公元前337—公元前283年），马其顿贵族和军事领袖，并最终成为马其顿国王（公元前294—公元前288年）。他属于安提柯王朝（马其顿王国第三个奴隶制王朝），也是该王朝第一个统治马其顿的人。

[2] 普鲁塔克，《德米特硫斯传》，第1章。

[3] 他所写的有关古希腊诗人品达的传记（现已散佚），可能更多的是源自普鲁塔克对于他的出生地希腊波奥提亚可靠的忠诚，而非对于同为波奥提亚人的品达怀有较大的兴趣。

大多数人可能会认可的那样）塞缪尔·约翰逊（以及与之有关的鲍斯威尔）和卢梭（他的《忏悔录》是一部毋庸置疑的自传体杰作，约翰逊认为它是传记的最完美形式），那么，给这些作家在传记写作方面提供灵感的人，当然不是普鲁塔克。在古代传记作家中，历史学家苏埃托尼乌斯更接近于约翰逊和卢梭，而且令人惊奇的是，迄今为止，没有任何人试图详细追踪他的《帝王列传》和《诗人传》在18世纪的命运。在《传记家塞缪尔·约翰逊》一书中，作者罗伯特·弗肯福里克简单地涉及这一主题，而且仅仅用了两段文字的篇幅。[1] 显而易见，苏埃托尼乌斯在当时的教育领域并不是一个惹人注目的作家。在翻译1732年版的《帝王列传》时，学者兼翻译家约翰·克拉克评论说："尽管苏埃托尼乌斯的著作很出色也显然很有价值，但我认为，他在我们的学术圈子当中并未站稳脚跟。"[2] 但同样显而易见的是，在英国和欧洲大陆的学者以及顶尖的文人，在当时都很熟悉苏埃托尼乌斯，不仅如此，他们对于其品质和成就的评价都非常一致。

要评估苏埃托尼乌斯的传记在18世纪的地位，最好从专业古典学者所展现出的兴趣开始展开，然后考察这一兴趣对整体文学环境的影响。在出现了像约翰逊、卢梭以及吉本这样的人物的背景下，尽管没有哪个后世古典学家能够全面解释那些天才的作品，但苏埃托尼乌斯还是能够帮助我们更好地了解它们。我想说的是，虽然普鲁塔克代

---

[1] R. 弗肯福里克，《传记家塞缪尔·约翰逊》（纽约州伊萨卡市：康奈尔大学出版社，1978），p97—98。我很感激我的已故朋友和同事W. J. 贝特提醒我关注这本书。

[2] 雅比斯·休斯、迪哥·里惠尔和托马斯·布莱克威尔这些17、18世纪的历史学家都表达了类似观点。见H. D. 韦恩布鲁特《奥古斯都·恺撒与"奥古斯都"英格兰》（1978）。

表着昔日传记作家的典范（正如我们通过阿米欧、诺斯和德莱顿的作品所感受到的那样），但代表着18世纪传记体裁创新性的却是苏埃托尼乌斯。

自艾萨克·卡佐邦[①]在16世纪后期针对苏埃托尼乌斯的文本做过开创性研究工作之后，很少有人再去研究这个作家，直到在下一个世纪最后30多年时间里，他才被出生于乌得勒支[②]的荷兰学者格雷菲乌斯所关注。格雷菲乌斯翻译的1672年的苏埃托尼乌斯版本，以及他于1691年、1697年和1703年相继推出的修订本，成为在英国以及在荷兰广泛研究苏埃托尼乌斯的基础。很多人至今仍不知道的是，至少在1713年至1719年之间，理查德·本特利曾在剑桥积极准备苏埃托尼乌斯作品的一个版本。他联系过格雷菲乌斯和格雷菲乌斯的弟子伯曼。他汇总了苏埃托尼乌斯八部书稿的校对文本，并将他的新文本注释添加到他收藏的苏埃托尼乌斯作品的四个单独副本中。遗憾的是，本特利始终未能出版新的版本，可能是因为市场显然已经趋于饱和。除了格雷菲乌斯的版本之外，其他翻译家的成果——帕提努斯的1675年版本、皮提斯卡斯的1690年版本以及雅各伯·赫罗诺维厄斯的1698年版本仍在流通；而且格雷菲乌斯的文本是1705年、1706年、1707年、1708年、1714年、1715年、1718年和1722年再版的基础。英国作家约翰·休斯的弟弟雅比斯·休斯所译的苏埃托尼乌斯的一个英文文本出版于1717年，并在1726年重印。本特利或许会对这

[①] 艾萨克·卡佐邦（1559—1614年），法国古典学者和语言学家，被同时代许多人视为欧洲最博学的人。

[②] 荷兰中部城市，乌得勒支省的省会。

种狂热局面感到失望；他无论如何都不大喜欢跟风式的出版。

在学者当中，这种对于苏埃托尼乌斯非凡的热情整整持续了一个世纪。彼得·伯曼，格雷菲乌斯的弟子，在1736年推出了他自己的一个版本，其后就是德国学者埃内斯蒂的1748年版本和英国学者奥顿多普的1751年版本。人们很容易理解吉本就他读到的奥顿多普的版本写下的评论："为什么在有了格雷菲乌斯这一版之后，还要再出新的版本？"[1]休斯的英语翻译版本在1732年被约翰·克拉克的版本取代，而且后者很快在1739年重印。后来，奥顿多普的版本在1761年重印，而且纳入了奥顿多普版本注释的埃内斯蒂的版本在1775年重印。可以很公平地说，对于苏埃托尼乌斯的专业研究的兴趣在18世纪达到顶峰，以前以及此后均未有此盛况。

也许在世纪之交阅读过苏埃托尼乌斯（当时格雷菲乌斯的版本仍然相对较新）的人当中，最有影响力的一个就是皮埃尔·贝尔[2]，他的《历史和批判词典》众所周知，并在整个18世纪多次重印。他为苏埃托尼乌斯所做的条目内容翔实，并与17世纪的某些神职人员作家产生了公开冲突，因为后者并不赞同这位传记作家的过分坦率和偶尔使用的"下流措辞"。在回复这种来自宗教界责难的过程中，贝尔采用了在接下来的几十年几乎变得司空见惯的看待苏埃托尼乌斯的观点。他认为苏埃托尼乌斯是坦率、真诚和公正的榜样。苏埃托尼乌斯在创作过程中并不加入个人判断，他毫无畏惧地说出他所知道的事

---

[1] 《吉本在洛桑的日记》，G.博纳尔主编（1945），p234。

[2] 皮埃尔·贝尔（1647—1706年），法国早期启蒙思想家、作家、哲学家和历史学家，以其出版于1697年的开创性作品《历史和批判词典》而闻名于世。

实，而且他也不取悦任何人。要让《帝王列传》的一个现代读者将其作者看成一个保持客观的典范，可能多多少少会令人感到惊奇，但这就是18世纪时的情形，当时人们是从贝尔的视角来看待他的。下面是贝尔所说的话（这当然只是其中一部分）："它们始终都是由精心挑选和令人好奇的事实所构成的，并以简洁的方式加以叙述，没有偏离、反思和争论。处处可见客观和诚实的品质，它会让人毫不费力地感觉到，作者无所畏惧也无所期待；在推动他写作的全部动力中，没有任何怨恨或者取悦的成分。这会让具有一流品位的读者感受到一种巨大的魅力……作为一个作家，他找到了保证自己的诚信的艺术，而且值得注意的是，他在写作过程中并无激情，而是始终保持冷静。"至于那些近乎粗鄙的叙述段落，尤其是涉及皇帝提比略的生活，贝尔评价说："苏埃托尼乌斯那样详细记录皇帝的放荡行为，完全不是为了证明他喜欢恣意妄为或者热衷于描述它，或者为了让人们怀疑他的诚实和正直而留下不必要的痕迹。这只是表明，他是一个非常坦率也非常真诚的人。"

当读者从贝尔的《词典》转向约翰·克拉克为自己翻译的1732年版的苏埃托尼乌斯作品所写的序言时，他就会很容易感觉到，克拉克当时一直在阅读贝尔的著作。无论如何，他对于苏埃托尼乌斯的看法很类似于他的同时代人的看法，我这里不妨引用一下："苏埃托尼乌斯的品格，是一个诚实而公正的作家的品格，这就似乎像是为了尽可能保持冷静而签署了一纸军令状，而且在他的脑海中没有一丁点儿的偏见；他唯一关注的事情，就是就几个皇帝的公开化和私人化的言行，向世人提供一种客观而诚实的描述，他尽一切可能把他所知道的信息如实地传达给我们……他没有任何奉承、掩饰或者伪装的特征。正如一个诚实的历史学家应当做的那样,他展示了他们所有人的光明面和黑暗面……"①克拉克并不认为苏埃托尼乌斯的作品措辞"下流"并有腐蚀性,而是"极其适合那些年轻的大中学生阅读"。

虽然非常善于使用讽刺艺术,但在其整个职业生涯中,爱德华·吉本对于苏埃托尼乌斯的观点始终与贝尔和克拉克一致:苏埃托尼乌斯如实地撰写他的人物传记,不带个人情感或者偏见。在1764年,吉本在他的日记中指出,伏尔泰曾质疑过苏埃托尼乌斯所描述的作为卡普里岛上一个老男人的提比略性放纵的历史可靠性。②显然比伏尔泰更了解苏埃托尼乌斯和老男人的吉本认为,塔西佗在这件事上似乎描述了一个相当真实的苏埃托尼乌斯,而且进一步指出,"我在作品中没有看到任何憎恶的痕迹。作者总是忠实地记录传主的言行,并同时使用他那出色的洞察力和一流的诚实品质,去区分这个皇帝在不同阶段的虚伪、残暴和毫不掩饰的放荡行为等特征……关于让伏尔泰先生感到震惊的那些颇为敏感的骄奢淫逸之举,我发现它们在一个70岁的男人那里,似乎是完全有可能出现的情况。"③

十多年后,在其著名的《自辩》有关基督教的章节中,他以类似观点看待苏埃托尼乌斯。他回忆起16世纪一个作家"诚实的抱怨":"天主教作家所描述的圣徒和殉道者的传记,与第欧根尼·拉尔修④

---

① 克拉克的《苏埃托尼乌斯传》第4卷。
② 《吉本在洛桑的日记》,p240。
③ 《吉本在洛桑的日记》,p240。
④ 第欧根尼·拉尔修(约公元前412—公元前323年),古希腊哲学家,犬儒学派代表人物。

所创作的那些哲学家的传记以及苏埃托尼乌斯所创作的罗马帝国皇帝的传记相比，对于历史真相从未给予足够强烈的关注。"① 在对圣徒传记非常特殊而又过于偏护的传记类别这一进行了抨击之后，吉本接下来指出，倘若苏埃托尼乌斯"掩盖了奥古斯都的恶行，我们就没有机会知道一些令人好奇而且可能极有教益的事实，而且我们对于某些著名人物的看法可能会不合时宜地趋于正面而非负面"。② 最终，在他的生命即将结束前不久，在为《罗马帝国衰亡史》修订本（这一修订本未能完成）开首的几个章节所写的补充性注释当中，吉本再次表明了他对于苏埃托尼乌斯作为传记作家的诚信的信任。"我一度混淆了奥古斯都家族的父系和母系后代……"吉本这样谈到他对于奥古斯都家族的记述，"苏埃托尼乌斯既诚实而又令人惊奇地陈述了有关那个家族的朋友和敌人对其家族的不同报道"。③ 我需要指出的是，在18世纪的法国，有关苏埃托尼乌斯的主流看法，相当明晰地再次出现于伏尔泰的弟子让-弗朗索瓦·阿尔佩在1771年（《帝王列传》的两个法语译本都在这一年出版）所译的苏埃托尼乌斯著作的序言中。阿尔佩再次使用了会让人联想起贝尔风格的措辞，"他在叙事过程中总是心无旁骛，他对于掺入任何主观判断毫无兴趣，他也没有表现出一丁点儿的赞同或者谴责、同情或者愤慨的迹象……这种淡然为他保持公正性奠定了有效的基础：他既不迷恋也不讨厌他所描述的那些人：一

---

① 《爱德华·吉本英文文选》，P. B. 克雷杜克主编（牛津：牛津大学出版社，1972），p303。

② 同上。

③ 同上，p342。

切都交给读者自行判断……你只需要阅读十页苏埃托尼乌斯的文字就会注意到,他在写作中不偏不倚,绝不掺杂个人情感"。①虽然阿尔佩的翻译是源于舒瓦瑟尔公爵②的一个请求,③但他意识到学术界对某些方面更广泛的兴趣。"《爱弥儿》的作者多少有点儿遗憾。"他写道:"他认为这个世界不再有苏埃托尼乌斯这样的人物了。"④

让-雅克·卢梭确实说过类似这样的话,因为在《爱弥儿》当中,他主张将传记研究作为人性研究的一个起点。传记历史学家会深入到他的传主的秘密领地,在不知不觉中捕捉到他的本来面目。但是,只有在古人的著作中,才可以发现这样的教育性的传记。卢梭感叹说,在今天,保持体面的需求使得人们不再直抒胸臆:"在创作过程中和在日常生活中一样重要的体面这种东西,会妨碍人们公开讲出更多真实的东西……尽管有关国王生活的出版物总是层出不穷,但我们再也不会有像苏埃托尼乌斯这样的传记作者了。"⑤在很长一段时期内,曾质疑过苏埃托尼乌斯所描述的有关提比略的老年乐趣的伏尔泰,一如既往地远离18世纪对于苏埃托尼乌斯的传统评价。他最初一点儿也不喜欢阿尔佩翻译苏埃托尼乌斯的计划:"你竟然要把你的才能浪费在翻译苏埃托尼乌斯的作品上面,这叫我感到恼火,他是一个毫无趣味的作家,而且在我看来,他是一个很不靠谱的喜欢讲述或搜集逸事

---

① 让-弗朗索瓦·阿尔佩,《帝王列传》(1771),p2—3。
② 舒瓦瑟尔公爵(1719—1785年),法国军官、外交官和政治家。
③ 参看A.霍韦思维奇《让-弗朗索瓦·阿尔佩:信徒和变节的启示》(新泽西南奥兰治:西顿霍尔大学出版社,1973),p68。
④ 让-弗朗索瓦·阿尔佩,《帝王列传》(1771),p2。
⑤ J.J.卢梭,《爱弥儿》,第四卷(巴黎,1874),p278。

的人……我宁愿看到你用自己的风格写出一部新的悲剧。"① 但是，就连伏尔泰后来都开始喜欢这一计划，并且最终告诉阿尔佩说，他是多么期待看到那部译作问世。不过当作品出版时，他必然会感到失望。欧洲学者将其批驳得体无完肤。② 当他们挖空心思地找出阿尔佩所有的错误之后，那个可怜的人肯定希望他当初听从伏尔泰的建议，自己写出一部悲剧作品。

除了"敏感而又迅速地瞥见到历史表象"（吉本这样写道）的伏尔泰以外，我们会看到那些了解苏埃托尼乌斯作品的世俗作家在对他的评价方面惊人的一致性。叫人不得不相信的一个结论是，正是数量如此惊人的各种版本的评论和译作的出现，才再次激发了中断一个世纪之久、对于这个执着、坦率和细心而且如此不同于普鲁塔克的传记作家的兴趣。虽然没有理由认为苏埃托尼乌斯的名字就如同普鲁塔克那样家喻户晓，但我们却有充分的理由相信，就整体而言，那个时代的许多文坛领袖都发现他讨人喜欢。他似乎是一个诚实的记录者，他使用他能够找到并提供的所有信息来源，不作褒贬而且忠实和全面地刻画人物肖像。他笔下的皇帝没有标杆或典范；他知道他们的长处和弱点。即便是在那些最糟糕的人物当中，他也能够找出他们的美德。譬如，仅仅是在阐述了卡里古拉的优点之后，苏埃托尼乌斯才会恰如其分地转向那些恶行："所有这些都体现出一个皇帝的可贵品质；至于剩下的方面，我们必须将他作为一个怪物而加以描述。"③ 苏埃托尼

---

① 参看 A. 霍韦思维奇《让 - 弗朗索瓦·阿尔佩：信徒和变节的启示》，p68。

② 同上，p68—69；克里斯托弗·托德，《伏尔泰的弟子：让 - 弗朗索瓦·阿尔佩》（伦敦：现代人文研究学会，1972），p89。

③ 苏埃托尼乌斯，《卡里古拉传》p22。

乌斯所创作的以诗人和文法学家为传主的传记在历史上独树一帜，他选择把他们的故事都写出来，其意义非同小可；在18世纪，更多有关诗人的现存传记（其数量远远多于现在）都归于他名下。苏埃托尼乌斯的前辈们所写的文人传记在18世纪并不知名，而他的传记体裁的继承者，例如第欧根尼和斐洛斯特拉图斯，仅在一个更有限的范围内进行创作。从格雷菲乌斯到贝尔等人，对于苏埃托尼乌斯全新的兴趣，或许会被认为和同一时期有关传记的最新创作原则有某种关联。因为从约翰逊和卢梭那里可以最清楚地看到的这些原则，都不可思议地与应归功于苏埃托尼乌斯的那些原则十分接近。

早在1722年，约翰·休斯就叙写了阿伯拉尔①和爱洛依丝②的小传，并加在他翻译的这两个传主信件的前面："我们在他们身上可以同时看到（原文如此）激情和柔情、悔恨和脆弱、激情与理性、屈辱和痛苦所有这些特征的奇特组合。"③在论述18世纪英国传记艺术的一部权威著作中，著者谈到了这段论述的日期，"对于这样一种洞察而言，这是一个较早的日期"。④但它也许并不那么早，因为我们应该

---

① 即皮埃尔·阿伯拉尔（1079—1142年），法国哲学家和神学家。他是中世纪最富有才华的经院哲学家之一，他坚持理性和试验，为后来的科学方法和理性主义铺平了道路。

② 爱洛依丝，公元12世纪初巴黎圣母院主教菲尔贝尔的侄女。1115年，阿伯拉尔在巴黎圣母院主教学校任神学教师期间与爱洛依丝相爱，后来两人一起私奔并结婚。被激怒的菲尔贝尔雇用恶棍袭击并阉割了阿伯拉尔。1118年，爱洛依丝被送进圣阿尔让特伊女修道院做了修女，阿伯拉尔成为巴黎郊区圣丹尼斯修道院的修士。阿伯拉尔和爱洛依丝之间的情书幸存下来，并成为文学史上的经典之作。

③ 约翰·休斯，《阿伯拉尔和爱洛依丝的故事》（1722）。

④ D. A. 斯托弗，《18世纪的英国传记艺术》（普林斯顿：普林斯顿大学出版社，1941），p343。

记得，恰恰是在五年之前，约翰·休斯的弟弟出版了18世纪第一部苏埃托尼乌斯作品的英译版本。正是通过对于各种相互矛盾的人物的集中展示，苏氏特有的风格才变得一目了然（正如贝尔所公正地指出的那样）。由于对人物细节和有意义的琐事的关注是普鲁塔克和苏埃托尼乌斯的共同之处，罗杰·诺斯①的声明虽然在很多方面都会让人联想起约翰逊的主张，却并不代表着它大胆脱离了普鲁塔克以及休斯的标准。诺斯坚持认为，与一部传记的传主保持私人化的熟悉关系是十分重要的，这当然会让人联想到约翰逊；②但就其本身而言，这一理念在古典传统中是没有明显先例的。作为一个传记作家，戈德史密斯③基本上也奉行普鲁塔克的传统，并且强调道德判断的价值。④

不过总体而言，约翰逊是他那个时代真正有创见的传记作家。他那强大的天才是不能简单地用阅读和影响力来解释的，但似乎越来越明显的是，在那些古代学者当中，苏埃托尼乌斯对他而言必然具有一种独特的吸引力。像约翰逊那样求知欲极强的读者，不可能错过在英国以及在国外对于苏埃托尼乌斯的全新的兴趣，因此，他必然是从后者那里看到了一个具有坦诚品质和探索精神（这正是他所渴望的撰写传记的标准）的传记作家的表率。

就囊括了众多诗人的传略的《诗人传》的创作而言，许多现代

---

① 罗杰·诺斯（1651—1734年），英国传记作家、律师和业余音乐家。
② D. A. 斯托弗，《18世纪的英国传记艺术》，p343。
③ 即奥利弗·戈德史密斯（1728—1774年），爱尔兰诗人和作家。
④ D. A. 斯托弗，《18世纪的英国传记艺术》，p380—386；罗伯特·弗肯福里克，《传记家塞缪尔·约翰逊》，p83。

批评者都会忍不住提到苏埃托尼乌斯——哪怕只是作为一种适当的比较。在《德莱顿传》的末尾，约翰逊对《奥古斯都传》作出了一种戏剧性的回应。① 但是，我们不妨进一步研究《萨维奇②传》，从这里我们也将看到苏埃托尼乌斯的影响的影子。我认为这是可以得到证实的。在《帝王列传》中，苏埃托尼乌斯在每一位皇帝人生行将结束之际，都会习惯性地转向一系列他显然是有意保留、每次都会在传主死亡的背景下作一般性处理的主题。确切地说，就是在即将死亡之前或者刚刚死亡之后，他都会详述传主的身体特征、个人性格和艺术品味。适当引用他的一些代表性人物的传记以建立这一结论是必要的，而且也绝不令人厌恶。这里，我选用的是约翰·克拉克翻译的1732年版本的译文。关于皇帝提比略：

> 他长得魁梧健壮，肩宽胸阔，比一般人身材略高；身体其他部位较为匀称。他是个左撇子……皮肤白皙……他浓眉大眼，面庞英俊，但常常长满粉刺……他走路时脖颈僵硬不动，总是眉头紧皱，大部分时间都在沉默，很少和周围人说话；而当他开口讲话时，他的语速很是缓慢，间或有些女人气地摆动着双手……他不大关注神祇或者宗教问题，却对占星术颇为着迷……不过他非常害怕打雷……他致力于通过希腊语和拉丁语研究人文科学。就其拉丁语风格而言，他会炫耀性地模仿他的前辈……但过度的矫饰

---

① 约翰逊：《英国诗人传》，C. B. 希尔主编（1905），p469。
② 即理查德·萨维奇（1697—1743年），英国诗人。

和谨慎让他的风格不那么明显……他模仿欧佛利翁、瑞阿努斯和帕特尼乌斯这些他甚是喜爱的古典诗人,并用希腊语写了一首抒情颂诗……和其他一些诗歌……①

接下来,关于皇帝克劳狄一世:

无论是站着还是坐着,尤其是在睡觉之时,他都保持着威严的气质和优雅的风度;他虽身材高大但并不苗条。灰白的头发为他平添了男人的魅力,但他的颈部堆满脂肪。他的双腿虚弱无力,这让他走起路来颇感吃力……而且他讲话口吃,头部偶尔会剧烈地痉挛……尽管他的前半生体质极为糟糕,但随着向帝国时代迈进,他的健康状态也越来越好……他觉察到自己会受制于激情和怨恨的折磨,但却总是通过各种宣言和公告为自己开脱……而且,人民喜爱他的健忘和单纯……他似乎经常忘记说过的话,所以据说不管在什么情况下,他都从来不会去思考和回顾他自己究竟是什么样的人,他通常是在和什么样的人打交道,以及在什么时间或者什么场合说过什么样的话……在提图斯·李维的鼓励下……他开始写一部历史著作……在他统治时期,他也写过很多文章,并由专人负责向他的朋友们公开阅读……他也用8本书的篇幅编写了有关他自己的人生历史,里面充满傲慢自大的东西,但文笔还不算

---

① 苏埃托尼乌斯:《提比略传》,p68—70。

糟糕……他花了很多精力研究古希腊文学,公开宣称对希腊语的热爱,并在各种场合炫耀他出色的学习成果。①

再看看尼禄:

> 他身材略低于一般男子:他的皮肤有很多斑斑点点的印记,这使他看上去略显邪恶;他的头发有点儿发黄,他的容貌有几分秀气但并不英俊,他眼睛灰暗,脖子粗大,肚腹突出,两腿相对细长,但他的体质很健康……他酷爱诗歌,而且喜欢写诗,总能一挥而就;一些人认为,他会把别人的诗歌拿来以自己的名字出版,事实上并非如此。我手头有几本他的诗歌的口袋书,里面有一些著名诗句,全都是他自己写的,而不是从别的地方抄录来的……他也酷爱绘画和肖像制作,但归根结底,他最渴望的东西是公众的赞赏。②

所有这些和苏埃托尼乌斯所撰写的其他传主死亡前后相关的文字,都会让人联想起约翰逊的风格,不妨比较一下后者在其《萨维奇传》的传主死亡之后随即写下的文字:

> 他中等身材,体瘦脸长,面孔粗糙而略带忧郁;他似

---

① 苏埃托尼乌斯:《克劳狄传》,p30、p39—42。
② 苏埃托尼乌斯:《尼禄传》,p51—53。

乎有一种庄重严肃、不苟言笑的男子汉气质，但是一旦接触到关系亲近的熟人，他的神态立刻变得轻松自在。他走路缓慢，声音略带颤抖和忧伤。他很容易因兴奋之事而微笑，却很少会被逗引得开怀大笑。他并不会长时间沉浸于自我思索……不管身处什么场合，他总能做到随遇而安。他在这方面的专门知识和技能，得益于他在过去所进行的时间不长但却相当投入的专业训练……他的生活方式使他成为天然的谈话高手，他知道怎样利用自己的全部语言特长。他特有的脾气和性情，源自他对自己那并不确定而且变幻莫测的激情的控制力；他很容易喜欢上一件东西，但也很容易对其产生厌恶情绪；他经常遭到这样的指责：他对于仇恨的执迷，远远多于他怀有的仁慈……作为一个作家……他对于来自最严厉的道德或者宗教谴责无所畏惧……他的个人风格的最大不足就是严厉，最大的优点则是尊贵。[1]

在《萨维奇传》的结论部分具有苏埃托尼乌斯的风格特征，这是肯定无误的。

在法国，在《爱弥儿》中哀叹当代没有苏埃托尼乌斯这样的人的让-雅克·卢梭，却在一处脚注中承认，在当时至少有一个作家敢于部分地模仿苏埃托尼乌斯："在我们的历史学家当中，只有一个模仿过塔西佗主要特征的历史学家，敢于在细节方面模仿苏埃托尼乌斯……正是增加了其作品价值的这一特征，让他在我们中间变得不

[1] S.约翰逊：《萨维奇传》，C.特雷西主编（1971），p135—139。

那么光彩。"①卢梭所指的是那个会让当局感到不快的查尔斯·皮诺特·杜克洛，他的传记《路易十一世》足以让法国当局反感，这自然使他更容易成为道德谴责的靶子，不过他却在公众当中获得极高的知名度。②吉本和沃波尔③基本上只是知道杜克洛是《路易十一世》的作者；而卢梭则带着明显的赞赏语气，明确指出那部作品中苏埃托尼乌斯的写作特征。虽然杜克洛本人最终摆脱了恶名带来的不利影响而成为法国科学院终身干事，并且由此遭到吉本的嘲讽，说杜克洛的同事太看不起他，都不屑去恨他，④反叛的卢梭却非常尊重他。这种感觉似乎是相互的。卢梭将他的歌剧《乡村占卜师》献给杜克洛，以感谢后者在这部作品问世方面所起的作用，而且卢梭在20多年时间里一直珍藏着杜克洛的《伯爵的自白》，这也是他非常欣赏的一部作品。⑤

因此，卢梭对于《路易十一世》这部传记的重视，是对其作者创作的更大兴趣的一部分。鉴于这两个人大胆而又非正统的品位和观点，苏埃托尼乌斯会成为他们二人之间的一条纽带，可以说是不足为奇。杜克洛当然不会否定卢梭对其《路易十一世》的特色的评价，那部作品的任何现代读者也同样如此。能够全面展示那个皇帝的各种缺

---

① J.J.卢梭，《爱弥儿》（巴黎，1874），p278。

② E.海尔曼：《查尔斯·皮诺特·杜克洛：一个特立独行的文人》，柏林迪斯出版社（1936）；梅斯特：《查尔斯·杜克洛论文集》（1956）；J.布朗格《查尔斯·杜克洛传》（圣布里厄：布列塔尼大学出版社，1971）。

③ 霍勒斯·沃波尔（1717—1797年），英国作家。他的著作《奥特兰托城堡》（1764年）一书，首创集神秘、恐怖和超自然元素于一体的哥特式小说风尚。

④ 《从日内瓦到罗马之旅：吉本从1764年4月20日到10月2日的日记》，乔治·A.博纳尔主编（伦敦：纳尔逊出版社，1961），p196。

⑤ 梅斯特《查尔斯·杜克洛论文集》（1956），p43。

点和不足,这是相当了不起的。路易十一世可能真诚地相信,在与客人分享他的食物的同时,还要分享他的床铺,乃是作为好主人的一部分;但是,只有像杜克洛、卢梭或者苏埃托尼乌斯这样的人,才可能描述一种如此好客的本能。杜克洛非常清楚他在做什么,正如他在生命将近结束时明确阐述的那样:

> 那些想要描绘他人的人会发生的主要错误,就是他们会认为自己已经拥有了一个固定化的角色,而非本质上是一个矛盾体的生命;一个人越是深入地研究他描绘的对象,就越是感到难以下笔。我记录了路易十一世的几个行为,它们似乎并不像是同一个人的所作所为。我并不认为自己应当将这些行为加以调和或者使它们保持一致。那样做甚至是危险的:它将意味着创建一个模式,一个背离历史的模式,而这最终将是一个背离真理的模式。我所展示的路易十一世既虔诚又迷信,既贪婪又慷慨,既有进取心又不乏胆怯,既仁慈又严酷,既忠诚又不忠——就像我在跟踪各种事件之后对他了解的那样。[1]

对杜克洛的传记目标的这一描述,完全适用于《帝王列传》。

杜克洛和苏埃托尼乌斯的相似之处并不局限于方法和态度。二者都异常幸运地能够直接获取文献资料。1741年5月,法国学者和牧师勒格朗的研究手稿被正式交给杜克洛,而这最终形成了他的《路易

---

[1] C.杜克洛,《文集》(1820),第4卷:p331。

《十一世》的核心。这个非同寻常的意外收获为这个传记作家所提供的发人深醒的细节，远远多于他的文学赞助人的预料。勒格朗的书稿给杜克洛带来的帮助之大，堪比雅克·富尼埃的调查记录对于伊曼纽尔·罗伊·拉杜里就蒙塔尤①的出色描述的辅助作用。苏埃托尼乌斯凭借他在皇帝哈德良宫廷担任负责信函的侍从秘书的职位，能够直接接触到皇家档案；而且他的许多最具启示性的叙述段落，都要依靠他在那里找到的资料。他显然精心研究了他发现的文件、信件和备忘录；他知道如何恰如其分而又极为有效地引用它们。当我们注意到杜克洛被正式任命为法国科学院终身干事以后，杜克洛和苏埃托尼乌斯之间的相似性甚至变得更加明显。他是以18世纪的一个侍从秘书的身份出现的，这一身份不同于他的那个任职时间更长、也更为成功的罗马前辈。

　　是杜克洛极力敦促卢梭撰写一部自传；②而且我们可以想象，鉴于这两个人之间的关系，杜克洛的坚持得到了认真对待。当卢梭决心着手完成这一任务时，他选择了《忏悔录》作为题目，这自然会首先让人联想到他很可能是借鉴了奥古斯丁的《忏悔录》。可是，卢梭不可能忘记他倾心已久的杜克洛的《伯爵的忏悔》；因此，卢梭用一封

---

① 蒙塔尤是法国南部一个牧民小山村。1320年，时任帕米埃主教（后为教皇）的雅克·富尼埃作为宗教裁判所法官到此办案。在调查、审理各种案件的过程中，他像现代侦探一样发现和掌握了该山村的所有秘密，包括居民的日常生活、个人隐私以及种种矛盾冲突等，并把它们详细记录下来。罗伊·拉杜里以历史学家的敏感和精细发现和利用了这些珍贵史料，并以现代史学、人类学和社会学方法再现了六百多年前该村落居民的生活、思想、习俗的全貌和14世纪法国的特点。

② 梅斯特：《查尔斯·杜克洛论文集》，p42—43。

令人难忘的信回报了杜克洛的关切,他在信中阐述了他的自传的创作原则:"我有很多话要说,"他写道,"而且我会说出一切。我不会省略我的缺点,甚至不会遗漏我曾有过的任何糟糕想法。我将会描述我的本来面目:阴暗的一面,乃至将会遮盖光明的一面。尽管如此,我还是很愿意相信(虽然做到这一点很难),我的读者敢于对他们自己说,他本人要比我描述的那个人更好。"① 这些于1765年1月从牟特耶地区② 写给杜克洛的话,在风格和态度方面更多是苏埃托尼乌斯式的而非奥古斯丁式的;而且它们很容易让人联想起卢梭最终放在《忏悔录》第二版开篇导言中的那些内容。

卢梭强调传记中那些表面上过于琐碎、家庭化的细节的重要性,导致他考虑创作出一种全新而独特的自传形式。像约翰逊一样,卢梭强制性地将他对于传记的观点发展成必然的结论:正如他在《忏悔录》第一版序言中所表述的那样,"Nul ne peut écrire la vie d'un home que lui-même(一个人只能写他自己的一生)。"约翰逊同样声称,"没有什么人比他自己更适合做他的传记作者"。两个人所得出的这一不谋而合的结论,是源自一个显然应更多归功于苏埃托尼乌斯(而非其他任何先前的传记作家)有关传记的理念。显而易见,两个人的气质和天才本身,也使他们倾向于采取这一方向,而且我们或许可以更有把握地说,他们在苏埃托尼乌斯身上发现的是一种他们自身气质的投射,而不是一个仅仅用于模仿的榜样。

但不可否认的是,苏埃托尼乌斯在18世纪的命运,与那个时代

---

① J.J.卢梭:《通信全集》(1975),p100。
② 位于瑞士纳沙泰尔州省。

的传记写作所有最具创新性的东西密切相关。即使他作为一个作家不像普鲁塔克那样为普通公众所了解，他也显然为处于职业前沿的学者和传记作家所熟知。到18世纪中期，普鲁塔克的作品毫无争议地获得了普遍认可和尊重，以至于这足以有效排除任何创新性思维的孕育。只是到了17世纪后期和18世纪初期，图书编辑和评论家对于苏埃托尼乌斯的职业生涯所进行的活跃探讨和研究，才预示着传记领域一个新时代的来临。从那以后，苏埃托尼乌斯的作品开始大量出版，它们富于争议而且令人兴奋。教会的诅咒甚至是伏尔泰的蔑视，都无法阻止它们对那个时代的一些最伟大的作家产生影响。

第六章　赫库兰尼姆和庞贝的重现

在短短两个世纪里，赫库兰尼姆和庞贝这两座被埋葬的城市，激发了西方世界的作家和旅行者的无数想象。值得一提的是，维苏威火山摧毁这两座城市几乎是 2000 年之前的事情了。当歌德和提希拜茵[①]在 1787 年访问意大利时，那两个遗址已经成为教育游历不可分割的一部分，但它们的名气却增长缓慢。最初的系统性发掘很快停止，而且在 20 多年时间里没有任何动静；当它们被再次发掘时，其发掘过程低效而零散。大多数游客更感兴趣的是火山本身，而不是它在许多世纪之前毁掉的那两个古代聚居区。赫库兰尼姆和庞贝重新发掘的故事，不仅表明我们有时只能以偶然的方式了解人类的历史，而且令人不安地展示了我们重获昔日财富的一种奇特方式。

[I]

在维苏威火山山脚下，靠近那不勒斯湾的坎帕尼亚沿海地区，被古人称为 CampiPhlegraei（燃烧的田野）。虽然没有古代居民曾经遭到毁灭性伤害的任何证据保存至今，但很明显，在某个遥远的时代，那里发生过一场大火，并伴随着将燃烧的岩石和熔浆倾泻到山下的火山

[①] 即海因里希·提希拜茵（1751—1828 年），德国浪漫派画家。

喷发。目前的推测认为那次事件发生在公元前6世纪。无论如何，在公元79年，维苏威火山似乎完全是平静的，在公元62年的一次大地震，甚至也没有让意大利人有所警觉。当火山爆发时，坎帕尼亚的城市正在忙于十年后的震后重建。不是所有城市都遭受了像赫库兰尼姆和庞贝那样的毁灭性摧残，例如那不勒斯，它拥有一个相当不错的未来前景。但是被埋葬的城市，包括被埋在泥土下面的赫库兰尼姆以及被火山灰所覆盖的庞贝，很快就被遗弃了。在公元80年罗马的一场大火，吞噬了一支被迫匆忙返回家园的官方救援队，而那些回去抢救个人财产的幸存者，不得不挖开大约12英尺深的瓦砾并同强盗展开较量。两个拉丁语诗人，马尔提阿利斯[①]和斯塔提乌斯[②]，在那场灾难过后不久都作诗怀念，并将赫库兰尼姆和庞贝视为维苏威火山喷发带来的最大损失，如果它们就是指我们今天所认为的那两座维苏威火山城市，我们就与古人达成一致了。

感谢马尔提阿利斯和斯塔提乌斯，他们的结论后来被普林尼[③]、普鲁塔克和历史学家迪奥进一步确认，对于那两座被埋葬的城市的记忆才得以延续。它们在一张古代地图的一个中世纪副本中的形象，使之进一步确保自己避免被人们所遗忘。那张地图的原图可能是在公元3世纪时，以更早期的标示信息为基础（至少就坎帕尼亚而言）而制

[①] 马尔提阿利斯（约公元40—约104年），古罗马诗人，以铭辞著称。他的铭辞除传统的墓铭、献辞和宴席诗外，大部分为带有一定讽刺色彩的幽默小诗，成为古代铭辞体的典范。

[②] 斯塔提乌斯（约公元45—约公元96年），古罗马诗人和作家。

[③] 盖尤斯·普林尼·采西利尤斯（公元61—约公元113年），也被称为小普林尼，古罗马帝国元老和作家。

作的。那个在13世纪精心制成的副本，在16世纪初传递到在德国奥格斯堡市的康拉德·普廷格①的手中。因此，学者和人文主义者并不缺少坎帕尼亚那两座消失的城市真实存在的证据，而且薄伽丘曾在其作品《亚美托的女神们》中短暂提及"伟大的庞贝"表明，它们是人类共同遗产不可或缺的一部分。

恰恰就在普廷格与感兴趣的朋友谈起出版他最近获得的那张重要地图的可行性时，一个精力充沛而且相当勤勉的意大利学者，仔细地记录了他发现的每一个古典铭文。特奥多尔·蒙森首先促使现代古典学者开始关注马里安吉洛·阿库希奥（人们更加熟悉他的拉丁文名字马里安吉鲁斯·阿库希乌斯）在拉丁铭文历史中的重要性。他的研究工作后来为18世纪更加知名和有影响力的穆拉多利的研究提供了基础。在接近庞贝古城原址的斯卡法蒂镇，阿库希奥在圣母教堂的祭坛台阶上观察到一处古老的石质铭文。它包括"Cuspius T. f. M. 洛瑞阿斯 M. f."这样的字眼，它们代表着提图斯②的某个叫库斯皮乌斯的儿子，以及马库斯·奥勒留的某个叫马库斯·洛瑞阿斯的名字。这些名字显然是某种列表的一部分；除此以外，基本上再无其他可以诠释的信息。但是在之后很长时间，阿库希奥的记录都具有一种特殊的价值，因为在1862年，庞贝古城的发掘者发表了出自所谓"马尔斯和维纳斯圣庙"的一处铭文的五个片断，其文本内容是地方治安官开列的一张清单，其中包括"库斯皮乌斯·T. f. M. 洛瑞阿斯·M. f."这样

---

① 康拉德·普廷格（1465—1547年），德国人道主义者、外交官、政治家和经济学家。
② 提图斯·弗拉维乌斯·维斯帕西亚努斯（39/41—81年），罗马帝国弗拉维王朝第二任皇帝，79—81年在位。在他短暂两年的执政期间，罗马发生了三次严重灾难：79年的维苏威火山爆发，以及80年的罗马大火与瘟疫。

的名字。因此，这些新的片断证明，阿库希奥在斯卡法蒂那个教堂台阶上看到的铭文是来自庞贝古城。就目前掌握的全部信息来看，只能作出这一舍此无他的结论，而且该结论也得到了普遍承认。

我们显然无从知晓那块来自庞贝古城的石头是如何到达了斯卡法蒂附近，但在公元79年的那场大灾难发生之前，它不可能离开它原本所在的地方。它也不是那种一个强盗会花大力气将其凿出并运走的"宝物"。当然，一旦得到它，它的确是一个有用的建筑砌块；而且，在那遍地古迹的土地上的旅游者们，都非常熟悉在比较现代的建筑物当中刻在一块石头上的古代铭文的特征。可是，那块石头是如何摆脱了火山灰和泥土的束缚，并将自己"交给"斯卡法蒂的建设者呢？它只可能是被人带到那里去的。在中世纪某个未知的时间，并且是在某个未知的发掘过程中——根据后来发生的情况判断，这可能和建设用于灌溉那片土地的运河有关——来自庞贝古城的这个铭文被发现了。在那个20世纪之前土壤里到处都是文物的国家，那个庞贝铭文显然是被漫不经心地遗弃，并被第一个需要一块坚硬石头的人所获得。

就目前所知，那是庞贝古城发掘的起点，而且倘若没有16世纪的阿库希奥勤奋的学术研究和19世纪的一次偶然发现，我们永远不可能知道这一点。此后很长时间，在那个被埋葬的城市附近都没有新的发现，直到16世纪末，才有了另一个意想不到的发现。

在1594年到1600年庞贝古城地区安装灌溉运河系统期间，挖掘工人偶然从那个城市发现了其他两处拉丁铭文。一个（编号CIL X.952）是为纪念一个当地议员，而另一个（编号CIL X. 928）似乎包含应 Venus fisica 的要求，向朱庇特神灵所致献词的文本。在这两处铭文当中，第二个引起了很大的学术兴趣。加在维纳斯（Venus）后面的"fisica"这一修饰性词汇，不可能表示不熟悉拉丁语的人初看时可能理解的那种意思①，而且直到今日它仍然无法解释。然而，更值得关注的是在这块土地下面，埋藏着一个古老聚居区这一无可争议的证据。这一发现没有带来多大的兴奋感，只有几个学者对其产生了好奇心。在出版于 1607 年的《那不勒斯的历史》一书中，朱利奥·切萨雷·卡帕乔②关注了这次发掘。虽然他非常熟悉有关赫库兰尼姆和庞贝的古老证据，但最近的发掘并没有妨碍他相信，那两个城市的原址位于更北的地方，也即分别靠近希腊塔镇和安农齐亚塔镇这两个历史文化遗迹所在的区域。在 16 世纪末，确认发掘地所在城市身份的工作没有任何进展（到那时为止，至少出土了三件铭文），也没有催生出对其进一步发掘的兴趣。而且，铭文基本上没有真正启发公众的想象力。1637 年，先后任职意大利巴贝里尼主教图书馆馆长和梵蒂冈图书馆馆长、拉丁语名为卢卡斯·霍尔斯特尼乌斯的德裔学者吕克·霍尔斯特③，从十六世纪末发现的那两个文本中准确地推测出庞贝的位置；但是，那些注意到他的猜想的学者拒绝相信他的结论。

1685 年，在庞贝最新的重要发现前夕出版的 *Guida de' Forastieri*（《外国旅游者指南手册》）只是泛泛而平淡地告知旅游者，赫库兰

---

① Fisica 的本义是指"物理，物理学"。
② 朱利奥·切萨雷·卡帕乔（1550—1634 年），意大利那不勒斯王国历史学家、神学家和诗人。
③ 吕克·霍尔斯特（1596—1661 年），德国天主教人文主义者、地理学家和历史学家。

姆位于希腊塔镇附近，据说是赫拉克勒斯①在那里建造了后来出现的这座城市。在这本旅游指南结尾部分有精美插图、题目为"维苏威"的那一章，读者们可以读到马尔提阿利斯有关赫库兰尼姆和庞贝的全部八行诗，以及年轻时的普林尼讲述他的叔叔②死于公元 79 年火山爆发期间（这本指南交代的时间是公元 81 年）的情况概要。这本迷人的小册子丝毫没有做出这样的暗示：那两座昔日古城已开始泄露自身的秘密。

在 1689 年，人们挖掘了更多的运河，两块新的有铭文的石头相继出现。不幸的是，它们的文字文本现在都不见了，但从那一时期一次活跃的学术争论可以发现，其中有一块石头实际上记有庞贝城的名字。当时的建筑师皮克谢提毫不犹豫地立即得出了错误的结论：工人们偶然发现的——他声称——是"大庞贝城"的一座别墅。虽然这种愚蠢的推断对于学术历史研究没有任何帮助，但一个令人耳目一新的结果是，至少弗朗西斯科·比安基尼③在他于 1697 年出版的《世界史》一书中，抨击了皮克谢提忽略了他的发现所具有的明显含义。尽管如此，一般公众很少真正在意庞贝的名字是否真的出现在坎帕尼亚运河一块古老的石头上，以及这一事实本身意味着什么。

---

① 希腊神话中最著名的英雄之一，又名海格力斯，神勇无比而且力大无穷，是主神宙斯之子。

② 即盖乌斯·普林尼·塞孔都斯（23/24—79 年），世称老普林尼（与其侄子兼养子小普林尼相区别），古代罗马百科全书式的作家，以其所著《自然史》一书著称。79 年 8 月 24 日，普林尼为了解维苏威火山爆发的情况并救援当地灾民，乘船赶往火山活动地区，因火山喷出的含硫气体中毒死亡。

③ 弗朗西斯科·比安基尼（1662—1729 年），意大利哲学家和科学家。

[II]

18世纪初期,几个工人在雷西纳市附近挖井的过程中发现了一些大理石。一个奥地利高级骑兵军官、当时在那不勒斯宫廷任职的埃尔波夫王子,听到了这个令人惊奇的大理石消息,而且他正计划在海边为自己修建一座别墅。他似乎打算用大理石粉做地板,因此就自然而然地着手调查雷西纳的大理石供应源情况。1711年,随着这项工作在那口井的原址所在地附近展开,埃尔波夫发现了第一批来自维苏威火山城市的艺术品。在发掘到赫拉克勒斯的雕像之后,很快又收获到了三个精美的女性雕像,它们很快就被随意地称为"Vestal Virgins(贞女)"。埃尔波夫意识到他的发现物的价值和重要性,因此急切地继续发掘。他将雕像送给在维也纳的堂兄欧根亲王[①],希望得到更多的资金支持。埃尔波夫并没有意识到,他已经成为赫库兰尼姆那个剧院的第一个发掘者。

虽然这个项目在几年后陷入停顿(很大程度上是因为梵蒂冈方面对于从意大利非法走私新发现的雕像提出投诉),埃尔波夫的热情却产生了重要的后果。让他产生动力的,显然是那些他发现并向外输出的艺术品。他在坎帕尼亚的发掘是搜寻古代遗迹的开端。他发现的那些艺术品的影响,在层次方面非常不同于那些铭文。即便是没有任何专业知识的人,也能够立刻感受到"贞女"们的魅力;它们可以用来装饰一个沙龙或者一个花园。正如我们将要看到的那样,赫库兰尼姆和庞贝整体上的重新发现是以这些雕像为起点的;而且在第18世纪,正是来自这两个城市的艺术品——尤其是雕塑和绘画——开始吸引拥

[①] 欧根亲王(1663—1736年),神圣罗马帝国欧根-莫里斯亲王第五子,曾任元帅和军事委员会主席。

有财富和高雅品位的欧洲人。

在1736年，赫库兰尼姆的那三位"女士"成为波兰国王腓特烈·奥古斯都二世①的私产（欧根亲王死后，他的个人收藏被其家人售卖②），因此，所谓的"贞女"被转移到德累斯顿③，它们在那里得到了腓特烈·奥古斯都的女儿玛丽亚·阿玛利亚的赏识。这个年轻的女子，将注定成为自1734年以来开始统治那不勒斯的西班牙两西西里王国国王卡洛三世的妻子。在卡洛三世统治的最初四年，这个波旁王朝君主对于坎帕尼亚的这些文物并没有表现出特别的兴趣。他没有下令发掘发现了庞贝的铭文的运河；他也丝毫没有延续埃尔波夫当初的发掘工作。可是，他通常被认为是让维苏威火山的地下城市重见天日的重要贡献者，因为1738年年底，在赫库兰尼姆的发掘工作是在他的命令下才得以再次开展。但是，他并不是首先提出这一要求的；那年早些时候，他去了德累斯顿迎娶玛丽亚·阿玛利亚。当他带着新婚妻子返回那不勒斯时，后者也带回了她对于那三尊雕像的记忆。她知道发现雕像的地方必然还有更多的东西。她刚刚来到意大利，发掘工作就开始了。

整个发掘过程缺少最起码的科学指导。虽然专业考古时代远未到

---

① 腓特烈·奥古斯都二世（1712—1786年），史称腓特烈大帝，从1740年到1786年的普鲁士国王，德国国父级人物。腓特烈二世是欧洲历史上最伟大的名将之一，在政治、经济、哲学、法律，甚至音乐诸多方面也都颇有建树。

② 1714年，欧根亲王在皇帝赐给他的维也纳第三区土地上建造了巴洛克式的宫殿美景宫，并将个人收藏品置于其中。欧根亲王死后，他的侄女因沉溺于赌博欠下巨额债务，不得不把宫殿及其藏品变卖。

③ 德国重要的文化、政治和经济中心，也是德国重要的科研中心。历史上曾长期是萨克森王国首都，并在一段时期兼任波兰首都的角色，也是曾作为波兰国王的腓特烈·奥古斯都二世最重要的皇家居所所在地，保留了古老的皇宫与珍藏品。

来，卡洛三世的西班牙工程师造成的混乱、粗略和无序的局面，依然让人瞠目结舌。在赫库兰尼姆的工作完全是一种地下开采活动，发掘者的全部动力只是出于获得艺术品的欲望。这座城市的建筑和规划，根本不在他们的考虑范围内。当一个地区被清理以后，下一个地区的发掘泥土就被转移到这里并用于填埋，不止一个同时代评论家都挖苦地评价这种不间断的地下泥土转移。游客们都会遭到怀疑和监视，而且通常都无权描绘或记录他们看到的任何东西。查尔斯·布罗塞[①]在1739年曾去过赫库兰尼姆，而且十年后他从一个旅行者那里听说，当地的发掘过程没有任何改进。"我非常恼火地了解到，那项在当年就开展得十分糟糕的工作，在今天仍然毫无起色。那些地下区域就像十年前一样漆黑一团，而且使用的开采技术依旧相当落后。对于那些最新发现的东西，当局是如此狭隘和嫉妒，几乎不给感到好奇的游客任何时间去打量它们，人们没有机会仔细地研究它们，更不要说去复制它们或者详细描述现场情况。"布罗塞厌恶地回忆起他当初进入发掘现场时，就像是"进入了一个大矿井"，为黑暗的隧道提供照明的只有火把，里面沉闷的空气迫使他一再返回入口处，只是为了让自己能够正常呼吸。继布罗塞之后，在那一年造访过赫库兰尼姆的贺拉斯·沃波尔、托马斯·格雷[②]以及不知疲倦的玛丽·沃特利·蒙塔古夫人[③]，对那里产生的印象也丝毫不比他好到哪里去。

除了造访过那不勒斯的那几个名人和其他少数学者以外，在长达

---

① 查尔斯·布罗塞（1709—1777年），18世纪的法国作家和历史学家。
② 托马斯·格雷（1716—1771年），英国诗人、作家，剑桥大学古典学者和教授。
③ 玛丽·沃特利蒙塔古夫人（1689—1762年），英国当时最有个性的女人，多才多艺的作家，还是一个女权论者和旅行家。

十年时间里,欧洲对于在赫库兰尼姆发生的情况没有给予什么关注。在1749年,布罗塞在巴黎惊讶地听到人们谈论起那些发现,仿佛它们是全新的发现一样。大约在同一时间,当韦努蒂侯爵——那不勒斯宫廷的图书馆员和咨询顾问——出版了有关赫库兰尼姆的发现的第一份学术报告以后,针对韦努蒂的采访而相继发表在当地刊物《图书馆世界》上的两篇调查文章的报道记者,不禁表达了自己的惊讶之情,那就是尽管外界对于那些新发现具有极大的兴趣,但各种报刊却对它们少有报道。与此同时,就在韦努蒂即将完成有关赫库兰尼姆的出版物时,卡洛三世的工人偶然在庞贝发掘地发现了一些石柱和壁画。毫无疑问,就在来到那不勒斯十年以后,在玛丽亚·阿玛利亚的敦促下,发掘庞贝的工作立刻开始了。在此后的六年时间里,在深深的火山灰下面,似乎没有任何可以获得有价值发现的痕迹。在1754年,人们显然对此感到无聊和厌倦,整个工程也在短时间内中止了。无论是赫库兰尼姆还是庞贝,都没有对欧洲产生太多影响。

[III]

在18世纪50年代中期,维苏威火山城市的发掘工作又开始有了起色。数百个纸莎草卷轴(全都凝固成了类似木炭或煤球一样的东西)的惊人发现,连同在其发现地发掘出的昔日豪华别墅,让赫库兰尼姆给外界带来了前所未有的兴奋感。1755年,在庞贝的再次发掘发现了朱丽娅·费利克斯[①]的坚固宅邸。新成立的赫库兰尼姆学会开

[①] 一个从家族继承了巨额资产的庞贝富商,她当时拥有的一整套别墅,占据了庞贝古城一个街区。

始公布和出版所有出土物件；*Antichità di Ercolano esposte*（《赫库兰尼姆的出土古物》）第 1 卷本在 1757 年问世。但是游客并不比之前更受欢迎。像罗伯特·亚当①这样的建筑设计师，只能在不适当的监视和催促下匆促浏览了发掘现场。与此同时，就在他造访的 1755 年那年，约翰·约阿希姆·温克尔曼来到了罗马。

这位总是在关注希腊的伟大的德国艺术史家，却在罗马度过了他生命的最后 13 年。他充当了这座城市许多最知名访客的联络人和向导。虽然罗马古物基本上算不上他的主要兴趣所在，他却三次探访了那不勒斯附近的发掘地：分别在 1758 年、1762 年和 1764 年。他得到了和其他人一样冷淡的接待，但他敏锐的眼睛和出色的记忆力，却使得他能够就其所见所感而在与别人的通信中写满迷人的细节。他察看了赫库兰尼姆的纸莎草遗存，记录了庞贝古城的铭文。他指出了开挖方式的荒谬性；尽管工作已不在地面以下开展，然而那种陈旧的转移泥土的方式依然在庞贝使用。在两封著名的公开信中，温克尔曼谴责了他观察到的工作程序；当最后三封信被翻译出来并引起地方当局关注时，它们产生了效果。对于这位知名艺术史学家的恼火逐步让位给了安抚。没有哪个考古学家（不管他多么无能）会介意自己被暴露在整个学术界面前。温克尔曼作出了一项最重要的贡献。他让赫库兰尼姆和庞贝为更广泛的公众所知，与此同时，他的努力也改进了发掘地的工作质量。

在温克尔曼的这三次旅行期间，他从那不勒斯发出的信件，是他

---

① 罗伯特·亚当（1728—1792 年），出生于苏格兰的英国人、画家和建筑学家，是 18 世纪晚期建筑设计领域的泰斗。

对该地区的发现物感兴趣的证据。他在多年时间里，一直与造访那里的朋友和客户保持联系。首先描绘了公元79年的一个景象的瑞士新古典主义画家安洁丽卡·考夫曼，在那不勒斯度过了1763年到1764年的冬天，而且在罗马，她也是温克尔曼的朋友圈中的一个。这个圈子还包括当时出逃的英国政治家约翰·威尔克斯①，以及约翰逊的传记作者鲍斯威尔［"*ein junger Schottländer, den ich sehr wohl kenne*（一个年轻的苏格兰人，我和他关系很熟）"］。温克尔曼的熟人中另一个更古怪的古物爱好者是英国人巴尔的摩勋爵［"welcher Herr von ganz Maryland in Virginien ist（他是整个弗吉尼亚州马里兰的领主）"］。当威廉·汉密尔顿爵士②在1764年代表英国抵达那不勒斯宫廷时，他也很快成了温克尔曼的一个熟人。

在19世纪初期居住在意大利的汉密尔顿，见证了（实际上是促成了）整体上对赫库兰尼姆和庞贝的发现的冷漠态度的终结。他甚至是比温克尔曼更有影响力的一个社会活动家，而且对于坎帕尼亚的古迹和地质研究充满热忱。他对于那个可笑的少年国王、在八岁时取代了卡洛三世（1759年）的斐迪南四世的教育和培养，确保对宫廷政策产生了一定的影响。通过对于在休眠以及爆发时期的维苏威火山的密切观察，他最终出版了题为《两西西里火山观测报告》的研究性著

---

① 约翰·威尔克斯（1725—1797年），英国激进主义者、记者和政治家。因屡屡受到议会排挤打击而被认为是政治迫害的牺牲品和争取自由的先锋，曾被迫流亡海外。民众对他的广泛支持，成为英国激进主义的开端。

② 威廉·汉密尔顿（1731—1803年），苏格兰外交官、古物研究者、考古学家和火山学家。从1764年至1800年，他担任英国驻那不勒斯王国大使，并在期间研究了维苏威火山和埃特纳火山。

作，而他自己收藏的当地文物也最终为大英博物馆增添了一些重要藏品。在让维苏威火山城市从默默无闻变得举世闻名方面，威廉·汉密尔顿爵士起到了主导性的作用。没有他的支持，温克尔曼的所有努力都可能是徒劳的。当歌德和画家提希拜茵在1787年去拜访他时，赫库兰尼姆和庞贝至少已经变得同样有吸引力了。

作为汉密尔顿首次就职时这两个地方相对遭到忽略的一种例证（尽管温克尔曼和赫库兰尼姆学会出版了相关的重要作品），让我们打量一下在1765年3月初，三个著名的英国游客在这里的活动轨迹。他们是约翰·威尔克斯、詹姆斯·鲍斯威尔和爱德华·吉本。

威尔克斯是在科拉迪尼的陪伴下来到意大利旅行的。他在巴黎结识的这个来自博洛尼亚①的舞蹈家，在那年2月下旬建议去参观一下那不勒斯的古迹。温克尔曼为他们提供了一份旅游指南。在经历了从罗马开始的颇为辛苦的五天行程之后（在此期间，他们每天晚上基本是在海滩上过夜的，因为当地的住宿条件无比糟糕），他们在2月26日来到了那不勒斯。他在写给女儿波莉的通常风格简单而又不加修饰的信中声称，"我认为，这是欧洲最讨人喜欢的地方"。在那不勒斯，威尔克斯花了相当长时间和鲍斯威尔相处，后者是在四天之后就来到这里的，并因这个城市带给游客奇特的感官享受而感到无比快乐。即便威尔克斯的确去过赫库兰尼姆或者庞贝，他也没有留下任何相关文字记录。他认为唯一值得向他的女儿详细汇报的事情，就是他在3月18日登上了维苏威火山："要爬上那座山可不容易：是五个人把我带上去的；两个在前面，我得扶着他们的腰；三个在后面，他们推着我

---

① 意大利北部的历史文化名城，是意大利最古老的城市之一。

的后背。我基本上算是到了山顶……但看不到多少东西。"在6月底之前,威尔克斯一直呆在那不勒斯。

鲍斯威尔指出,他拜访过汉密尔顿,鉴于后者的政治立场,威尔克斯或许会认为他这样做不大明智。鲍斯威尔也在威尔克斯四天后照例登上了维苏威火山。他写道:"全是烟雾;几乎什么都没看到。"我们知道,他在那不勒斯停留的三周期间,出于目睹"经典历史遗迹所在地"的愿望,他事实上的确参观过庞贝和赫库兰尼姆,更不用说位于雷西纳附近的波蒂奇市①,据称是维吉尔坟墓的一处洞穴和那座皇家宫殿了。但是,即便那些古迹让他产生了任何深刻的印象,到目前为止,也没有任何出版物表明这一点。相反,是那不勒斯的自然美景和开放氛围最使他神魂颠倒。"那不勒斯的确是一个让人感到享受的地方……不过,我亲爱的朋友,除了它的炎热和懒散,你在现代那不勒斯绝对见不到古代的帕耳忒诺珀②之类的东西。这里的人是最让人震惊的族群,他们喜欢吃大蒜和虫子,而且毫无顾忌,在大街上就肯这么做。你很难把那种景象和斯威夫特的笔下的那不勒斯田园诗联系起来……"

在那次意大利之旅接近尾声时,爱德华·吉本进入了这个世界。在吉本以后的生活中,这段经历在他看来,似乎是为他提供了产生创作《罗马帝国衰亡史》的灵感的重要过程。从1765年1月底到3月中旬,他在那不勒斯待了六个星期,但他在日记中没有留下任何记录。

---

① 波蒂奇曾是那不勒斯国王的王宫所在地,距那不勒斯约8公里,坐落在维苏威火山附近的那不勒斯湾岸。该市因维苏威火山喷发而遭摧毁,但之后得到重建。

② 希腊神话中的塞壬女妖之一,因用歌声迷惑奥德修斯不成而投海自尽。

他的《吉本自传》表明，让他印象最深刻的是维苏威火山和两西西里王国的那个国王："我的那不勒斯之旅用掉了六周时间，相比于它的规模而言，这是人口最稠密的城市之一，那些喜欢享受的市民，似乎生活在天堂和地狱的边缘。我们的最新特使威廉·汉密尔顿爵士向我介绍了那个少年国王……"没有一个字提到坎帕尼亚的古迹，也没有提到赫库兰尼姆或者庞贝，尽管他的日记透露，他上一年在洛桑通读了《图书馆世界》上有关韦努蒂的长篇采访和调查文章。值得一提的是，吉本在罗马显然没有接触温克尔曼，虽然他们有共同的熟人、苏格兰古董商詹姆斯·拜尔斯，而且都对研究古代世界拥有非凡的热情。在那不勒斯，他也没有接触过温克尔曼的朋友威尔克斯和鲍斯威尔。

事实上，人们可能会好奇，吉本在这六个星期到底做了什么。在那不勒斯，鲍斯威尔如此钟情的那种温暖的气候和怡人的氛围，似乎只是让这位未来的罗马帝国的历史作家感到气馁。他写信给他的继母多萝西说："我不知道你是否会发现，我在别的方面已经有所进步，但至少我认为，我正在成为一个更合格的英国人……我开始全面认同我自己的祖国，我终于看到了我以前没有注意到的它的许多优点。"7月，当他回到英国时，他再次声明自己是一个更加名副其实的英国人，并且评论说："我在那不勒斯的短暂时间里，看到了各种傲慢、堕落、奴役和贫穷。"似乎很显然，吉本在那不勒斯的短暂停留多少令他感到不安和恼火；但如果说他对于赫库兰尼姆和庞贝的重现完全保持沉默有什么特别之处的话，那也只是因为他将要成为研究罗马帝国历史的一个大师级人物。我们可能会揣测，他也体验到了温克尔曼的那种好奇心和愤怒感。在那六周时间里，正如鲍斯威尔一样，吉本必然被汉密尔顿或者他的哪个副手带到了发掘地点，不管那一过程有多么匆促。然而，即便是在《吉本自传》当中，他都没有因有所触动而提起那些地方。

[IV]

似乎是要让威廉·汉密尔顿爵士发挥更大的作用，同时也是为了让那两座被掩埋的城市拥有更广泛的声誉，维苏威火山在1766年喷发了，并在整个世纪余下的时间又多次喷发。在汉密尔顿的带动下，再加上《赫库兰尼姆的出土古物》其他几卷本连续出版，赫库兰尼姆和庞贝的艺术让有品位的欧洲人为之痴迷；从歌德的意大利之旅开始，这两座城市的魅力让更多文学作品相继诞生。但从本质上说，它们重见天日的故事并无任何出奇之处。正相反，那个地下世界最初的暗示性信息在很大程度上被忽略了；直到艺术研究取代了金石学研究，才有人采取了更正规的行动。而且当这个过程发生时，那种寻宝人的心态主导了发掘工作。地方当局对科学研究设置障碍。有教养的公众对其逐步认识和了解的过程相当缓慢。相比于最初的情形，现在对于过去的复原更加系统化，然而曾经的淡漠和往日的障碍在很大程度上依然存在。有铭文的石刻要么仍牢固地封闭入教堂（或者清真寺）当中而无人问津，要么被丢在某个空旷的地方并逐渐受损。收藏家和经销商仍然愿意为获得即时回报而破坏某个发掘现场。赫库兰尼姆和庞贝的重见天日，可能比罗马历史教给我们的东西还要多。

第二部分 第19世纪

第七章　手语：那不勒斯的手势和古典时代的手势

在阿里斯多芬的神话喜剧《群鸟》接近尾声处，一个藏在一把阳伞下面，以便避开具有千眼能力的主神宙斯密切注视的人，让一个与他对话的人替他举着那把阳伞并完全挡住他，这样他就能够讲述最近的新闻了。这个有趣的戏剧场景，生动地展示了这样一个基本事实：一个希腊人要是不空出两只手来，他简直就没法正常说话了。而且，罗马人也没有什么不同，我们从罗马帝国初期的昆体良就在法庭辩论中如何使用肢体语言（其中主要是手语）的一篇论文就能看出这一点。有时候，辩论者整个身体被操纵的程度，绝不亚于两只手的活动。事实上，身体外在形象和它的活动方式一样重要。哲学家在传统上头发又脏又长，给人一种颇为不洁的印象，而诡辩家会把自己整饬得干净整洁，并且经常涂抹香水。

手语表达在古代发展成了一种高级艺术，而且去过地中海国家的人早就知道，手语在当时和现在一样自然而又重要。作为19世纪初期那不勒斯大教堂的一个教士和后来该市皇家博物馆的馆长，安德雷·德·乔里奥确信，他每天都会在那不勒斯街道上观察到的各种手语，都是一成不变地从古代遗留下来的。因此可以大胆地推论，这个城市的手语和它本身的历史一样异常悠久。面对从赫库兰尼姆和庞贝遗址最新出土物当中发现的令人震惊的绘画和雕塑，以及在那不勒斯博物馆收藏的意大利南部花瓶的画像，德·乔里奥决定对那不勒斯手语进行系统总结和归类，以期就那些古代画面或场景提供权威性的解释。他的书在1832年出版，而且在19世纪那些认为身体的姿态（尤其是手势）构成了一种特殊语言的群体当中，它享有一种传奇般的声誉。

随着符号学的兴起以及艺术史家对于手势越来越大的兴趣，在整个20世纪乃至直到最近几年，德·乔里奥这部开创性的作品，才第一次被赋予了恐怕连他自己都没有想到过的重要性。即便如此，这本书更多的是被引用而非被阅读。鉴于它同语言和文化背景下的当代手势研究之间巨大的相关性，我们不得不等待了这么久，才终于有了一个英文译本，这未免令人惊奇。

亚当·肯顿①现在让我们第一次拥有了1832年版 *La mimica degli antichi investigata nelgestire napoletano*（《通过那不勒斯手势研究古人的哑剧》）的带注释的完整译本。肯顿本人是手语研究领域独一无二的权威。他撰写过一部有关澳大利亚土著居民肢体语言的著作，以及多篇符号学和人类学的杂志文章。他多次指出，虽然几个世纪以来，手语吸引了旅游者、哲学家和语言学家的关注，但它直到最近20年才成为一项严肃的学术事业。

手语显然不同于开口说话。它可能饱含可译性词汇，但它肯定缺乏句法结构。不过，就像阿里斯多芬所证明的那样，在许多文化中，说话过程不能没有手势，虽然在没有开口讲话的前提下，手语也无疑

---

① 亚当·肯顿1934年出生于伦敦，是研究手语这一课题的世界最权威的学者之一。

第七章 手语：那不勒斯的手势和古典时代的手势

可以照常进行。这种情形在那不勒斯似乎体现得最为明显。因此，人们对两个世纪前出版的一部作品再次产生了兴趣。若非因为它提供的那些惊人的启示，它就很容易被认为仅仅是一部沉闷而乏味的作品。它使用一种极易让人联想起塞缪尔·约翰逊的单调而朴实的叙述风格，描述了一个对我们很多人而言堪称奇异的世界。

德·乔里奥来自那不勒斯湾普罗奇达岛的一个大户人家。他从童年起就向往一种教堂生活，在熟人的帮助下，他年仅 36 岁就成了一个教士。一个农夫在波佐利[①]地区库美镇附近偶然发现了一处古墓这件事，导致德·乔里奥为防止出现抢劫情况而介入其中，而且在那里发现的浅浮雕点燃了这个教士的激情，并耗尽了他的整个余生。在试图解释那些浮雕上的舞蹈形象的意义的过程中，德·乔里奥开始逐步转变成为一个考古学家和一个手势分析家。

德·乔里奥埋头研究赫库兰尼姆学会的几卷本出版物的资料（其中大部分资料都来自前一个世纪的发掘信息，并在加了详细的注释之后予以出版）。与此同时，他忙于为到皇家博物馆参观的旅游者撰写参观指南。随着时间的流逝，他越来越侧重于他在古代艺术作品中观察到的各种肢体语言。作为一个训练有素的古典学者，德·乔里奥已经很好地掌握了有关古代文本的知识，他利用这一长处深入考察和手势有关的信息。在进行了充分准备的前提下，德·乔里奥开始着手完成对他在那不勒斯所观察到的各种肢体语言加以编目式汇总这一伟大任务。

---

① 意大利南部港市，位于那不勒斯湾东北岸，东距那不勒斯 15 公里，有古罗马最大的圆形露天剧场。

他认为那不勒斯的手势是古代手势的遗留物，这充其量是一种假设。尽管德·乔里奥对这一假设的正确性感到乐观，但他始终不能证明这一点。此外，他对拉丁语知识的熟稔程度远远超过希腊语，因此，看到他忽略了如此多的重要的希腊证据（包括在《群鸟》中的那个情节），未免令人感到不安。即便如此，他的这一事业既具有冒险精神，也具有原创性。超过一个半世纪以后，这本书成了很受欢迎的读物。肯顿的译本语言并不优美，但就其整体质量而言完全说得过去，这也是他作为译者本身的意图所在。而且，他的母语有时也显然说得不大灵光["外国人总是打听（本应译为'询问'）我们那不勒斯人"]，而且引用的拉丁文校对文本非常糟糕。有兴趣的读者想要查阅在肯顿的注释中涉及的相关信息，最好去查阅最初的原著版本，至少后者提供的参考信息必然是正确的。

德·乔里奥并不是一个手势理论家。他是一个观察者和一个诠释者。在他的作品序言中，他嘲讽地评价了来自保守性文化占主导的北部地区的游客的反应。在作为教育游历一部分的那不勒斯博物馆，他"就像解释我们自己的身体姿态那样"，多次解释过古代花瓶上描绘的身体姿态。尽管如此，德·乔里奥说："对于那些出生在偏远地区的人而言，以及对于那些因其冷静的气质和迟缓的性情，因而极不适合使用肢体语言的人而言，这些解释似乎显得乏味而无意义。"

为了给这样的人提供指导，德·乔里奥按照他在那不勒斯的观察和理解，精心准备了有关手势的叙述。他的书是一本有关肢体语言（以手势为主）的百科全书，并配有概括性的、按字母顺序排列的标题，其中第一个标题是 abbracciare（拥抱）。肯顿明智地在每个条目开

第七章 手语：那不勒斯的手势和古典时代的手势

头保留了意大利语原文，这样一来，从一组肢体语言到另一组肢体语言的变化过程，就与德·乔里奥当初的设计完全一致。在 abbracciare 之后是 additure（指点，指示），再往下就是 bacio（亲吻）、dormire（睡觉）、grattarsi（给自己挠痒）、mano in fianco（双手放在臀部），以及 schiopetto（打响指）。名称为 perfetto[perfect（完美，理想）] 的条目严肃地声称，这不是一本有关形而上学的论著，而只不过是有关 giusto（公正）的早期探讨的补充。

德·乔里奥委托当地一个名叫盖塔诺·吉甘特、擅长为旅游市场设置那不勒斯场景的艺术家，创造了一系列在德·乔里奥看来，比外国人所熟知的更逼真和更可靠的形象。这些被恰如其分地统一命名为"bambocciate"（本意是指那种能够唤醒普通人活力的小丑式的傻瓜）的形象，成为德·乔里奥那本书不可或缺的一部分。他对这些形象进行了解释性的评论，并将它们和一些他给出解释的古代图像放在一起。他还为它们增加了一些摆出各种造型的手势图形（有些无法译成文雅的语言），以及手放在头部不同位置的图形。这些形象直到现在为止，都是德·乔里奥的作品最知名的组成部分。

很难说清楚一种手语到底是什么。肯顿坚持认为，一种手语必然可以通过一种有意识的动作表达出来，虽然他承认手语是一种"界限模糊"的概念。一些非自愿的反应，如笑、哭或者脸红，不应被视为手语，除非它们是行为施动者有意做出来的，然而我们都知道，在地中海国家，许多可以识别的手语都和笑或者脸红一样，属于一种非自主的反应。当今天的希腊人以否定方式沉默地回答一个问题时，他并非像我们通常那样左右摇头；他会把头后仰，有时还会同时闭一下眼。这是荷马已经了解的一种动作，而且在伯里克利时代也为雅典人所熟知。那个希腊动词就是 ananeuein，即"把头向上抬"。德·乔里奥正确地将这一动作列在表示否定的标题之下，而且照例提供了拉丁语注释。但是，他并没有去探究（就这一点而言，肯顿同样如此）这一举动是否像同时伸出食指和小指（fare le corna，或者"牛角"）是代表某种最强势、最具威胁性的肢体语言一样，必定表示某种故意而为之的指向性行为。

德·乔里奥只是有兴趣记录他观察到的人们的手和身体的动作。他确信考古学者将由此受益；他用肯顿不那么精练的措辞风格宣布说，"在这项工作的所有目标当中，其中一个主要目标就是为考古学家准备用于了解古代的新方法"。可是他很清楚，第一次向他展示了让他如此着迷的那些绘画以及雕塑的 18 世纪和 19 世纪初期的考古学，必然涉及一些显然粗俗不雅乃至龌龊下流的信息。各种形式的性交、口交和兽交形象，以及伴随着这类色情行为的手语，全都在德·乔里奥的研究之列。

他觉得有必要详细叙述的某些手语，包括在今天任何美国城市的大街上都很容易被人理解——而且怨恨——的手势（我们几乎根本不需要假定，这种肢体的交际语是从那不勒斯移民那里引入的）。这显然给一个大教堂的教士带来了可怕的难题。德·乔里奥承认，他所说的"下流的动作"是一个绊脚石，"特别是对于我们这种人而言"。在一部原本仅供专业学者阅读的作品中，什么都可以说——而且的确都说了出来，正如赫库兰尼姆学会出版的那些专业性书籍一样。德·乔里奥意识到，他原本可以选择删除那些会使人反感的材料，但他决定保留它们。正如他恰如其分地提出的疑问一样,"如果古代材料中有五分之四都让人感觉不登大雅之堂,因此便将它们完全舍弃,那么我们将如何引用它们,以便支持我们的发现物的可靠性呢?"

所以,显然是采取了一种相当程度自我克制的努力的德·乔里奥宣布说,他始终都会"在用语方面尽可能谨慎,在措词方面尽量平和而适度",但是为了解释古代的手语,他会从当今那不勒斯丰富的手语当中,援用那些每个读者都会知道其具有淫秽含义的姿态。因此,德·乔里奥相当满意地总结说:"有了这样一个单纯的权宜之计,那种不体面的东西就成功地得到了掩饰。"至于他如何想象那些性情迟缓而又"无知"的北方佬能够从这一妙计中得到帮助,显然不是一目了然的事情。

与处理淫秽肖像不同,在处理淫秽文本的过程中,德·乔里奥本着能够给考古学家提供启发的目的,在没有真正拼出真实内容的前提下,尽量提供一种有助于阐明其研究文本涉及的粗俗内容的交叉引用(即相互参照的"互见"注释)模式。在某些情况下,他会鼓励一个严肃的读者根据他提供的信息源,进行饶有趣味的揣测和探究,以便发现一种特定的手语究竟指什么。举个例子来说,一旦接触到他那表面上无害的标题"salutare"(问候,打招呼),读者会首先想到一种显然是和善的、而且会被郑重地描述为"手掌抬至脸部并朝对话者摆动"的手语。德·乔里奥知道,在欧洲北部,这意味着一种命令,但在欧洲南部,它却表示"欢迎"或者"再见"。他紧接着转向其他表示问候或打招呼的手语:

1.Mano in fica（拇指夹在食指和中指间的一种淫秽动作）2.Danaro（金钱）3.（省略）4.Stupido（愚蠢）5.Amore（爱）6.Bacio（亲吻）7.Condottaversipelle（威胁）8.Schiopetto（打响指）9.（省略）10.Disprezzo（鄙视）

但是他不得不处理古代手语。因为他熟知拉丁语小说家佩特罗尼乌斯的作品，因此他可以援引作品中一个有趣的例子，譬如，利卡斯[Lichas]（他错误地称之为Lycas）这样和那个"痞子英雄"艾科尔皮乌斯①打招呼："利卡斯（Lycas）礼貌地摆动着手，说，'你好，艾科尔皮乌斯。'"

关于这一点，德·乔里奥含糊其词地评论说："我们可以较为肯定地说，他是在使用我们描述过的手语之一。然而问题是：使用的是哪一种手语？谁能知道呢？"事实上，德·乔里奥对此心知肚明，正如任何关注他的"交叉引用"的人都将很快发现的那样。佩特罗尼乌斯在原文中的叙述是（德·乔里奥只是引用了其中一部分），利卡斯看了一眼艾科尔皮乌斯的生殖器，礼貌地把手放在那里，并且说："你好，艾科尔皮乌斯。"

有很多这种心照不宣的有趣的例子，德·乔里奥似乎只是向知情的读者"使眼色"，却并不一语道破，仅此而已。因此，我们会忍不住想知道，那些刺激性的内容（包括图像内容和文字内容）是否并未为他的社会学研究提供动力。譬如，就伸中指而言，古人以前把这种动作看成一种不雅（impudicus）的手语，但在这方面，德·乔里奥却

---

① 利卡斯和艾科尔皮乌斯都是佩特罗尼乌斯的讽刺小说《萨蒂里孔》中的人物，据说这本小说旨在影射尼禄的荒淫无道。

总是更多地采取反问方式进行诠释，这也必然会让他的手段显得更加得体。不过，他还是指明了涉及佩尔西乌斯[①]和马尔提阿利斯作品的相关文本，以便供那些有兴趣的读者查询，而且，他大概也信赖那些已经知道这种很常见手势的含义的人。

同样，在涉及其他一些同样不雅的手势方面，德·乔里奥几乎不置一词，但却含而不露地提供某种暗示。譬如 fica，或者 mano in fica (fig)，在各种手势当中，它具有一种表示毫不妥协的强烈意味。它被明确地描述为"把一只手握成拳头，大拇指指尖从中指和食指之间探出"。接下来，我们会看到有关这种丑陋的手势的各种解释：表示避邪、侮辱、邀请（淫秽的目的）。德·乔里奥以令人不可思议的方式阐述了一些他在其中发现了"fig"的古代绘画。虽然女性出现在这些绘画中，德·乔里奥却因缺乏希腊语知识而被"出卖"。换句话说，既然他熟悉阿里斯多芬的作品，他原本必然会将一处"交叉引用"指向《和平》[②]的第 1350 行，因为在这一行字中的"fig"(sukon)这个词显然代表女性生殖器。得益于肯顿的注释，读者至少会发现，意大利语的 fica——一个非常粗鲁的词汇——"是代表'vulva'的一个粗俗的术语，而且进一步说，它是代表'女性'的鄙语。"表示"fig"的准确的意大利语是 fico，而不是 fica。

费里尼的《爱情神话》的粉丝，会因为在德·乔里奥的文本中找到了关于那个怪诞的演员在首次演出中，就在舞台上放屁的解释而感到高兴。那个演员名叫韦尔纳希奥（Vernacchio），根据电影剧本的描

[①] 佩尔西乌斯（34—62 年），古罗马诗人和讽刺作家。
[②] 阿里斯多芬写于公元前 421 年的一部作品。

述,"他放了一连串急促的、接近于音乐效果的响屁"。在介绍一些表示嘲笑或者挖苦(beffeggiare)的手语的过程中,德·乔里奥描述过一种被称为 vernacchio 的手语:用手堵住鼓起的嘴而制造出一种放屁的声音。"这种行为是带有强烈的侮辱性的,"德·乔里奥解释说,"因此,除了那些属于最底层阶级的人以外,它在那不勒斯很少被使用。"并不清楚 vernacchio 一词在奥古斯都时代的罗马是否像在费里尼时代的罗马①一样为人所知,但至少德·乔里奥是这样认为的,所以,他以贺拉斯的文本为基础而形成自己的见解,并照例使用了一个反问句和一个不完整的引用。

可怜的德·乔里奥!当他试图将他所处时代的那不勒斯人和古人联系起来时,他必然会一再地感到受挫。他的著作的主要支撑点充其量也是有缺陷的。某些姿势,比如把头向上抬起或者伸出中指,似乎的确是经过几个世纪而遗留下来的,但它们也好像代表着人类这个物种所特有的基本手语。但是,德·乔里奥所辑录的许多内容,和古代的相关性并不是很大,因此归根结底,他自己对于古代意象的解释,远远不及他对于那些当代场景(他委托别人所绘制、被统一命名为"bambocciate"的那些形象)的解释那么令人信服。

有关乔里奥的两个案例研究,将足以表明他的方法的局限性。他曾试图解释一个著名的、背对观者的裸体女人跳舞的形象,这是他从赫库兰尼姆学会出版物中所获知的形象。他在引用了那些学者富有见解力的注释的同时,也研究并指出了那些更为不雅的引用。正如学者

---

① 费里尼执导的影片《爱情神话》,涉及很多古罗马的风土人情,尤其是当时在道德、性行为、饮食及表演方面的习俗,堪称古罗马的"饮食男女"。

们所声称的那样,那个女人似乎的确是在跳舞;但是,德·乔里奥更多关注的是她暴露给观者的臀部,以及她的拇指和食指在头顶上作出的圆圈形状。那不勒斯大教堂的这个教士希望我们相信,这是一种淫秽的邀约(或者是侮辱),她所展示的臀部(似乎是在表达一种欲望)以及左手手指所代表的女性生殖器的形象,恰如其分地证明了这一点。当然,他不可能把这一点直接说出来,不过,他的读者可以查看他在 disprezzo(或者"scorn")这一标题下的手语的详细描述。

德·乔里奥对古人进行错误诠释的第二个例子,就是他对一个花瓶上的图画的描述。这个图画所使用的四个希腊语词汇当中,起码有两个是不完整的,但这并不要紧。图画中有四个形象,从左到右依次是:一个叫 Euodia(甜蜜的气味)的女人,手指着右侧方向;一个坐在那里的叫 Komos(狂欢作乐)的森林之神,面朝右侧并吹奏长管乐器;一个叫 Galene(轻松自在)的女人,面朝左侧并拿着手鼓;最后一个是在右侧位置的狄俄尼索斯的形象,他面朝左侧,看着那两个女人,而森林之神在他们之间。我们几乎不需要神职人员的提醒就可以知道,这是酒神狄俄尼索斯伴着音乐狂欢作乐的典型场景。然而在德·乔里奥看来,这是一张展示一次争吵的图画,因为那两个女人彼此看着对方,而且左边那个女人伸出一根手指指着另一个女人。"这似乎是很明确的,一个女人正在为什么事情指责另一个女人,"他写道:"另一个女人感到吃惊,所以她也作了反驳。"至于两个女人之间那个玩乐器的森林之神,"这是因为在这样的场景中,那个扮演这种(妒忌的女人)角色的人,通常都会藏在某个人背后这样做"。德·乔里奥颇为自信地告诉他的读者,一个真正的那不勒斯人,一定会像他那样理解这张图画所提供的所有信息。

在一本作者如此细心而又充满激情地编撰的作品中,竟然会有如此荒唐的解释,这不能不说是一件可悲的事。事实上,和德·乔里奥当初所设想的不同,这本书对于考古学家和艺术史学家几乎没有什么作用,因为它并不能使后者受益。然而,对于在他之后的几代研究者而言,他开辟了一种他永远不可能预见到的相当系统化的手语研究模式。这是一部基于一个错误前提的伟大的作品,它最终远远好过一部基于一个正确前提的拙劣的作品。倘若德·乔里奥当初能够将他探索的触角远远伸展到那不勒斯街头和皇家博物馆的藏品以外,这部著作就将带来更大的作用。但是,尽管存在这些荒谬之处,这本书仍然值得尊重。

在阅读了德·乔里奥的作品之后,没有人能够再次以完全相同的方式阅读克莱门特·穆尔①关于圣·尼古拉斯②的不朽诗篇:"他没说一个字,只是去做他的工作。/ 他装满所有的长袜,然后拉着车子走了。/ 他摸摸鼻子,点点头,爬上了烟囱。"在今天土耳其西南部的米拉古城,还能够看到圣·尼古拉斯的坟墓,所以他使用过的手语应该在德·乔里奥的古典研究范围之列。但是,穆尔的圣·尼古拉斯是圣诞老人,而且他来自德·乔里奥认为当地人的性情和气质具有一种天然的懒散特征的北部地区。这是一个多么大的错误!也许我们需要一个出身于北极的德·乔里奥。

---

① 即克莱门特·克拉克·穆尔(1779—1863年),美国教育家和诗人,诗歌《圣诞夜》(1823年)的作者(正是这首诗让圣诞老人的形象家喻户晓)。

② 圣诞老人原型,也是土耳其历史上真实存在的一位主教。公元3世纪末,出生在地中海沿岸的潘特拉,他乐善好施,喜欢以匿名方式赠送给当地穷人各种礼物。在公元346年去世后,他被尊称为圣人,其生前事迹后来演变成今天圣诞老人的传说。

第八章　柏辽兹、维吉尔和罗马[1]

从 17 世纪初期的蒙特韦尔迪[2]时代直到 19 世纪初期，古罗马的神话和历史，为剧本作者提供了一个丰富的故事情节来源库。无论是作为制造特殊效果还是激发强烈情感的媒介，在这三个世纪的罗马主题都备受欢迎。为蒙特韦尔迪的歌剧《波培娅的加冕》撰写了脚本的波塞奈罗[3]，也为卡瓦利[4]在 1641 年编排的一部有关蒂朵[5]的歌剧写

---

[1] 注：就我目前所知，唯一系统性地探讨过这一课题的是戴维·凯恩斯所写的论文"柏辽兹和维吉尔：如何看待'特洛伊人'与维吉尔歌剧的关系"，《英国皇家音乐协会档案 1968　1969》（出版于 1969），p97—110。凯恩斯是作为一个音乐家探讨这个问题的，而我则是作为古典主义学者进行这一尝试。我希望我们的方法可被看作是具有互补性的。

[2] 即克劳迪奥·蒙特韦尔迪（1567—1643 年），意大利作曲家、歌唱家和罗马天主教牧师，意大利歌剧的奠基人，他在文艺复兴时期音乐史上的地位完全可与莎士比亚在文学史上的地位媲美，一生共创作了 9 部牧歌集、15 首三声部谐谑曲、10 首二声部谐谑曲、13 部绝对堪称精品的歌剧与芭蕾舞剧以及近百首宗教圣乐作品和世俗重唱（其中还不包括已经失传的众多作品）。

[3] 乔凡尼·弗朗西斯科·波塞奈罗（1598—1659 年），17 世纪的意大利律师、剧作家、歌词作者和诗人。

[4] 即弗朗西斯科·卡瓦利（1602—1676 年），巴洛克时代早期的意大利作曲家。

[5] 据称是迦太基（在今天的突尼斯）的创始人和第一位女王，也是罗马诗人维吉尔的作品《埃涅阿斯纪》中的主要人物。她原是在黎巴嫩的腓尼基王国的公主，曾嫁给当地的一位富商。她父亲去世后，王位传给她与弟弟共治。弟弟贪图姐夫的财富而将其暗害，蒂朵于是带人逃离中东并来到北非，借了一小块土地创建了迦太基，并很快繁荣起来。

了脚本。其他伟大的主题涉及尤利乌斯·凯撒、西庇阿·阿非利加努斯①以及皇帝克劳狄。亨德尔②的《阿格丽皮娜》和《尤利乌斯·凯撒》,是热衷于罗马主题的这一歌剧时尚的产物。多产的剧作家梅塔斯塔齐奥③提供了古代罗马的大量文本,其中也包括后来由18世纪和19世纪初数十个作曲人创作和编排的《蒂朵》。

但是到18世纪后期,人们对于古罗马神话人物的兴趣逐渐下降,取而代之的是古希腊神话人物。套用埃德加·爱伦·坡那句著名的话来说,属于古罗马的伟大正让位于属于古希腊的光荣。这种变化部分来自希腊独立战争,以及被整个欧洲所钦佩的拜伦勋爵的杰出功勋的启发。不过还有其他原因。希腊的神话与悲剧更多地表达了浪漫的情感。格鲁克④作曲的《伊菲吉妮娅》、《阿尔克提斯》以及《奥菲斯》大受欢迎,而美狄亚⑤成为人们所熟悉的凯鲁比尼⑥以及后来的帕齐

---

① 西庇阿·阿非利加努斯(公元前236—公元前184/183年),古罗马统帅和政治家。公元前202年,他在扎马战役中打败汉尼拔,从而结束了著名的第二次布匿战争,因此得名"征服非洲的西庇阿"。

② 即乔治·弗里德里希·亨德尔(1685—1759年),英籍德国作曲家,作品有《阿尔米拉》、《哈利路亚》等。

③ 原名彼得罗·特拉帕西,梅塔斯塔齐奥是其广为人知的化名(1698—1782年),意大利诗人和剧作家。他对16世纪的歌剧进行了重大改革,歌剧剧本有《被抛弃的狄多》、《卡图在乌提卡》、《忒米斯托克勒斯》等。以中国元杂剧《赵氏孤儿》为蓝本而作的《中国英雄》,在欧洲广泛流传。

④ 即克里斯托夫·里特·冯·格鲁克(1714—1787年),古典时代早期意大利和法国歌剧作曲家。

⑤ 希腊神话中的一个女妖,是作家欧里庇得斯同名悲剧的主人公(美狄亚谋杀了自己的两个小孩,以此来报复她丈夫的背信)。

⑥ 即路易吉·凯鲁比尼(1760—1842年),意大利作曲家,他最重要的作品是歌剧和圣乐。

尼①所创乐曲作品中一个重要女主角。到19世纪20年代，罗马作为一个歌剧主题几乎消失殆尽。帕齐尼在1825年写了一部有关最后时刻的庞贝古城的作品，但这更多的是为维苏威火山喷发提供了特殊艺术效果，而不是为了迎合一种对于罗马主题的口味。

法国大革命和拿破仑动荡的职业生涯，唤醒了对于现代历史（而非古代历史）一种全新的兴趣，并加速了（至少在音乐方面）让古罗马主题渐趋过时的过程，即便它为希腊主题留下了空间。对于歌剧中历史剧情强烈的最新兴趣，反映在罗西尼②的《威廉·泰尔》、多尼采蒂③的大部分歌剧、迈耶贝尔④的《胡格诺派教徒》、《恶魔罗伯特》或者《非洲女郎》当中。早期的威尔第⑤同样选择了相对现代的历史题材，唯一例外的是其歌剧《纳布科》和《阿提拉》，它们提供了古代（并非属于罗马）的题材。甚至就连早期的瓦格纳也从文艺复兴时期的罗马（《黎恩济》）和莎士比亚的作品（《爱情的禁令》）中选择主题。除了贝利尼⑥的《诺玛》、一部刻画了美狄亚（她打算杀死她和情

---

① 即乔凡尼·帕齐尼（1796—1867年），意大利作曲家，以其歌剧而知名。

② 乔阿奇诺·安东尼奥·罗西尼（1792—1868年），意大利浪漫主义歌剧作曲家，生前创作了39部歌剧以及宗教音乐和室内乐。

③ 多米尼科·葛塔诺·玛利亚·多尼采蒂（1797—1848年），意大利著名歌剧作曲家，代表作是《拉美莫尔的露琪亚》。

④ 贾科莫·迈耶贝尔（1791—1864年），德国作曲家。1842年被普鲁士国王任命为音乐总指挥。他发展和确立了19世纪法国大歌剧的典范，把德国的精湛配器技巧、意大利的优美旋律和法国的伶俐机智熔于一炉，成为这种体裁的代表人物。

⑤ 即朱塞佩·威尔第（1813—1901年），意大利作曲家，被称为"意大利革命的音乐大师"。一生共写了28部歌剧和7首合唱作品，主要代表作品有《茶花女》、《奥赛罗》、《阿伊达》和《安魂曲》等。

⑥ 即文森佐·贝利尼（1801—1835年），意大利作曲家。

人的孩子，以此向其情人泄愤）式的复仇女性的作品以外，斯蓬蒂尼[1]在1807年有关一个贞女的法语杰作（《贞洁的修女》），是柏辽兹[2]在半个世纪后创作出他的歌剧《特洛伊木马》之前最后一部完全属于罗马主题的重要作品。

柏辽兹非常欣赏斯蓬蒂尼的歌剧，但这绝不是他选择写一部事实上是有关通俗性罗马传奇（特洛伊沦陷和埃涅阿斯[3]取道迦太基而逃往意大利）的歌剧的主要原因。在19世纪中期，他在很大程度上是逆潮流而动地去写一部基于古罗马历史的大型歌剧，而且，他转向这一主题的原因是他喜爱维吉尔的史诗《埃涅阿斯纪》。他从孩提时代就熟读这部作品，并在一个严厉的教师——他的父亲——的督促下将内容熟记于心。柏辽兹在他的《自传》中写道："是维吉尔第一次开辟了我的心灵之路，激发了我新生的想象力，他的作品让我本能地感受到了史诗般的激情。"他描述了在读到这首长诗第四卷（蒂朵对于尼雅伟大的爱因后者担负的神圣使命而受挫，并最终结束了自己的生命）时的情绪反应。

柏辽兹写了他自己的有关特洛伊人的剧本。很显然，他经常使用的参照依据是《埃涅阿斯纪》。他借鉴的内容明确无误地表明了这一

---

[1] 即路易吉·帕西菲科·斯蓬蒂尼（1774—1851年），意大利歌剧作曲家和指挥。

[2] 即埃克托·路易·柏辽兹（1803—1869年），法国作曲家、指挥家和评论家，代表作有《幻想交响曲》、《葬礼与凯旋交响曲》、《罗密欧与朱丽叶》和《哈罗尔德在意大利》。

[3] 古希腊罗马神话中的人物，特洛伊战争中的英雄（荷马史诗《伊利亚特》也有提及）。在特洛伊城沦陷后，他携带幼子逃出被大火吞灭的家园，此后长期流浪在外，最后到达南部的意大利，传说就是埃涅阿斯家族的后代子孙建立了罗马城。

点，并且表现出对于维吉尔的叙述模式的极大尊重。柏辽兹的传记作家戴维·凯恩斯作出了恰如其分的评价："不仅仅是角色的激情……就连维吉尔式的氛围本身，那种史诗般的整体环境，都被剧作家吸收到他的灵魂深处，然后通过他自己的语言表现出来。"很少有几个（如果有的话）歌剧作家会像柏辽兹了解维吉尔那样了解一个古典作家。柏辽兹发现，维吉尔表现的特洛伊主题是具有广泛群众性的，在第四幕"爱情二重唱"方面尤其如此，甚至超过了描绘过相同主题的莎士比亚。

《埃涅阿斯纪》是以众神之间发生的一场争吵开始的，这一争吵迫使在特洛伊陷落之后，带着儿子和水手逃离的埃涅阿斯置身于一场可怕的海上风暴中。他在北非海岸的迦太基上岸，发现了由另一个流亡者、出身腓尼基的女王蒂朵建立的一座伟大城市。埃涅阿斯遇见了蒂朵，后者说服他讲述特洛伊的沦陷故事，于是，他通过整整两卷本（第2卷和第3卷）长诗的篇幅照做了。当听完他可怕的故事以后，蒂朵爱上了埃涅阿斯。

显而易见，柏辽兹完全可以有效地采用贝利尼的《海盗》或者罗西尼的《意大利女郎》（乃至后来的威尔第的《奥赛罗》）的风格，从一场大风暴开始叙述他的歌剧，但是那样一来，他就很难更好地处理埃涅阿斯向蒂朵所做的无比漫长的叙述。因此，他选择从特洛伊陷落本身写起，并在舞台上用一个两幕预备歌剧加以展示。《特洛伊的陷落》（*La Prise de Troie*）既富有戏剧性又具有纲领性。大部分剧情细节都来自埃涅阿斯对蒂朵的讲述，因此本质上是维吉尔式的叙述。直接从"特洛伊的陷落"写起，就能有效地诠释埃涅阿斯为何那样看重他的使命，所以，作者当然也可以在没有任何神灵因凡人事务发生争吵（这对于现代读者而言似乎过于陌生）的前提下展开叙述。事实上，柏辽兹决定从他的剧本中摒弃所有的神灵，只有一个神灵——墨丘利①——除外，他只是短暂出场（但却令人印象深刻），为的是召唤埃涅阿斯从迦太基来到意大利。

所以，柏辽兹从讲述特洛伊陷落的两幕歌剧开始叙述。他以彻头彻尾的维吉尔方式大胆安排它们的内容，并使其围绕卡珊德拉②这个角色（她知道并将预言未来将会发生什么，但没有人相信她）展开。虽然她在维吉尔的作品中扮演着重要角色，但在这里，她并不是一个多么重要的人物，而且柏辽兹在其歌剧结构中让她成为蒂朵的一个陪衬，也很可能并不是没有理由的。在维吉尔的笔下，据说她爱上了一个叫科罗厄布斯③的王子，柏辽兹出色的戏剧本能迫使其将科罗厄布斯这个角色搬上舞台。戏剧巧妙地以这一时刻开始——希腊人解除了对城市的包围，只将一匹巨大的木马留在那里。特洛伊人狂欢雀跃，但卡珊德拉更清楚是怎么回事。在喜气洋洋的喧闹背景中，出现了一

---

① 罗马神话中为众神传递信息的使者，相当于希腊神话的赫耳墨斯。他的形象一般是头戴插有双翅的帽子，脚穿飞行鞋，手握魔杖，行走如飞。墨丘利是医药、旅行者和商人的保护神，因此，西方药店常用他那缠绕着两条蛇的手杖作为标志。

② 古希腊罗马神话中特洛伊的公主，阿波罗的祭司。因神蛇以舌为她洗耳或因阿波罗恩慈而具有预言能力，又因抗拒阿波罗的求爱，她的预言不被任何人相信。特洛伊战争后，她被迈锡尼国王阿伽门农俘房，并遭阿伽门农的妻子克吕泰涅斯特拉杀害。

③ 在特洛伊战争中，科罗厄布斯王子出于对卡珊德拉的爱慕而前来帮助特洛伊，后来不幸被敌人杀害。

个重要的寂静时刻：赫克托尔①的遗孀安德洛玛克，突然带着她的小儿子阿斯提阿那克斯出现在舞台上。谁都没有唱起哪怕是一个音符。在这一悲伤和不祥的静止时刻，柏辽兹使用了一个令人难忘的英国低音号独奏曲，它直接来自维吉尔在那个王国崩溃之前对于安德洛玛克的叙述：

II.455-457：

infelix qua se, dum regna manebant,

saepius Andromache ferre incomitata solebat

ad soceros et avo puerum Astyanacta trahebat

（……可怜的安德洛玛克，她过去总是独自去看望她的公公，或偶尔带上阿斯提阿那克斯去见他的祖父）

埃涅阿斯本人现在出现在剧情中，并且以维吉尔的叙述风格介绍了拉奥孔②先知和祭司。这个目光敏锐但命运不幸的人立刻就察觉到，放在城外的那个巨大的木马是希腊人的某种诡计。拉奥孔将一把长矛掷向那匹木马。然后很快，他和两个儿子就被突然从海里跃出的两条巨蛇吞噬。另外，根据维吉尔的叙述，单纯的特洛伊人不愿相信同样具有预见性的卡珊德拉的话：

---

① 特洛伊第一勇士，特洛伊战争中特洛伊守卫军领导者，最终和希腊联军第一勇士阿喀琉斯决斗，因众神的裁决和宿命死在对方手里。

② 希腊传说里的祭司和英雄，他曾警告特洛伊人不要将木马引入城中。他的举动违背了要毁灭特洛伊的雅典娜和众神的意志，于是雅典娜派出两条巨蛇，将拉奥孔父子和他的两个儿子咬死。

II.246-247:

tunc etiam fatis aperit Cassandra futuris

ora dei iussu non umquam credita Teucris.

（然后，卡珊德拉预言了即将到来的灾难，但一个神灵所下的诅咒，使得特洛伊人从不相信她的话。）

特洛伊人只是以为拉奥孔不够虔诚，他的死是罪有应得。因此，他们命令将木马抬进城里，并以一首响亮的行军曲作为伴奏。任何习惯了维吉尔六韵步诗行音部的耳朵，都会立刻识别出它的旋律。柏辽兹的《特洛伊行军曲》，是对于在这个作曲家脑海里回响了一辈子的那首拉丁语史诗的音乐重塑。

歌剧所涉及的特洛伊内容的第二部分，是以赫克托尔的鬼魂出现在埃涅阿斯面前开始的。柏辽兹几乎是逐字加工了埃涅阿斯在维吉尔作品中的第一人称叙事内容：

II.282-90:

quibus Hector ab oris

exspectate quae causa indigna serenos venis? . . .

foedavit rultus? Aut cur haec vulnera cerno?

heu fuge, nate dea, teque his, ait, eripe flammis.

hostis habet muros; ruit alto a culmineTroia.

（赫克托尔，你从什么海岸来，并等待了很长时间？

是什么原因让你平静的面孔显得狰狞？

我为什么会看到这些伤口？

唉，快逃走吧，女神之子。

远离那些火焰，敌人就要大开杀戒。

特洛伊即将彻底崩溃。）

De quels bords inconnus reviens-tu?

Quel nuage semble voiler tes yeux sereins?

Hector, quelles douleurs ont flétri ton

visage?

Ah! fuis, fi ls de Vénus! L'ennemi tient nos

murs! De son faîte élevé Troie entière

s'écroule.

（你从哪个未知的海岸归来？

为什么阴云似乎遮蔽了你宁静的眼睛？

赫克托尔，是什么样的悲伤扭曲了你的面孔？

快跑吧，维纳斯之子！

敌人就要占据我们的家园。

整个特洛伊即将陷落。）

最终，卡珊德拉与其他特洛伊女人簇拥在一起，共同对抗从木马里面一拥而出的希腊士兵的攻击。在维吉尔所使用的一个用来描述卡珊德拉的母亲赫库芭及其女儿们的精彩比喻中，卡珊德拉称她们是"受惊的鸽子"：

Mais l'horrible vous, colombes effarées, pouvez-vous consentir à l'horrible esclavage?

（可是，你们这些受惊的鸽子，你们真的愿意去当可怕的奴隶吗？）

II.515-17:

hic Hecuba et natae nequiquam altaria circum,

praecipites atra ceu tempestate columbae,

condensae.

（赫库芭和她的女儿们无助地蜷缩在祭坛周围，就像遭到一场大风暴摧残的鸽子。）

歌剧的特洛伊部分是以特洛伊女人们的自杀而告终的，这是故事中一个显然非维吉尔风格的戏剧性要素，它构成了第二幕一个强有力的尾声。柏辽兹必定是听说过有关特洛伊女人集体自杀的传说，虽然我知道没有理由认为，他当时很熟悉欧里庇得斯所写的有关她们的悲剧①。紧接着，剧情的地点转到迦太基，观众们看到女王蒂朵在辉煌与荣耀的气氛中举行登基仪式。埃涅阿斯和他的船员们来到这里，但是很显然，他不可能像在维吉尔史诗中那样把他的故事讲给这位女王听，因为我们在舞台上已经见到了他经历的一切。接下来，在迦太基的三幕剧的第一幕的内容，几乎与维吉尔无关，却和当时巴黎观众的期待关系密切。这里有芭蕾舞、各种庆祝仪式和其他宏大场面。柏辽

---

① 指欧里庇得斯于公元前421年完成的作品《特洛伊女人》。

兹甚至设计了一场蒂朵与当地敌人伊阿耳巴斯①的战争,这样一来,埃涅阿斯成为她的盟友的意愿,就构成了女王对他越来越迷恋的基础。

但是,在有关埃涅阿斯在迦太基经历的最后两幕中,我们能够再次感受到维吉尔的强大影响。蒂朵和埃涅阿斯一起去荒山野地狩猎,一场猛烈的风暴迫使他们躲进一个山洞里,很明显,他们的爱在此时划上了圆满的句号。维吉尔让我们对于其间发生的事情没有任何疑问:

IV.167-168:……fulsere ignes et conscius aether
conubiis summoque ululcrunt vertice Nymphae
IV.172:coniugium vocat
(火焰闪烁,天公作美,
宁芙②从峰顶发出尖利的声音……
……有情人终成眷属……)

柏辽兹为这一场景设置了无声的背景。作曲家希望将这一场戏完全搬上舞台,但在1863年的首次公演中却将其撤掉,因为对于它的表现方式极不满意。于是,狩猎这场戏的狂野氛围让位于非维吉尔风格的芭蕾舞。不过即便在这里,我们还是听到了两次篇幅不长、但却

---

① 迦太基当地酋长,朱庇特神的私生子,正是在他的请求之下,朱庇特后来委托墨丘利命埃涅阿斯离开迦太基,去意大利建立自己的城邦。

② 希腊神话中次要的女神,出没于山林、原野、泉水、大海等地方,是自然幻化的精灵,一般是美少女的形象,喜欢歌舞。它们不会衰老或生病,但会死去。它们和天神结合,也能生出神的不朽的后代。

很重要的男高音歌唱（它们都完全根植于维吉尔的史诗）。这两首歌曲有效地构成了柏辽兹为蒂朵和埃涅阿斯的激情所做的神奇谱曲的基本框架。依欧帕斯①歌唱大地，就像他在《埃涅阿斯纪》第 1 卷结尾所做的那样：

I.740-43:

cithara crinitus Iopas

personat aurata, docuit quem maximus Atlas.

hic hic canit errantem lunam solis que labores,

unde hominum genus et pecudes, unde imber et ignes . . .

［长头发的依欧帕斯（伟大的阿特拉斯②曾经指导过他）弹奏起他金色的竖琴。他歌唱徘徊的月影和阳光下的劳作者，歌唱大地上人与兽的较量，歌唱雨雪和火焰……］

接着，水手男孩希拉斯在登船时唱起思乡之歌。希拉斯是来自《埃涅阿斯纪》第 5 卷结尾的维吉尔笔下的帕里努鲁斯③，只不过在这里换成了另一个更有诗意的名字，它也会让人联想起希腊神话中一个自恋的少年。维吉尔所描绘的男孩帕里努鲁斯和柏辽兹刻画的希拉斯不同，前者是从船上意外跌落水中而死。因为柏辽兹的儿子路易斯也

---

① 在维吉尔的《埃涅阿斯纪》中，依欧帕斯是蒂朵宫廷的一个吟游诗人。

② 希腊神话里的擎天神，被宙斯降罪，而不得不用双肩支撑苍天，曾教给依欧帕斯关于自然规律和音乐之间关系的知识。

③ 在维吉尔的《埃涅阿斯纪》中，他是埃涅阿斯的一个经验丰富的船舵手。

曾是一个专业水手，而且我们知道，他在写这首歌曲时想到了路易斯，他选择隐瞒帕里努鲁斯悲伤的命运，将这个角色换成同样忧郁、但命运却不再那么不幸的希拉斯，这毫不奇怪。

依欧帕斯和希拉斯所展现的那些令人难忘的有关爱情的场景，会让人联想起维吉尔在《埃涅阿斯纪》第4卷对于蒂朵和埃涅阿斯的描绘：

IV.395:

multa gemens magnoque animum labefactus amore

(……他的内心不断地发出呻吟，他的灵魂燃烧着炽热的爱）

为了实现那种整体效果，为了表现"nuit d'ivresse et d'extasein finie（那个充满无限狂喜而又令人陶醉的夜晚）"，柏辽兹将目光转向他心仪的莎士比亚的《威尼斯商人》，在那里面，杰西卡[①]和洛伦佐回忆起过去那些传说中的恋人（其中就包括蒂朵和埃涅阿斯）。但是，那种狂喜气氛突然而又不祥地被打断，这一次，也是在歌剧中那个唯一神灵墨丘利的显现，是直接源自维吉尔的《埃涅阿斯纪》第4卷（p554—570），那个神出现在埃涅阿斯的梦中，并告诉他不要推迟离开（rumpe moras）。

埃涅阿斯的离开是命中注定的，蒂朵知道这一点：

[①]《威尼斯商人》中犹太富翁夏洛克的女儿，她最后抱着守财奴父亲的财产和情人洛伦佐私奔。

> Inutiles regrets! ······ je dois quitter
> Carthage! Didon le sait ······
> (遗憾是无用的······他必须离开迦太基。
> 蒂朵心知肚明······）

柏辽兹所描绘的蒂朵之死那动人心魄的场景，非常接近于维吉尔的叙述：

> IV.657-660:
> "felix, heu nimium felix, si litora tantum
> numquam Dardaniae tetigissent nostra carinae."
> dixit, et os impressa toro "moriemur inultae,
> sed moriamur," ait. "sic, sic iuvat ire sub umbras."

（"啊，要是特洛伊的那些船从未到过我们的海岸，那该有多么幸运，"她把脸靠在沙发上，接着说，"那样的话，我们就可以不必想着复仇而平静地死去，但是，还是让我们就这样死去吧。最好现在就让我们加入死者的行列。"）

> Je vais mourir, dans ma douleur immense submergée, et mourir non vengée.
> Mourons pourtant !
> （我就要死了，巨大的悲伤压垮了我，我不愿意就这样饮恨而终。即便如此，还是就让我们这样死掉吧。）

柏辽兹尤其为蒂朵在配乐声中无言的哭泣和呐喊所得到的评价而感到自豪。"很奇怪,"他写道,"在对我一向挑剔的那些批评家当中,没有哪个人对于我创造出这样一种声乐效果而提出过批评。我认为,即便他们感到恼火也是合情合理的。"这些呐喊是基于维吉尔对于蒂朵的狂乱状态的描述而形成的:

IV.589–590:

terque quaterque manu pectus percussa decorum

flav entisque abscissa comas

(有那么三四次,她的手用力捶打着她动人的乳房,撕扯着她的一头金发)

Didon parcourt la scène en s'arrachant les cheveux, se frappant la poitrine et poussant des cris inarticulés.

(蒂朵跑过舞台,她一边撕扯着头发,一边捶打着胸膛,并口齿不清地呼喊着什么。)

正如柏辽兹在他的《自传》中告诉我们的那样,早在孩童时期,他就被维吉尔有关蒂朵的最后时刻无与伦比的描述深深地触动。在他的歌剧中,他采用一种异曲同工的方式,几乎如实还原了他的先辈的描述:

IV.691–92:

ter revoluta toro est oculisque errantibus alto
quaesivit caelo lucem ingemuitque reperta.

（她在长沙发上翻了三次身。她那失神的眼睛捕捉到了天堂的亮光。当她看到那个亮光时，不禁发出了最后一声呻吟。）

　　柏辽兹的杰作，可以被看成是彻头彻尾的维吉尔式的作品。它绝不是粗糙的模仿之作。维吉尔的拉丁语音乐（它的格律以及它的音响）如此长久而又深刻地嵌在柏辽兹的脑海里，甚至可能在他将特洛伊的故事搬上舞台时，就全面促成了他的音乐理念——正如前面所表明的那样。这部歌剧所具有的魅力和影响，会让人不可思议地感受到阅读（以及聆听）维吉尔诗歌带来的体验。

第九章　爱德华·里尔在佩特拉

似乎凡人创造之手的工作并非

事先规划如踌躇幻想的体力劳作；

而仿佛被魔法从石头里催生，

永恒，无声，美丽，孤独！

赋予我这奇迹它保留在东方世界，

如一半时间古老的玫红之城。

——J.W. 伯根[①]，《佩特拉》

英国"纽迪吉特英语杰作奖"获奖诗歌，1840 年

被岩石包围的古城佩特拉[②]，唤起过很多维多利亚女王时代（1837—1901 年）的人的想象。伯根牧师针对一个他此前从未亲见的一个地方所写的获奖诗歌，让这座城市成为数百年来旅行家们向往的玫瑰

[①] 约翰·威廉·佰根（1813—1888 年），英国诗人和圣公会牧师，1876 年成为英国奇切斯特大教堂主持牧师。

[②] 约旦的一座古城，位于约旦安曼南 250 公里处，隐藏在一条连接死海和阿卡巴海峡的峡谷内，古代曾为重要的商路中心。自 1812 年以来，这里陆续发现了许多古迹。

色圣地。虽然十字军在佩特拉附近建立了城堡,但今天位于约旦王国南部地区的这座城市,从欧洲人的书籍和旅游日志中完全消失了。从古希腊和拉丁语文本可知,佩特拉曾是纳巴泰人①的都城,这个民族以其商业活动而闻名,尤其是将阿拉伯半岛南部的香和香料输送到地中海地区。②但是在1812年以前,在西方世界没有任何人见过这座城市,甚至连它的位置都不知道。

瑞士旅行家约翰·路德维希·布克哈特③冒充穆斯林,设法说服对他感到怀疑的约旦阿拉伯人把他带到那个著名的、他从报道中听说的古遗址。1812年8月,他经由那个被称为"西克"的峡谷(直到今天,它仍是进入那个城市的主要通道)被带进佩特拉。布克哈特进入佩特拉的腹地,看到了东部悬崖上凿就的那些大墓。他在描述这次旅行时平实而又准确地写道:"看起来,那些废墟……很可能就是古代佩特拉留下的东西。"④

布克哈特的发现引起了许多学者和冒险家的兴趣,他们冒险进入纳巴泰人的这个昔日都城。大多数旅行者都是从耶路撒冷出发,经由希伯仑和北部的内盖夫地区(在今巴勒斯坦南部),穿过死海南部潮湿的阿拉巴谷,然后进入艾多姆山区并到达那里的。由18世纪的法国画

---

① 在约旦、迦南南部和阿拉伯北部营商的古代居民,以阿拉伯人为主。

② 要了解这个城市的概况和它的人民,可参阅 I·布朗宁的《佩特拉》(伦敦:查托和温多斯出版公司,1973);G. W. 鲍尔索克的《古罗马时代的阿拉伯人》(马萨诸塞州剑桥市:哈佛大学出版社,1983);M. 林德纳(主编)的《佩特拉王国的历史》(第4版)(慕尼黑:戴尔珀出版公司,1983)。

③ 约翰·路德维希·布点哈特(1784—1817年),瑞士旅行家、地理学家和东方学家。

④ J. L. 布克哈特:《在叙利亚与圣地旅行》(伦敦:约翰默里出版社,1822),p431。

家利昂·拉博德绘制的有关南部城市的重要形象，被广泛传播而且大受推崇；[1]但是，就像在1838年到过那里、来自美国纽约联盟神学院[2]的著名旅行家爱德华·罗宾逊所说的那样，[3]拉博德的绘画在很多地方极不准确。例如，关于拉博德所描绘的佩特拉大剧院，罗宾逊写道："拉博德所展示的这个大剧院具有一流的视觉效果，但却不具有一流的准确性。"[4]直到1860年，弗朗西斯·弗里斯[5]第一次拍摄了佩特拉的照片，它们才充分证明爱德华·罗宾逊对于拉博德的批评是多么正确。[6]

在19世纪，多年来有关造访佩特拉的报道曾被系统地整理和研究，以便重新找到早就消失的古城特征、遗迹和植被。[7]不过令人吃惊的是，一个到过那个城市并详细描述了他的经历、还绘制了这个城市几个地区的图纸的游客，竟然被纳巴泰文明的研究者完全忽略了。

---

[1] 利昂·拉博德的《佩特拉之旅》（巴黎：吉拉德出版社，1830），该书记录了他在1828年的一次旅行。要了解拉博德眼中那个具有宏伟高大的拱门（现已不复存在）的西克峡谷，可参见布朗宁的《佩特拉》，p114。

[2] 位于美国纽约市中心曼哈顿地区，建立于1836年，是一所著名的神学研究生学院，同时也是美国最具声望的神学院之一。

[3] 爱德华·罗宾逊，《在巴勒斯坦和邻近地区的圣经研究：从1838年到1852年的一部旅行纪事》（伦敦：约翰默里出版社，1856）。

[4] 同上。

[5] 弗朗西斯·弗里斯（1822—1898年），专事拍摄中东地区和英国许多城镇的英国摄影师。

[6] 弗里斯所拍摄的那个大剧院的一张照片，可参见G.W.鲍尔索克的《古罗马时代的阿拉伯人》（图5）。

[7] 最初整理出来的一批、同时也许是最有价值的旅游者报告汇编，是R.布鲁诺和A.冯·德玛谢夫斯基开创性的三卷本作品《阿拉伯见闻录》（法国斯特拉斯堡：特鲁伯纳出版公司，1904、1905、1909）。

在本世纪初所制定的一份有关去过佩特拉的所有旅行者以及相关信息的名册上（该名册包括在1902年之前所有已知图文信息的涂鸦之作），一个名字明显"缺席"了：爱德华·里尔。①

以无与伦比的打油诗作家、严肃的艺术家和世界旅行者而著称的里尔，在1858年去了佩特拉。②对于这个随和而又感伤、一生备受癫痫病折磨的人而言，佩特拉之旅绝非易事。他刚刚到了那里，他的旅行计划就被当地部落的人打乱了——后者强行向他索要钱财，还抢走了他随身携带的大多数东西。在离开那个城市一个月后写给一位资助人的一封信中，里尔相当恼火地说："我在佩特拉的旅行经历可说是麻烦不断。你大概已经听说过，有两百多号人是如何对待我的。凡是稍微值钱一点儿的东西，他们几乎一样也没给我留下。他们后来倒是把手表还给我了，但是我所有的钱、手帕、刀子，等等，全都被没收了……西方国家的人不得不接受这种情况，因为我们在叙利亚或者巴勒斯坦乃至在整个东方地区，都没有什么影响力。也许我还应该感到幸运，因为我听说一些法国人在去那里旅行时成了他们的俘虏，有的人甚至还被他们杀害了——那些阿拉伯人（还有土耳其人）都很清楚，无论是法国人还是奥地利人，都休想不受惩罚地离开。"③

---

① 最初整理出来的一批、同时也许是最有价值的旅游者报告汇编，是R.布鲁诺和A.冯·德玛谢夫斯基开创性的三卷本作品《阿拉伯见闻录》（法国斯特拉斯堡：特鲁伯纳出版公司，1904、1905、1909）。

② 有关里尔探访的基本情况，见费雯·诺克斯的权威传记《爱德华·里尔：一个漂泊者的一生》（伦敦：英国广播公司，1985），p125—129。

③ 《爱德华·里尔书信集》，费雯·诺克斯主编（牛津：牛津大学出版社，1988），p154。

虽然如此，里尔还是带回了他所绘制的一些图画，后来还以迷人的笔触详述了他去纳巴泰人都城的这次旅行。这本图画小册子直到1897年4月、也即在他去世后将近十年才得以出版。① 里尔在叙述他的旅程的过程中，非常精确地描绘了地形细节。它可以使人们一步一步地追踪他在佩特拉的旅行路线，并且准确识别他在保留到今天的绘图中所展示的那些地方。里尔的传记作家们不熟悉那个古遗址，因此没有认识到这一纪录的学术价值，这是可以理解的。我们有机会通过里尔自己的眼睛去打量19世纪的佩特拉，这本身就是一种不同寻常的特权。而且，我们看到的是一个相对真实而全面的佩特拉。

里尔为了准备这次旅行，仔细研究了爱德华·罗宾逊的旅行记录，而且在希伯仑，他成功地让20年前给罗宾逊带路的同一个阿拉伯向导带他进入佩特拉。② 他们知道，当地部落会勒索试图通过那个狭窄西克通道而进入这个城市的旅游者，因此向导带着里尔从西南部山脉地区进入城市。1858年4月13日，他从西部边缘第一次瞥见了这个城市。他在日记中写道："我到达了那个空旷的地方，从那里，这座古城的整个地区和东部大片的悬崖都尽收眼底，我必须承认，和过去见到的其他任何奇观相比，这里让我感受到了更大的喜悦和新奇。"③ 这个城市地面上的古遗址在当时要比现在多得多。像其他旅游者一样，里尔报告说，他看见了"无数的石头，毁坏的庙宇，破碎的

---

① 里尔:《一个风景画家的日记》，麦克米兰杂志出版社，1897年4月，p410—430。里尔于1888年1月去世。

② 同上。p421。

③ 同上。他通过了"那根孤零零的、像哨兵一样矗立在周围废墟之上的圆柱"：这就是当地人所粗鄙地俗称的"通天炮"。

石柱",诸如此类。①

他从西部地区向东前行,并接触到那些壮观的岩墓。就和所有游客一样,让他感到惊叹的不仅是岩墓精湛的设计风格,还有石头特有的颜色。里尔写道,

> 我们越是靠近东部的悬崖,就越是能够感觉到它非凡的效果——岩石的色彩和光泽、以及建筑雕刻样式无不美轮美奂,完全超出我的期待。"啊,少爷,"吉奥尔希奥(他显然习惯于使用烹饪的比喻)[毕竟在那次旅行中,他是里尔的厨师]这样说:"我们这是到了一个什么样的世界啊,这里所有的一切都是用巧克力、火腿、咖喱粉和鲑鱼做的。"②

里尔和他的小团队继续向东行进,到达了西克峡谷后,开始深入城市所在的地方。里尔又顺着峡谷腹地行进了一段路程,然后回转方向并再次走出峡谷。于是,他看到了所有旅行者都看到并为之赞叹的那个十分宏伟、仿佛是从峡谷边缘突然出现的被称为"宝库"(Khazneh)的古物。"当我掉头返回时,"他写道,"看到了那个闻名遐尔的岩石神庙非凡的效果;它在峡谷这一端的对面,是在山边凿出的一座玫瑰色庙宇,它下半部分隐藏在猩红色的花海中。在幽暗的岩石缝隙的映衬下,它的整个结构似乎闪烁着耀眼的光芒。"里尔所描

---

① 同上。这些遗迹似乎仍保持着 R. 布鲁诺和 A. 冯·德玛谢夫斯基在《阿拉伯见闻录》中所记录的状态(p407 和 p421)。

② 同上。p422。

绘的几乎就在西克峡谷出口处的 Khazneh 的效果，充分展示了这个古迹的魅力，虽然它并不能准确地代表观者从西克峡谷内部看到的景象。这是如今保存在哈佛大学霍顿图书馆的里尔藏品中有关佩特拉的三张图画之一。

霍顿图书馆的那张图画，以及如今下落不明的另一张图画，完美地反映了里尔本人所描述的他在佩特拉第一天的审美和艺术活动。他从 Khazneh 向西行进，继续领略他所谓的"从峡谷通向东边那个大悬崖的全貌"。他形容自己是在"被开花灌木所包裹的河床当中"作画。保存在哈佛大学的另一张绘画，比较准确地显示了这一位置——它就是现在学者们所知道的 Nymphaeum（水神庙）。这张画的另一个版本，曾于 1985 年在伦敦皇家学会展出。① 这两张图画都展示出数量惊人而且种类丰富、但却很不幸地几乎从今天的佩特拉完全消失的植被。里尔所说的"河床"是瓦迪穆萨②的河道，当它完全干涸时，许多旅游者都会看见它，不过在雨季，尤其是到了春天，那里就会有汹涌奔腾的水流。正如我们看到的那样，里尔的绘画是作于 4 月 13 日。

接着，这位艺术家开始转移到他所形容的"一处景象混乱、有成堆倒塌的石柱的高地"。③ 曾被菲利普收藏馆④所收藏的一张绘画，清

---

① 《爱德华·里尔作品，1812—1888》，费雯·诺克斯主编（伦敦，1985），p110—111。

② 瓦迪穆萨是坐落在穆萨河边、离佩特拉古城遗址约 3 公里的小镇，也是每个到佩特拉观光的游客的必经之地。

③ 里尔：《一个风景画家的日记》，p422。

④ 美国第一家现代艺术博物馆，也是华盛顿特区最受欢迎的艺术博物馆，收藏了雷诺阿、梵高、莫奈、德加、塞尚、毕加索和克利等大师的绘画作品。

图 9.1　里尔，水神庙（Nymphaeum）的素描

图 9.2 里尔，Khazneh 的素描

图 9.3 里尔，佩特拉的油画

晰地记录了他在这一地点的创作。我们能够看到，他的画作极为准确地呈现出东部悬崖以及画面前景的某些人物的形象。里尔并不是很擅长画人物，因此毫不奇怪的是，当他在数年后将这一画作重新加工成一张大幅油画时，他将人物作了边缘化处理。[①] 很明显，里尔当时坐在瓦迪穆萨小镇那条地面向上倾斜的河道北侧，而且在那里，现代考古学家发现了一处纳巴泰人的寺庙，也即所谓的"飞狮之庙"。河道另一侧那处的上升地面，是佩特拉市场和其他几座寺庙的原址。那张素描图画和较大的油画，都清楚地表现了里尔在日记中所说的"成堆倒塌的石柱"。

最后，随着太阳降落，里尔开始描绘对面方向的悬崖。用他自己的话说，"最后在日落时，我开始描绘流向西部悬崖幽暗的入口处那条下行的河流"。[②] 哈佛大学保存的另一张图画也显然是在此时所绘。它展示了人们所熟悉的、位于过去所谓"雅典卫城"北侧的岩石台基，其顶部仍然耸立着一个小小的十字军城堡。

里尔能够在进入佩特拉第一天就做了这么多事情，当然是非常庆幸的，因为当他们的团队到达那里的消息传开以后，所有当地部落都决定向他们提出赔偿要求：要么是冠冕堂皇地向其"收税"，要么就是干脆勒索性地直接索要"小费"。一群群阿拉伯人几乎整夜围在里尔的帐篷周围。不过，他始终保持着出奇的冷静，在黎明前就起身并和三个向导向西部悬崖攀登，以便亲眼看到他无疑是从阅读罗宾逊的

[①] 我对那个希望保持匿名的这张画作的拥有者深表感谢。
[②] 里尔：《一个风景画家的日记》，p422。

日记中所知的一处古迹。① 大概过了一个钟头以后，他们到达了被称为 Deir（隐修院）的那处岩石古迹。那是一次艰难的攀登，但里尔享受这一过程的每一刻。虽然他发现了令人吃惊的景色，而且赞赏岩石和植被的色彩，不过和其他许多旅行者一样，他得出的结论是，相比于 Khazneh，隐修院本身多少有点儿令人失望，"它的色彩并不那样瑰丽，它的位置也并不那样诱人，不过倒也配得上我们为这次美妙的攀登所画上的一个圆满的句号"。② 从那高高的古迹之上，里尔能够向东方远眺，也能够回望他在前一天所看到的那些岩墓。

  里尔在去往 Deir 的过程中，似乎没有画任何素描。至少他在日记中丝毫没有提及这一点，而且我也不知道有哪张素描画和这个地带有关。里尔在这一行程所花的时间不会超过三个钟头。他及时返回宿营地吃早饭，并和那些纠缠他的阿拉伯部落居民颇为喧闹地争吵了一番。随着营地周围的气氛变得越来越紧张，里尔向他的团队成员发出了撤退的信号。即便如此，在成功地摆脱了可能受到的严重伤害以后，里尔又登上了那个剧院的屋顶，用了半个钟头时间画了另一张素描，或者至少他是这样告诉我们的——我还没有发现保留至今的出自那半个钟头的任何画作。③ 整个团队在 4 月 14 日中午之前，就带着远远少于他们初到此地时的私人物品撤出那里，好在他们自己的人身安全并未受到伤害。

---

 ① 同上。p424："所以，我让吉奥尔希奥看好我的帐篷，我试着去看看隐修院。"参看罗宾逊《圣经研究》，p140："因此，那个隐修院屹立于西部山脊峭壁之间，距离市区有超过半个钟头的路程。"

 ② 里尔：《一个风景画家的日记》，p425。

 ③ 同上。p426："我很快就从剧院屋顶上画完了那张画。"

里尔用风趣的语气讲述了他的佩特拉之旅，他所记叙的在那里所做的一切，让我们看到了他的智慧和人性。他的文字，他精致的素描，以及他出色的油画，构成了对19世纪中期佩特拉的一种无与伦比的记录。与此同时，他也让我们更多地看到了一个非常有吸引力的、属于维多利亚女王时代的人的勇气和好奇心。

第十章　布克哈特论古代晚期

雅各布·布克哈特去世后出版的四卷本《希腊文化史》(Griechische)，享有一种不值得羡慕的名声：它遭到当时最著名的古典学者全体一致和毫无保留的谴责。这些人都是无懈可击的权威人士——特奥多尔·蒙森、维拉莫维茨①、贝洛赫②和爱德华·迈耶③，他们常因观点不同而互相指责，但是在认定布克哈特的著作一文不值这件事上，他们的看法却出奇的一致。维拉莫维茨毫不隐讳地声称，如果他不把这句话说出来——"布克哈特的《希腊文化史》和学术研究毫无关系"——他就是一个胆小鬼。爱德华·迈耶的评价更具攻击性："这就好比某个人不知道最基本的数学原理，却非要写一本有关这一学科的书。"布克哈特本人对于《希腊文化史》会在他的专业同行那里得到怎样的对待，一直感到忧心忡忡，虽然在即将去世之际，他为了该

---

① 维拉莫维茨（1848—1931 年），德国古典学者，著名的古希腊历史和文学权威，研究当时历史学科中一些较为新颖的分支：历史科学的衡量标准、金石学、历史地理学、考据学和纸莎草学。

② 卡尔·朱利叶斯·贝洛赫（1854—1929 年），德国古典与经济史学家。

③ 爱德华·迈耶（1855—1930 年），德国历史学家，所著《古代史》叙述了公元前 4 世纪中叶以前古代东方国家、希腊和罗马的历史，提出在希腊和罗马的历史发展中也有过封建主义和资本主义，即"历史循环论"。

书顺利出版而修改了（他当时似乎一直不愿将这部作品公之于众）将近一半的内容。作为对那些了解文化历史并敦促他出版这本书的朋友的一种答复，布克哈特曾以他特有的敏锐洞察力表达了他的顾虑："不，先生，一个不属于那个专业团体而且如此可怜的局外人，可能不会去冒那种风险；我是一个异教徒和一个无知者，我那些可疑的观点会遭到那些博学者（Virieruditissimi）猛烈的抨击。是的，相信我，我了解那些人。"

这部著作直到20世纪50年代才译成英语。出版于1955年的一个意大利语译本，因史学家阿纳尔多·莫米利亚诺为其撰写前言而为更多人所知。最近几年，陆续出版了几本谈论布克哈特思想的书，提到了《希腊文化史》（其中包括德国学者詹森有关布克哈特和古希腊的著作①，以及德国哲学史学家埃贡·弗莱格对于布克哈特及其著作不合常规的诠释）。该著作对欧洲和北美（更不要说其他地方）的古代史专业研究几乎没有任何影响。这不能不说是一个遗憾，因为尽管《希腊文化史》有一多半内容有待完善，但它依旧包括很多不仅预见到、而且证实了当今有关古代世界的观点的内容，也指出了研究古代世界的方法。相比较而言，布克哈特出版于1853年的有关古罗马皇帝君士坦丁的早期作品，在作者生前就出了第二版（1880年），并在整个20世纪产生影响而且获得声誉。它带着愤世嫉俗的口吻对于君士坦丁的宗教政策的解释（这在很大程度上要归功于吉本对那个皇帝的形象的刻画），经常引起学术界争议。但是，这部书对于那个时代及其领袖的深入评价，对于当时的政策和宗教的尖锐分析，以及对于

---

① 指出版于1979年的《雅各布·布克哈特与希腊人》一书。

区域文化和艺术敏锐的鉴赏,一直让读者印象深刻。一个意大利学者在 1971 年的一部著述中,将吉本和布克哈特并称为"研究君士坦丁时代的两个现代史学巨人"。

由于在过去 30 年左右,对于古代晚期的研究已经成为古典历史学家和中世纪史学家的一块学术研究的沃土,因此,沿着《君士坦丁大帝时代》到富含方法论和精彩历史分析的《希腊文化史》,追踪一下布克哈特对晚期罗马帝国和早期拜占庭的认识发展过程,也是很有趣的。从表面上看,那部文字量很大的著名遗作,似乎根本没有引领读者进入古代晚期,而是将其考察范围局限于古风时期、古典希腊和希腊化时代。不过,布克哈特在其历史著作中故意打破按时间顺序的叙述模式的做法,使他能够广泛地援引来自不同时期的材料。他致力于考察他或许是有些天真地将其称之为"永恒的希腊"的东西:"我们将由此了解那个永恒的希腊(Wir lernen hier den ewigen Griechen kennen)",正如他在《希腊文化史》前言中纲领性地所写到的那样。这促使他展开一种我们现在所谓的同步叙述,而这必然意味着在许多节点使用来自古代晚期的证据。布克哈特从未放弃阅读后希腊化时代的古希腊历史资料,这也是为什么从《希腊文化史》当中获取有关这一主题的信息,似乎并不像看上去那样可笑。他从 1864 年有关屈梭多模[①]的出色而又具有开创性的讲演,表明了他在其职业生涯中期能够就古希腊所做的事情,而且他在《世界历史沉思录》一文中对于古代晚期的思考证明,他对于后古典文化的精心研究,是他对整个欧洲

---

① 屈梭多模(约 40—约 115 年),公元 1 世纪罗马帝国时代的希腊演说家、作家、哲学家和历史学家。

历史进程的思考不可分割的一部分。他在19世纪80年代发表的有关中世纪文化的三次主要演讲的片段，包含了对于罗马帝国和古代晚期的大量反思。这个主题对他而言显然非常重要。

布克哈特对于罗马和早期拜占庭时代的希腊文化的兴趣有深刻的根源。从1839年到1840年，奥古斯特·柏克①在柏林有关希腊古典文化和艺术的课程，必然给布克哈特研究古典世界的方法带来了很大的启发，早在1847年研究艺术史的过程中，他就给他的朋友爱德华·索恩堡写信说："我读了很多老作家的书，包括古典文学中的垃圾之作；阿普列乌斯②写得还不错，卢西恩的作品也很精彩，我正在读他的书，我想了解过去的希腊。《罗马皇帝传》③（*Scriptores Historiae Augustae*）完全是在胡诌，但倒也有趣……我现在对于古代史研究有了前所未有的激情。"这一时期的历史学及其作者，在19世纪中期很少受到青睐，甚至就连蒙森都从来未能将其出版的罗马历史进一步写到帝国时代，而且最近发表的蒙森关于这个时代晚期的授课笔记表明，现存的证据会让他感到多么不适，以及他对于那一时期的解读是多么粗糙。布克哈特的那种历史研究方法，非常适合于诠释和解读古代晚期文化（布克哈特本人也必然会意识到这一点）。虽然他从未考虑过围绕这一主题写一部作品，但他对其重要性显然心知肚明。

---

① 奥古斯特·柏克（1785—1867年），德国古典语言学家和历史学家。

② 阿普列乌斯（约124—约170年），罗马帝国时代拉丁语散文作家、哲学家和修辞学家，所著散文叙事作品《金驴记》讲述了一个被魔法变成驴的青年的人生经历，对后世影响深远；其哲学评论包括有关柏拉图的3卷书，其中仅存2卷。

③ 一部拉丁文的罗马皇帝传记(作者不详)，包括了从皇帝哈德良到努梅里安这段时间的所有皇帝，全书分为30篇，成书时间大约在戴克里先和君士坦丁统治时期。

美国学者卡尔·克里斯特在15年前强调了这一点，当时他第一次主编并出版了布克哈特有关古代晚期的大纲笔记全文；瑞士历史学家卡奇在他有关布克哈特的大部头传记的第6卷当中，只是摘录了大纲笔记的一小部分内容。

曾经是出色的历史教师的布克哈特，像一个勤奋的学生那样思考古代历史。在深入考察《世界历史沉思录》中那些古典信息来源的过程中，作为该书作者的布克哈特，经常感受到那种历史初学者所面临的困境。围绕这一主题已经有过诸多学术研究，因此人们可能会合乎情理地认为，一个学生需要做的，就是查询权威性手册和专题论文。布克哈特以其鲜明的语言所作的评论，反映了他在《希腊文化史》前言中以更加微妙的方式所表达的基本观点。这些是来自《世界历史沉思录》的笔记内容："在古典历史研究方面，已积累了大量的劳动——尤其是收集和构建。初学者会发现，针对每一个你能想象到的主题，都可以找到大量学术性作品——各种手册或者至少是专题论文，以及这样或那样的汇编或者选集。一个人是否还能搞出新花样让人怀疑。事实上，相比于已经问世的大量手册（涉及国家、法律、宗教、道德、法律、艺术等），任何形式的独立工作，在很大程度上似乎都是没有意义的。不管你在这方面做什么事情，仿佛都只是在拾人牙慧。"

看到一个学富五车的人竟然不能免除对于开始从事古典研究的绝望感（特别是在第19世纪德国大学的环境中），这是令人吃惊的。那些忙于创建所有这些手册与汇编的学者，那些不知疲倦地针对某个主题的文本摘录展开研究，或者希望一点一点地重建古代佚本的学者却能够认为，他们正在做某种有价值的事情。作为最伟大的古典学专家之一的蒙森肯定是这么认为的。布克哈特对于收藏者和摘录者的糟糕看法，是他公然否定古典学家的价值的一种反映。作为奥古斯特·柏克、罗伊森[①]和兰克的一个追随者，他坚持与特弗里德·赫尔曼[②]的语言学领域保持距离。虽然年轻时的蒙森对历史充满激情，但正如在其生命晚期那部为他赢得诺贝尔奖的著作[③]所表明的那样，他的大部分工作时间都用于编辑、收集、摘录和修补工作。他遇到的那些最具创新性的头脑（比如柏克或者布克哈特）并不合他的口味。当布克哈特在他的《希腊文化史》开篇处宣布他是一个Nichtphilologe（非古典学家），因此读者很可能会不时地发现他犯的语言学上的小错误（einphilologischesVersehen）时，他也宣布了他在历史学研究中特有的"自由"，并且要求他的学生和读者与他一起分享这种自由。

布克哈特希望逃离历史事件的束缚，特别是政治事件："Auch sind die'Ereignisse'das, was am ehestendurch Bücher zu erlernen（事件就是那种最容易从书本上学到的东西）。"布克哈特希望避开这些东西。他宣称自己的任务就是："为希腊历史的解读过程赋予更多的思想和观点，并在理解导致古希腊文化发展和毁灭的原动力基础上，回顾和探究希腊生活得以延续的原因。"当布克哈特在1872年第一次讲授希腊文化史课程时，给人们带来了一缕多么新鲜的空气啊！即便在今天，这一主题也具有挑战性而且令人兴奋。将近20年前出版的《君士坦丁大帝时代》表明，当时布克哈特在还没有形成明确理论

---

① 约翰·古斯塔夫·罗伊森（1808—1884年），德国历史学家。
② 特弗里德·赫尔曼（1772—1848年），德国古典学者和语言学家。
③ 指蒙森获得1902年诺贝尔文学奖的《罗马史》。

的前提时，已经开始实践他的古代史研究风格，而且他必定已经意识到，基督时代初期的第4世纪的历史进展，为导致希腊人生活的"原动力"提供了一个完美的舞台。

这本书基本上并未忽略君士坦丁的成功过程的政治要素，但它对于宗教和社会的解读令人耳目一新。论述范围涵盖地中海世界、题为"Das Heidentum und sein Göttermischung（异教与诸神）"的有关宗教与神话结论（使用了文本和图画形式）的那一章，在其出色的"点彩派"①风格的技巧方面，领先彼得·布朗②在《古代晚期的世界》中所使用的同样的技巧（通过大量有说服力的细节，以点带面地进行具有启发性的阐述和评论）一个多世纪。从19世纪80年代的授课笔记可以明显看出，布克哈特始终心仪这一课题研究。他对自己的各种提示仍然引人注目，例如，"其他宗教新闻，作为宗教一个诞生地的近东地区……千禧年主义，狂喜，预言，以及强大的禁欲主义"。

在《世界历史沉思录》当中，布克哈特详细探讨了那些用于他认为应撰写的那种历史的信息来源的处理方式。他再次攻击了那些古典学家："……这取决于所使用的称谓：专业古典学家完全不同于只对历史感兴趣的人，以及只对常规刺激物感兴趣的人。"布克哈特非常看重诗歌的重要性。他认为赫西俄德的《工作与时日》应当全文背诵并牢记于心。悲剧、喜剧和抒情诗都具有教育意义。布克哈特极具前瞻性地认为，隽语对了解希腊人非常关键，而且，这对于通过《古

---

① 或称新印象派，新印象主义，原本是指继印象派之后在法国出现的美术流派，这里是指该风格在历史学研究领域的应用。

② 彼得·布朗，出生于1935年7月26日，普林斯顿大学历史学名誉教授，在古代晚期的历史学研究方面卓有建树。

希腊文选》①这样的出版物理解古代晚期尤其适用。为了撰写古希腊晚期历史，布克哈特同样以他非凡的预见性研读了古代小说——朗格斯②、色诺芬和赫利奥多罗斯的作品。我在 1994 年完成了《作为历史的小说》一书时，才意识到布克哈特当初所采取的研究方式是多么有效。他还坚持从古代数学、地质学和医学文献中发现其他有价值的证据。而且最重要的是，他强调修辞学具有不可替代的作用。

布克哈特意识到修辞学对于理解希腊文化具有绝对重要的意义，这使他再一次远远领先于他所在的时代。过去 20 多年，在历史学家当中对于修辞学兴趣的复苏，是对于他当初观点的正确性的完美回应。他以非凡的远见，识别出研究智术师对于了解古代晚期历史的重要性。他在《世界历史沉思录》中指出："所有现代历史学家都应当准确地知道这一切；有关古代的任何独立描述都不是空洞和无意义的……其中一个例子就是，对于后古典时期的智术师所采用的柏拉图辩证法夸张的模仿和复制。"在《世界历史沉思录》后面部分，布克哈特明确地讨论了在整个公元 5 世纪的后古典时期希腊宗教制度的变革，并指出了"理性主义的延续以及语言和修辞辩证能力的运用……这种能力历经古希腊城邦、竞技场和剧院的公共生活，以及所有艺术的变迁而继续得以存在；语言是最后的遗存之物"。布克哈特在《希腊文化史》第 3 卷有关"做礼拜的历史"这一章末尾，再次鲜明地重

---

① 共五卷本，涵盖了从古典时代到拜占庭时期的希腊文学作品（主要以诗歌为主），1822 年首次出版。

② 古希腊传奇小说《达佛尼斯和克洛伊》的作者，生卒年不详（根据推测，是公元二三世纪左右）。

申了对于古希腊晚期的这一观点,他写道:"归根结底,辩证法和修辞学以及诙谐短诗,是从古典时期最后遗留下来的东西。当城邦、体操、艺术和哲学的遗存开始没落或者完全改变以后,希腊语言仍然生机勃发。"

大约在 30 年前,我认为我在《罗马帝国的希腊智术师》一书中认同智术师对于历史的重要性,等于是在做某种新的事情,因为古典学术界早就吸收了维拉莫维茨的看法,那就是,古代晚期的智术师,是被他们的传记作家斐洛斯特拉图斯过分夸大的微不足道的人物。但是,对于智术师的研究不断进行,并取得了更多新的成果,到最近几年,我们又读到了有关这一主题的最新长篇专著——德国学者托马斯·施密茨所写的出色的著作《教化与权力》,这是一本必然会温暖布克哈特的心灵的书。牛津大学历史学教授艾弗利尔·卡梅伦撰写了《基督教和帝国修辞》,而彼得·布朗呈现给我们的是《古代晚期的说服与修辞》。

和 19 世纪其他学者不同(包括柏克、罗伊森和蒙森),布克哈特认识到,罗马帝国推动了希腊文化的延续。正如他在《世界历史沉思录》所写到的以及在《希腊文化史》中数次重复的那样:"世界文化出人意料的好运气,来源于罗马人的希腊精神,我们应当把知识遗产的持续性完全归功于此。"因此在某种意义上,如果对于古代晚期没有深入了解,布克哈特很难着手撰写他的《希腊文化史》。令人惊奇的是,沿着《君士坦丁大帝时代》回溯是展示古典和希腊化时期的希腊人最适当也是最自然的途径。布克哈特的方法在任何叙述节点上都从未如此具有同步性,以至于他忽视了随着时间推移产生的变化,而且尽管他高调而有意地回避叙事史,他还是确认了那些具有明显不同性质的大时代。它们是以广义的类别为特色的,比如各个时代的不同的人——具有英雄主义精神的人,殖民地化的人,尚武好斗的人,以及具有希腊化精神的人。今天没有人会以这样的措辞区分和描述不同的时代,但是,布克哈特构建它们的方式为书写文化史提供了一个模板。

布克哈特认为(他在《希腊文化史》的前言中作了阐述,在《世界历史沉思录》中也作了简洁的表达),诠释希腊文化的任何事物,都不是多此一举或者微不足道的:"丰富的希腊精神的印记,能透过最破旧不堪的复制品而展示出来。"这条原则堪与年鉴学派的历史研究方法媲美,但布克哈特同时代的人中,却没有一个能利用这一原则开展研究。莫米利亚诺曾经错误地批评布克哈特忽略了希腊人的财务、家庭和爱这些平凡的主题。事实上,这些主题在《希腊文化史》中都有所体现,其中第一项(财务)仅以某种相对具有局限性的方式加以阐述,是出于一个简单的原因:文化史不是经济史。然而,让布克哈特的著作独树一帜的原因,是他注意到希腊生活中非理性的一面,这一发现早于 E. R. 多兹[①]撰写他的具有开创性的作品《古希腊人与非理性》将近一个世纪。

布克哈特对于希腊流行传统中妖怪、魔鬼、吸血鬼和狼人的分析,恰恰属于他对古代晚期的深刻认识能够为他带来极大帮助的一个领域。为了获取这方面的素材,他广泛参考了公元 2 世纪的旅行家

[①] 埃里克·罗伯森·多兹(1893—1979 年),爱尔兰古典学者,牛津大学希腊语钦定教授。

帕萨尼亚斯[1]以及3世纪的编年史家兼小说家的斐洛斯特拉图斯的作品。他颇为睿智而又大胆地将异教徒普遍信仰的超自然形象与君士坦丁所坚信的站在他这一边并为他作战的天兵天将进行比较。布克哈特所撰写的有关古典时代的第一部作品和最后的作品，在涉及古代晚期这一主题方面都具有这种共同点。他在评论文化史时这样写道："君士坦丁大帝的天上的军队，至少就他们能被基督徒和异教徒都能感知到而言，就是人间军队的复制。"在对于希腊人的梦境的详细诠释的过程中，布克哈特远远超越了通常对于经典悲剧的引用方式。虽然他没有援引阿里斯·阿里斯蒂德乌斯[2]任何内容离奇的有关梦的日记令人惊奇，但他还是有意识地引用了保存至今、来自公元2世纪阿特米多勒斯[3]有关梦的解释的手册，一本尽管在翻译过程中有很多内容作了删节处理，但对弗洛伊德却产生过重要影响的著作。它也是一本对于古代世界的性和无意识的现代研究而言极为重要的著作。

此外，关于梦的主题，就像在其他地方一样，布克哈特再次从他自己所处时代的角度指出了那些显著的差异性。他清楚地意识到，在19世纪，模仿古希腊人在德国是一种时尚，但他并不认同这种做法。文化史并不是一个民族自以为是的实践过程，在他的著作前言中，他嘲讽学校强调古典训练的做法毫无价值，因为一旦考试结束，学生就会把学到的东西忘得一干二净。他清醒地知道，古希腊历史并不比世

---

[1] 帕萨尼亚斯（143—176年），希腊旅行家、地理学家和历史学家，著有《希腊志》一书。

[2] 阿里斯·阿里斯蒂德乌斯（117—181年），古希腊演说家和作家。

[3] 阿特米多勒斯·达尔狄安诺斯，公元2世纪的职业占卜者和预言家，著有《梦的分析》一书。

界其他国家的历史更重要,在这方面,他的话对20世纪后期同样有价值。在强调了温克尔曼、莱辛、歌德和席勒的作品相对华丽的古典主义风格,以及同样具有古典主义色彩的《古典学的历史》①的主导地位之后,他冷静地评价说,埃及和亚述②的古迹,欧洲的史前遗迹,人类学家对偏远部落和地区的最新调查以及对于人类社会语言起源的研究表明,古希腊在世界民族史当中仅占很小的一块地方。人们或许可以想象维拉莫维茨或者蒙森的追随者对此结论可能产生的愤慨。爱德华·迈耶也许更能认同他的观点。

但是,布克哈特会失去像迈耶这样如此有影响力的学者的好感,因为他拒绝参与各种学术引用的游戏。他只会调用古代证据,而不加入现代学者围绕各种假设或猜测展开的讨论。在这个问题上,他试图接触到更广泛的受众,并让自己的视野变得更加清晰。那些杰出的专业学者发觉这种态度完全不可接受。一些影响力相对较小的人,却看到了布克哈特的做法的优点,而在这方面,他们当中的一个——古斯塔夫·毕莱德③——的溢美之词值得铭记。在一个新千年开始之际,它也同样会给我们带来某种奇特的熟悉感:"仅仅因为一个人没有读过一些乱七八糟的东西,不熟悉最新的假说,我们就认为,他带给我们的有关古希腊人的形象在本质上是假的,这难道不是很可笑的吗?"

在许多方面,布克哈特作为一个研究古代的历史学家的关键性工作,是他从1864年5月开始讲授的屈梭多模其人其作的讲座。这项工

---

① 维拉莫维茨的一部知名作品。
② 古代西亚奴隶制国家,位于底格里斯河中游。
③ 古斯塔夫·毕莱德(1873—1929年),瑞士古典语言学家和历史学家。

作也是他最为不朽的古典学术研究成就之一,而且直到1978年,在屈梭多模的研究方面仍被描述为"所获得的总体评价最高"。布克哈特认为,屈梭多模现存的80篇演说稿,是研究图拉真(关于这个古罗马皇帝,至今没有任何历史描叙甚至传记存在)统治时期的文化的一个珍贵的切入点,这一观点是正确的。布克哈特所感兴趣的并不是一般意义上的流传的事实,而是那个遥远但却重要的罗马帝国时期的实际生活,这也是他的典型特征之一。他的讲座是从"历史应该是什么"这样一个纲领性声明开始的——历史不仅仅是对过去的事实同时也是对过去生活的观察和表达。引用屈梭多模是有充分理由的,因为他标志着一个历史转折点——从奥古斯都创建并由图拉真大张旗鼓地重建的罗马帝国统治的清晰有序的世界,转向一个由中晚期柏拉图主义、各种奇迹的创造者、人为的拟古主义以及渊博敏锐的修辞学家代表的神秘主义的世界。对于布克哈特而言,从图拉真过渡到哈德良标志着一个重要转变,而在这方面,按理说他是正确的。

在这里,相当有趣的一点,是布克哈特对于在公元2世纪的古代晚期文化心态的把握和诠释。同样,在他20年后一直讲述到公元1000年的中世纪的课程中,他追溯到2世纪的历史,并阐述了君士坦丁帝国的本质。大约一个世纪后,彼得·布朗在哈佛大学杰克逊讲座中讲授了题为"古代晚期的形成"的课程,他对这一时期的解释和布克哈特如出一辙。布朗认为,古代晚期是在公元2世纪和3世纪时期形成的。他的这一主题明显是对理查德·萨森[①]的《中世纪的形

[①] 理查德·威廉·萨森爵士(1912—2001年),牛津大学教授,英国著名的中世纪历史学家。

成》一书的还击。在很大程度上和布朗一样,布克哈特也看到了地中海地区历史的形成过程。不过,他独特而又无与伦比的成就是他将屈梭多模识别为一种过渡的象征。布克哈特充满同情地记叙了屈梭多模对财富和世俗奢华的弃绝,但他显然更加欣赏屈梭多模对于词藻华丽的修辞学家、追求时尚的哲学家,以及其他思想"万灵药"供应者的蔑视。屈梭多模的朴素和克己的形象,与苏格拉底和第欧根尼的伟大传统一脉相承,而且虽然一些哲学家惯于从表面上模仿他们的先辈,但屈梭多模具有看清他们的欺诈行为的眼光。他本人更愿意被看成一个大众哲学家。第欧根尼作为一个大众哲学家原型,后来再次出现于《希腊文化史》令人印象深刻的叙述中,布克哈特这样形容这位著名的犬儒主义者:"他是一个真正快乐的悲观主义者,他摒弃了被各种痛苦和损失所威胁的生活的大部分,并用克己、健康和自由来接受生活余下的部分。"

屈梭多模完全不能忍受那些新型的修辞表演家、自命不凡的修辞学教师和智术师。他们利用技巧和博学,以便赢得公众喝彩的怪异而又充满奇想的演说,并不属于屈梭多模所认同的希腊精神。布克哈特明确指出,屈梭多模不止一次强调:"我不是一个修辞学教师。"布克哈特将这句话翻译成德语:"Dennich bin kein Rhetor",听上去很像是他在《希腊文化史》序言中骄傲地自称是 Nichtphilologe(非古典学家)。他是一个面向大众的教授,他在那个序言中说:"这里提到的那位教师,始终是一个热爱学习的学生。"我们似乎很容易从布克哈特笔下的屈梭多模身上看到他自己的影子,并从他描述的那些修辞学教师和智术师那里看到他强烈鄙视的一种形象。1864 年的授课过程,既追溯了古典希腊和希腊化时代的希腊，也描述了君士坦丁大帝时代的情况。它所采取的向一个如此类似布克哈特本人的学者表示敬意的形式，足以证明布克哈特对于古代晚期进行了何等深入的思考。

但是，布克哈特始终无法摆脱他所处时代的烙印，尽管他希望成为他这个时代的第欧根尼。虽然他有关古代晚期的大部分观点都非常新颖而且富有远见，但其中也有一些内容并非如此，而且在今天仍旧不能令人满意。我们不妨密切关注一下摩西·芬利[1]是如何赞扬布克哈特对"agon[2]"在希腊生活的中心地位这一"绝妙的发现"，这是一种未被人们注意的发现，因为就像芬利所评价的那样，"今天几乎没有哪个专业古代历史学家阅读《希腊文化史》（或者说，即便他们阅读过，他们也并未承认这一点）"。柏克、罗伊森和卡尔·奥特弗雷德·米勒[3]等人一定会对布克哈特发现了"agon"的重要性这一说法感到惊奇，而且布克哈特自己也会很惊讶地得知，是他赋予了"agon"在希腊生活的中心地位。他认为，"agon"在希腊文化发展过程的一个阶段的确极为重要，但他同时发现，"agon"最终转变成一种否定竞争的社会性，并预示着希腊城邦衰落的个人主义。谦逊之态以及自我隶属于社区这一身份特征，随着某个狄密斯托、伯里克利或者亚西比德的崛起而消失，因为这些人完全有能力在相当大的范围内我行我素（行善抑或是作恶）："现在，我们面对的是成为其领导性人

---

[1] 摩西·I.芬利爵士（1912—1986年），一位在美国出生的英国古典学者。

[2] 一个有多种含义的古希腊词，一般指一种斗争或竞赛。这里是指在古希腊的公共节日举行的体育、战车、赛马、音乐或文学方面的比赛。

[3] 卡尔·奥特弗雷德·米勒（1797—1840年），德国历史学者。

物化身的城邦的多样化形象。"或许是受到摩西·芬利的影响，史学家莫米利亚诺甚至将布克哈特所描述的、在崩解的城邦时期的个人主义视同为古典主义的竞争精神，与此同时，他显然将个人看成具有竞争精神者的一种变形。

问题是（正如我们已经看到的那样），布克哈特在《希腊文化史》最后一卷对于希腊文化的探究性叙述，是依据对希腊人的不同分类而进行的；用布克哈特的话说，他基本上是按时间顺序对各个阶段的古希腊人加以刻画的。因此，我们首先看到的是殖民地时期的希腊人和具有尚武精神的希腊人，按照顺序，接下来就是公元前5世纪和公元前4世纪的希腊人，然后是希腊化时代的希腊人。这种会让任何现代读者感到吃惊的叙述手法，暗示出一种可以继续加以分类的民族性格。这些显然是布克哈特宣称他从一开始就寻找的"永恒的希腊人"的子类别。这种历史分析更多的是属于19世纪的哲学语境，而不是属于历史编撰学语境，但是毫无疑问，正是布克哈特的叙述方式的这一特征，让他的作品在第三次人文主义浪潮时期的高级祭司那里大受欢迎。当《希腊文化史》的首个英语版本问世时，恰逢沃纳·耶格尔[①]的《希腊文化理想》的英语译本（译者为吉尔伯特·海特）声名远播，这可能并不是偶然的。在普林斯顿大学图书馆，詹森的《雅各布·布克哈特与希腊人》事实上就摆放在《希腊文化理想》旁边。耶格尔的著作伴随着第三次人文主义浪潮进入美国，而且在那里持续的时间比在德国多了一代人之久。那种"永恒的希腊人"的理念对如今的我们来说是陌生的，正如它对于希腊人本身而言也是陌生的

[①] 沃纳·耶格尔（1888—1961年），德国古典主义学者。

一样。

在布克哈特的作品中，那些更让人难以接受的19世纪的观念，隐藏在他对希腊人的健康与美丽的叙述中。也许那些民族社会主义者会认为，这些观念的吸引力丝毫不亚于"永恒的希腊人"。在《希腊文化史》中，没有哪一章内容会比这部著作最后一卷的序言更让一个读者感到如此不适。作者将希腊人的身体素质和那些会天然地传达各种理想的艺术表现形式联系在一起："艺术也是一个种族的美感强有力的见证。一个丑陋的种族，不可能随心所欲地产生出这种艺术，而且，在艺术中的美通常在现实中也必然存在。"这种探讨变得越来越让人感到尴尬。古希腊人对美的重视远远超过今天的我们，因此，他们最终都培养出远胜于我们的健康的体魄。对于一个自诩其诠释的古代生活乃是真实存在的生活的历史学家而言，将美和健康的这种结合是一种过分简单化的做法。在布克哈特的时代，那种仍很流行的温克尔曼对于希腊人的体魄狂想式的叙述，似乎对布克哈特的创作产生了深刻的影响。

但是在《希腊文化史》、《世界历史沉思录》当中，甚至在从19世纪80年代以来的授课片段中最让人难以接受的观念，或许是一概将古代晚期描述为一种衰落期（Untergang）。在有关屈梭多模的讲座中，布克哈特向人们介绍了在屈梭多模时代之后的 die sinkende alte Welt（旧世界的衰落）。对他来说，随着个体的崛起（他们不再具有一种社会竞争精神）而导致城邦发生的全面改变，使希腊堕落为基督教帝国的联合世界的一部分。授课片段强调了基督教教会非凡的团结与稳定，即使在面对异端思想、反叛和异族野蛮入侵的时候也是如此：

"教会的生活依赖于它的团结……教会始终是一个整体，即使帝国分裂或者被野蛮人彻底摧毁。"从某种意义上说，布克哈特是在解决莫米利亚诺在一篇有关一神论和统一帝国之间关系的重要文章中提出的问题。这对他来说的确是个问题，因为罗马帝国尽管是崇拜多个神的，但它和基督教帝国一样是统一的，或许是更统一的。英国学者加尔斯·弗顿在其最近有关普世主义和英联邦的著作中，从更广义的层面探讨了这个问题。但是相比之下，布克哈特对于这个有趣的问题的探讨过程中，预先假定了在创建一个基督教帝国进程中某种民族力量的式微。他有关德国民族主义充满激情的笔记，暴露出他对于强迫性一元化体系的抗拒，因为他将这种一元化视为正统权威的保护伞。

这样的观点与现代思维相距甚远——后者在衰落的旧世界当中，看到了一个充满活力的新世界的诞生。不能认为古代晚期的新世界劣于旧世界，两者只是不同而已。然而，其最强大的力量之一并未逃过布克哈特锐利的眼睛，那就是苦行主义和坚忍克己越来越大的重要性。在这方面，他对于 Weltflucht（遁世）的描述具有坚实的基础，而且直接指出了它对于异教徒时代希腊传统价值观的影响：Verdammung der antikenRuhmliebe, amor laudishumanae（古希腊人对于荣誉和他人赞美的热爱受到了诅咒）。毫无疑问，布克哈特在这里想到的是希腊人所谓的 philotimia——一种对于世俗认可和名声（通常可以用来换取各种捐赠和服务）的痴迷心态的崩溃。在《希腊文化史》第 4 卷当中，布克哈特指出 philotimia 是个人主义兴起的直接后果："随着那些杰出人物的出现，对于名声的追求（philotimia）与日俱增。"无论是对于古代晚期的基督教徒还是对于异教徒而言，philotimia 的世俗力量以及它被精神激励取而代之的过程，只是最近才在现代学术研究中得到关注，而这离不开对于社会组织的人类学研究。弗吉尼亚大学教授、历史学家 J. 兰顿的最新著作《荣誉帝国》，甚至将 philotimia 描述为整个罗马帝国社会的支柱。然而，布克哈特早就找到了他在这方面的相关研究方法，即便他采取的具体途径似乎指向了错误的方向。

布克哈特有意识地远离他所在时代的学术辩论，以及他甚至拒绝接受时新学术文献的做法，使他进入到希腊古典哲学主流研究向其他人"屏蔽"的多个领域。现代读者可能会发现他唯一一个错误的方面，就是他过分依赖文献来源。他在《世界历史沉思录》正确地指出，碑刻和遗址是他想要描述的古代世界的重要证据，但一个令人遗憾的事实是，虽然他有过这样的信念，却几乎从未使用过这样的证据。他甚至没有提到过硬币，即使稍微翻阅一下埃克赫尔[①]有关钱币学的著作，也能够发现康斯坦丁时代的古钱币对于他本能青睐的那种解释有多么重要。布克哈特去世得太早，以至于未能看到让贝洛赫如此兴奋、如雪片般地来自纸莎草纸的新证据。但是，他原本完全可以像使用艺术作品那样大量而又富有创新性地使用各种铭文，可是他却没有那样做。人们不能不怀疑，蒙森和他的弟子们金石学研究的重要影响力是否让他望而生畏，以至于离开了这个必然能够提供丰富信息的领域。毕竟，他熟悉那些人。

必须承认，不受约束的原创，永远都将缺少约束过程必然会提供的那些支持性细节，从而使其说服力受到影响。但是，布克哈特跨度

[①] 约瑟夫·希拉里乌斯·埃克赫尔（1737—1798 年），奥地利神父和古币研究家。

将近 50 年（从 1853 年《君士坦丁大帝时代》的问世持续到他去世那一年）对古代晚期思考的范围和力度，证明了他在诠释那个长期遭到忽视的领域方面付出了多么大的努力。他向现代历史学家指出了那一研究途径，尽管如此，后者看来更愿意自行其是地达到目标。

书目注释

关于《希腊文化史》(*Griechische Kulturgeschichte*) 和有关屈梭多模的讲演，我的引述出自包含《希腊文化史》内容、由菲力克斯·施顿海林主编的 *Gesamtausbe* 第 8–11 卷（斯图加特：菲拉克斯－安施塔特出版社，1930 年–1931 年），以及由埃米尔·杜尔主编的第 14 卷本的讲演内容（1933 年）。在 *Gesamtausbe* 第 8 卷的序言中，施顿海林详述了伯克哈特对于《希腊文化史》的修订过程，以及他迟迟不愿出版的原因。我的那些出自相关通信以及古斯塔夫·比利特部分评论的引述，都可从那个序言中找到踪迹。由希拉·斯特恩翻译、并由奥斯温·默里撰写序言的《希腊文化史》英语简化本，以 *The Greeks and Greek Civilization* 这一书名出版（伦敦：哈珀出版公司，1998 年）。关于《世界历史沉思录》(*Weltgeschichtliche Betrachtungen*) 的介绍，我的引述出自彼得·甘兹的 *Über das Studium der Geschichte*（慕尼黑：贝克出版社，1982 年）。关于对《希腊文化史》的早期评论以及希腊历史解读的相关问题，参见 E.M. 詹森的 *Jacob Burckhardt und die Griechen*（阿森市：范戈库姆出版社，1979 年）。关于 19 世纪 80 年代伯克哈特的中世纪讲座资料所涉及的古代晚期笔记，参见卡尔·克里斯特有价值的学术论文"伯克哈特思想断片分析"，该论文出自H.杜哈特和M.施伦克主编的 Festschrift für Eberhard Kessel zum 75. Geburtstag 慕尼黑：芬克出版社，1982年），P25-37。这篇论文提供的信息远远多于在 Jacob Burckhardt: eine Biographie 瑞士巴塞尔：施瓦布出版社，1977年）一书中，由W.卡奇撰写的 Kultur des Mittelalters 一章的概括性叙述（第6章：P147-272）。A.D.莫米利亚诺为《希腊文化史》意大利语版（佛罗伦萨：桑索尼出版社，1955年）所写的序言依然很重要：它在 Secondo Contributo alla storia degli studi classici e del mondo antico（罗马：历史与文学出版社，1960年）一书中被重印（P283-298），并被G.W.鲍尔索克和T.J.康奈尔主编的 A.D.Momigliano: Studies on Modern Scholarship 的英文修订版（伯克利：加州大学出版社，1994年）一书收录（P44-53）。蒙森关于罗马帝国的讲座内容，现在可见于由A.德曼特主编、亨塞尔夫妇所记录的内容详实的笔记：Römische Kaisergeschichte（慕尼黑：贝克出版社，1992年），它的英语译本名为 A History of Rome under the Emperors（伦敦：劳特利奇出版社，1996年）。摩西·芬利关于伯克哈特的评论，可见于他的 Ancient History: Evidence and Models（纽约：维京出版公司，1986年）一书，P1-3。关于S.考尔德伦对吉本和伯克哈特的评价，参见W.邓波儿主编的 Le culte des souverains dans l'empire romain 第19卷 Entretiens Hardt（日内瓦：哈特基金会出版社，1973年），P242。关于屈梭多模讲演的持久价值，参见C.P.琼斯的 The Roman World of Dio Chrysostom（马萨诸塞州剑桥：哈佛大学出版社，1978年），以及托马斯·施密茨关于第二代希腊诡辩学家的著作，其完整书名为 Bildung und Macht:Zur sozialen und politschen Funktion der *zweiten Sophistik in der griechischen Welt der Kaiserzeit*（慕尼黑：贝克出版社，1997年）。关于philotimia的新近著作，是J.E.莱顿的*Empire of Honour*（牛津：牛津大学出版部印刷所，1997年）。关于彼得·布朗对于古代晚期研究的影响的广泛讨论，参见发表于*Symbolae Osloenses*（1997年）中的争论（"重温古代晚期的世界"）（P5-90）。我要感谢托尼·格拉夫敦，是他提示我关注温克尔曼在魏玛古典主义时期大受欢迎的著作：*Gedanken über die Nachahmung der griechischen Werke in der Malerei und Bildhauerkunst*。

第三部分　第 20 世纪

第十一章　新的旧世界

1881年，在哈佛大学的桑德斯剧院，一个著名的文化和学术团体上演了索福克勒斯的《俄狄浦斯王》，而且他们使用的是为这次演出精心准备的一个希腊文本的版本。来自伦敦和芝加哥的批评家与朗费罗、惠蒂尔[1]、爱默生和亨利·詹姆斯坐在一起。同埃德温·布斯[2]一道演出的美国演员乔治·里德，在剧中扮演男主角。在年轻的表演者中还有未来的小说家欧文·威斯特[3]，未来的莎士比亚学者基特里奇[4]，以及未来的作曲家约翰·诺尔斯·潘恩[5]。虽然许多评论家赞不绝口，但一家波士顿报纸刊登了一封观众来信，认为这部剧的情节

---

[1] 即约翰·格林利夫·惠蒂尔（1807—1892年），美国诗人，最著名的诗包括《赤脚的男孩》和《笆笆拉》等。他在很多诗中维护普通工人的权利并抨击奴隶制度，表达了广泛的同情心。

[2] 埃德温·托马斯·布斯（1833—1893年），19世纪美国演员，以擅长演出莎士比亚戏剧著称。

[3] 欧文·威斯特（1860—1938年），美国作家，被称为"西部小说之父"，代表作是《弗吉尼亚人》。

[4] 即乔治·李曼·基特里奇（1860—1941年），哈佛大学教授和英国文学学者，莎士比亚研究专家。

[5] 约翰·诺尔斯·潘恩（1839—1906年），美国作曲家和音乐教育家，也是美国本土第一位音乐教授，其创作和教学活动对美国音乐发展有深远的影响。

"渎神而可憎"。不过爱德华·埃弗雷特·黑尔[1]牧师在一次讲道中声称,索福克勒斯的这部戏剧完全符合基督教信仰。

这次令人难忘的经典文化赞助活动,点燃了全国各地的大学对于希腊和拉丁戏剧的激情。它是在向很早即是美国艺术、政治和道德的一种强大诱因和推动力的古典著作致以敬意这一背景下突然发生的。这种致意从17世纪以来就采取了不同的形式,但其强度从未减弱过。从建立于1636年的哈佛大学在初期对于年轻牧师的培育,到开国元勋的公民理想以及托马斯·杰斐逊和约翰·昆西·亚当斯深厚的古典学养,狄摩西尼[2]、西塞罗和维吉尔这样的作家的著作,一直激励着众多美国人。他们的新共和国将古罗马共和国视为它的原型,但是,随着这个国家不断发展并陷入野蛮的自相残杀,希腊作为更加有效的榜样而进入它的国民的视野。雅典的民主鼓舞了美国北方,它所依赖的奴隶制激励了美国南方。在1881年哈佛大学上演的希腊戏剧,乃是源自美国国内的一种丰富的古典主义遗产。

在关于这个迷人的主题的著作中,斯坦福大学历史学家卡洛琳·温特洛这样解读那部希腊戏剧及相关的后继作品:它们是从公民义务基础向私人自修平台转变的"一个生动的古典主义例证"。这太简单化了。温特洛强加给自己1910年这个人为的时间节点,只是遮掩了正在继续发生的情况。希腊文化在美国的发展与在大西洋另一端

---

[1] 爱德华·埃弗雷特·黑尔(1822—1909年),美国作家、历史学家和传教士。
[2] 狄摩西尼(公元前384—公元前322年),古代雅典作家、演说家和政治家,曾领导雅典人民进行近30年反对马其顿王国的斗争,其辩论演说被称为《金冠辩》,至今仍被公认是历史上最成功的雄辩艺术杰作。

的情况非常相似。和在美国一样，19世纪20年代的希腊革命在欧洲产生了强大的反响。它激发了像英国的雪莱（"我们都是希腊人"）和美国的爱伦·坡（"光荣属于希腊"）这样的诗人的想象。

地中海国家之旅培育了这种新的精神，并使欧洲人和美国人的思想逐步远离"属于罗马的伟大"（爱伦·坡在《致海伦》一诗中盛赞之语的另一半[①]）。在欧洲，罗伊森创作的《希腊化时代史》（1877—1888）和格罗特创作的《希腊史》（1846—1856）以及其他许多相关作品，打开了一个足以取代18世纪罗马的希腊历史和文化的新世界。毕竟，欧洲教育游历的必经之地通常包括意大利，但不包括希腊或者中东的圣地。甚至就连对希腊雕塑赞不绝口、并为古典艺术的未来研究指明道路的J. J. 温克尔曼——18世纪伟大的德国艺术史家——都从未去过希腊（他在意大利工作并在那里辞世）。但是在19世纪，人们发现了东方的地中海。在1812年，瑞士人约翰·路德维希·布克哈特是第一个见识过佩特拉的现代西方人，而美国人爱德华·埃弗里特[②]在1819年去过雅典和希腊其他地方。德国人卡尔·奥特弗雷德·穆勒在1839年去了特尔斐[③]并复制了碑文。

美国的古典主义和欧洲的古典主义的关联，是了解这一整体现象的基础。美国人既感受到来自欧洲同时代人的竞争，同时也羡慕他

[①] 原诗整句话是"光荣属于希腊，伟大属于罗马"。

[②] 爱德华·埃弗里特（1794—1865年），美国政治家和历史学家，曾任马萨诸塞州州长（1836—1840年）、哈佛大学校长（1846—1849年）和美国国务卿（1852—1854年）。

[③] 希腊古都和著名历史遗迹，为阿波罗神殿所在地。在古希腊神话中，太阳神阿波罗常在此宣布神谕，因此特尔斐（Delphi）有"聪明、智慧"之意。

们。这可以从18世纪最后阶段,词典编纂学家诺亚·韦伯斯特[1]对于学术界对罗马历史的痴迷所作的反应中充分体现出来。面对吉本的《罗马帝国衰亡史》的巨大成功,韦伯斯特在1794年写道:"英国人尤其突出的虚假品位,最清楚不过地表现在他们对于作为历史学家的吉本不加选择的过度赞美当中……只要一个人用最认真的态度去阅读此人的著作,他最终都会发现,作者所记录的有关罗马的实质性内容相当有限;尽管如此,他却会始终牢记一点——吉本是一个措辞最为优雅的作家。"

19世纪见证了因德国学术发现(Wissenschaft)而强化的这种新旧世界之间的紧张关系;通过德国教科书的翻译和曾在德国受训的教授的教学,这种发现及其成果得以逐步传入美国。哈佛大学的乔治·马丁·雷恩[2]以一篇有关古代士麦那[3]的论文而在哥廷根大学获得博士学位,尽管他在今天更多的是因题为"一个鱼丸"的打油诗(20世纪中叶流行歌曲"一个肉丸[4]"的前身)而为人所知。如果说返回美国以后的雷恩未能维持德国古典主义的高水平,那么另一个在柏林学习,并同样在哥廷根大学获得博士学位的美国学者取得了成功。他就是美国南方人巴泽尔·兰诺·吉尔德斯利夫[5],他可以说是最伟大的美国古典学学

---

[1] 诺亚·韦伯斯特(1758—1843年),美国辞典编纂者、拼写改革倡导者和政论家,被誉为"美国学术和教育之父"。他的蓝皮拼字书教会了五代美国儿童怎样拼写。在美国,他的名字等同于"字典",尤其是首版于1828年的著名的《韦氏词典》。

[2] 乔治·马丁·雷恩(1823—1897年),美国语言学者。

[3] 今称伊兹密尔,土耳其西部港市,濒临爱琴海伊兹密尔湾,自古即为贸易中心。第一次世界大战时被希腊占领。1921年,土耳其资产阶级革命取得胜利,并于次年收复其地。

[4] 在英语中,"肉丸"有"讨厌之人,无趣之人"的含义。

[5] 巴泽尔·兰诺·吉尔德斯利夫(1831—1924年),美国古典学学者。

者，而且很重要的一点是，他也是美国南部邦联的一个热心支持者。

吉尔德斯利夫丰富的希腊知识与美国教育体系毫无关系。他是从他的父亲、一个长老会牧师那里学习希腊语的，而且在五岁时就能够阅读圣经的《圣约翰福音》原文。他还以同样的天才掌握了其他语言。他很早就酷爱歌德的作品，后来还去了这个诗人的德国家乡旅行，并聆听了当时一些最伟大的古典学者的教诲。当他回到美国时，他开启了辉煌的职业历程。他先是在弗吉尼亚大学、然后在约翰霍普金斯大学任教，并在后者那里推动创立了北美第一份重要的校园古典杂志。他在杂志上有关品达①的《奥林匹亚竞技胜利者颂》一诗的评论，在今天仍然具有启发性。

吉尔德斯利夫始终将自己看作美国南方人，在南北战争期间，他为当时的《里士满观察者报》撰写了大量充满激情的论评文章。他代表南部邦联所表达的心声，反映出充满激情的爱国主义和渊博学识的一种罕有的结合。他在1863年将希腊的伯罗奔尼撒战争和这场美国战争的比较，至今仍然令人印象深刻。然而，他显然对南方胜利的前景并不看好，并且预言了南部邦联的失败："就像雅典城在长笛音乐的伴奏声中被彻底攻破一样，美国第五大道的大理石建筑物，也将在班卓琴的乐曲和人骨的碎裂声中被夷为平地。"（温特洛在她的文献中列举了吉尔德斯利夫在《里士满观察者报》发表的最出色的文章，但她没有提及它们的价值，也忽视了它们与美国古典主义之间的关系。）

---

① 品达（约公元前522年/518—公元前442年/438年），古希腊抒情诗人，有"抒情诗人之魁"之称，是希腊作家中第一位有史可查的人物。他的合唱歌对后世欧洲文学有很大影响，在17世纪古典主义时期被认为是"崇高的颂歌"的典范。

从高雅的绅士文化到艰涩的语文学分析,美国以多种形式全面接纳了 19 世纪对希腊文化的爱好。根据温特洛的说法,直到 1881 年哈佛大学的那场戏剧演出之后,希腊悲剧才变得越来越流行:"例如,在 19 世纪的纽约,上演最多的希腊悲剧是欧里庇得斯的《美狄亚》,在 1845 年和 1881 年之间至少上演了 14 次,使用过普契尼①的歌剧形式和英语译本两种形式。"在哈佛大学上演的戏剧是某种全新的东西。它是用希腊语表演的,而且使用了看似一种货真价实的文本和表演技巧。

总体而言,哈佛大学的演出是对来自国外挑战的一种回应。在 1880 年,牛津大学巴里欧学院用希腊语排演了埃斯库罗斯的《阿伽门农》。这一演出本身反映了当时对于古典戏剧演出越来越大的兴趣,而且它对哈佛大学上演的《俄狄浦斯》是一种明显的启发。在美国演出的这些戏剧,不仅是一种相当大的社会性的成功,它也通过其最新编辑的文本和演出的高质量提升了国际学术研究的门槛。私人化的自我文化鉴赏与它毫无关联,但公众的自我表达愿望的确与之有关,不仅在美国范围内如此,而且对于欧洲来说也是一样。

希腊戏剧注定将拥有漫长的历史。在麦基姆—米德—怀特建筑公司②设计建造了哈佛体育场之后,它的封闭式圆形古典造型,很快就就使它在 1906 年 6 月成为公众欣赏精心制作的《阿伽门农》的圆形露

---

① 即吉亚卡摩·普契尼(1858—1924 年),意大利歌剧作曲家,19 世纪末真实主义歌剧流派代表人物之一。共有作品 12 部,成名作是 1893 年发表的《曼侬·列斯科》,著名的有《艺术家的生涯》、《托斯卡》、《蝴蝶夫人》和《西方女郎》等。

② 在 20 世纪初崛起的美国著名的建筑公司,公司创始合伙人是查尔斯·弗伦·麦基姆(1847—1909 年)、威廉·卢瑟福·米德(1846—1928 年)和斯坦福德·怀特(1853—1906 年)。

天剧场。这次宏大的演出虽因蒙蒙细雨天气而让人略感扫兴,但它几乎吸引了和1881年的《俄狄浦斯》一样的关注。它也深深触动了曾与欧文·白璧德①一道倡导旨在阻止社会科学兴起的所谓新人文主义的保罗·埃尔默·穆尔②。穆尔在1915年写道:"我在哈佛大学体育场看到了一些年轻的业余爱好者表演的《阿伽门农》,尽管他们的演技相对粗糙,他们的合唱堪称拙劣,并且使用的是一种我基本上很难听懂的语言,但我仍然感觉到,有一种比现代舞台上产生的任何东西都更高级的戏剧形式,而且在情感诉求方面,埃斯库罗斯的艺术甚至比莎士比亚还要更加深刻和持久。"

希腊戏剧在1933年卷土重来,与其一道进入人们视野的,还有年轻的未来文学评论家、曾在索福克勒斯的戏剧《菲洛克忒忒斯》中扮演奥德修斯的哈里·莱文,而且在1939年,年轻的伦纳德·伯恩斯坦③为阿里斯多芬的《群鸟》的一次演出(一个当代评论家此前曾将其比作少了大象的巴纳姆贝利马戏团④)谱写了乐谱。1956年4月,在《俄狄浦斯王》演出的钻石周年纪念活动期间,索福克勒斯的《俄

---

① 欧文·白璧德(1865—1933年),美国文学评论家,新人文主义美学创始人之一,反对浪漫主义,相信伦理道德是人类行为的基础。著作包括《新拉奥孔》、《民主与领袖》、《论创造性》等。

② 保罗·埃尔默·穆尔(1864—1937年),美国记者、评论家、散文家和基督教护教论者。

③ 伦纳德·伯恩斯坦(1918—1990年),美国指挥家和作曲家。曾荣获"桂冠指挥家"的称号,纽约爱乐乐团有史以来第一位土生土长的音乐总监。代表作品有《赞歌148》等。

④ 一家曾被称为"全世界最出色的马戏团"的美国马戏团公司,1919年由J·A·贝利和P. T. 巴纳姆创立。

狄浦斯在科罗诺斯》在福格艺术博物馆①庭院里用希腊语上演，埃里希·西格尔②扮演克瑞翁③，而我本人扮演那个信使。坐在前排的都是一些杰出人物，包括本身是古典主义学者的哈佛校长④，在20世纪30年代离开德国的两个著名古典学者赫伯特·布洛赫⑤和沃纳·耶格尔。那部用一种几乎无人能够听懂的语言而上演，而且恐怕没有哪个古希腊人会识辨出来的希腊戏剧，仍然能够通过其亚里士多德式的怜悯和恐惧的混合而对观众产生感染力。另外，布洛赫和耶格尔让人无法忽视的在场，标志着美国与德国的希腊文化的融合。

因此，哈佛大学的希腊戏剧的影响贯穿了整个19世纪，并推动了世界古典主义从古罗马转向古希腊的重大转变。古典作品在美国所发生的情况，乃是正在欧洲发生的转型的一部分。这种从纯粹的语文学研究到强调文明和文化、从而更趋于情境化的探索手段的转变，是肇始于德国，并通过在那里学习的美国人而到达美国。在这些人当中，于1817年在哥廷根大学获得博士学位的哈佛大学的爱德华·埃弗雷特，以及于1820年在同一所大学获得博士学位的乔治·班克罗夫特⑥，是在初期最具影响力的人物。埃弗雷特的希腊之旅使其掌握

---

① 1895年创建的哈佛大学艺术馆。

② 埃里希·西格尔（1937—2010年），美国当代著名作家，毕业于哈佛大学，在校时曾是田径运动员。后在耶鲁大学教授古典文学和比较文学，主要作品有《奥德赛》、《奥利弗的故事》、《男人、女人和孩子》、《医生》、《爱情故事》等。

③ 即在《俄狄浦斯在科罗诺斯》中的希腊国王这一角色。

④ 指从1953年到1971年担任哈佛校长的内森·马什·普西。

⑤ 赫伯特·布洛赫（1911—2006年），哈佛大学古典学名誉教授，希腊史学、罗马金石学和考古学、中世纪禁欲主义以及古典文化和文学传播研究领域的权威。

⑥ 乔治·班克罗夫特（1800—1891年），美国历史学家和政治家。

的有关当地景观和古希腊人遗迹的第一手知识，极大地丰富了他的教学活动。在19世纪中叶担任埃弗雷特教席的科尼利厄斯·菲尔顿教授[①]，也曾广泛游历希腊。他们都感觉到自己有义务把他们的古典学知识传达给自己学生之外的更广泛的公众。正如温特洛所表明的那样，古典文化在19世纪的公众当中的传播，让越来越多不曾受过大学教育的人可以接触到这一领域。古典作品的创作、传播和赏析，成为进入上流社会的一种有效途径，特别是对于女性而言。

"美国的古典主义"这个名词几乎是一种误导。正如 J. G. A 波考克所指出的，就像在欧洲有许多启蒙运动一样，古典主义也有很多种。18世纪美国古典主义的重点是罗马，而且始终关注原始文本解释，这完全不同于19世纪基于更广泛和更独特起源的德国古典主义。有一种看法是，美国人可以与欧洲最出色的学者竞争，而那部希腊戏剧就是这方面的象征。巴泽尔·兰诺·吉尔德斯利夫的学术研究也是这方面的证据。在18世纪末的下一代美国人当中，有更多的人在德国顺利完成了希腊研究，并在回国后作出了具有国际重要性的贡献。比如普林斯顿大学的戴维·马吉（德国哈勒-维腾贝格大学博士学位，1904年）和伊利诺斯的威廉·艾伯特·奥德法泽（慕尼黑大学博士学位，1908年）。

新人文主义者认为（温特洛有时也似乎仍然坚信这一点），社会科学的兴起并不是古典文化的敌人。卡尔·奥特弗雷德·穆勒关于希腊神话的心理学意义大胆而又富有成果的推测，要追溯到1825年。

[①] 科尼利厄斯·菲尔顿教授（1807—1862年），美国教育家，曾任希腊文学教授和哈佛大学校长。

卡尔·马克思和马克斯·韦伯都可以说是彻头彻尾的专业古典学者，他们在政治科学和经济学方面的新视角在今天仍然重要。即使攻读古典学的大学生数量有所下降，我们也有必要认识到，古典学在同一时期也成为几个新兴学科不可分割的一部分，尤其是人类学、政治学、经济学、比较宗教以及科学史。古典学在历史和哲学这些更传统学科中也自然地占据了一席之地。这是从在课堂上翻译深奥难懂的古典学文本，到对其进行深入解读这一转变过程的一部分。它绝不是一种退步。

在她的那部著作的结尾，温特洛记录了美国考古学的诞生以及美国在海外建立的研究中心。这一过程的显著标志是1879年的美国考古研究所，1881年的美国驻雅典古典研究学院，以及1894年更具广泛基础的文化单元（包括绘画、雕塑和建筑）——美国罗马学会的建立。这三个机构在今天仍然蓬勃发展，它们都代表着起源于19世纪的埃弗雷特、菲尔顿等人的探索之旅的一种自然进化。但是，美国再次参与了完全具有国际性质的文化发展过程，而且再次急于赶上国外的竞争。法国雅典学院在1846年建立，不过它直到1870年才真正站稳脚跟，也就是在这一年，谢里曼[①]开始了他的特洛伊发掘。德国考

[①] 即海因里希·谢里曼（1822—1890年），德国考古学家，希腊古典时代以前远古文化发掘与研究的开拓者。他坚信荷马史诗所述特洛伊战争皆属史实而非虚构，并认定土耳其小亚细亚半岛东岸的西萨立克就是特洛伊城址。1870年后，他组织发掘并发现了城垣街道遗址，从而印证了荷马史诗称颂的特洛伊城的富裕和王宫的宝藏，使整个西方学术界为之震动。为了进一步印证荷马史诗的历史内容，从1874年到1876年，他又相继在史诗提到的其他希腊古城迈锡尼、克诺索斯、梯林斯、奥尔霍迈诺斯发掘，也取得了惊人的成果。正是经过谢里曼的发掘和研究，学术界才开始认识到希腊古典时代之前，确有一系列灿烂的古代文化，从而揭开了欧洲古代史研究的新篇章。谢里曼的考古实践，也使他成为欧洲现代大规模考古发掘的先驱，为普及考古学作出了重大贡献。

古研究所驻雅典的分支机构在1872年建立，并在1875年开始发掘奥林匹亚[1]。德国人在第二年启动了在梯林斯[2]的考古工作，并在1878年开始发掘土耳其的帕加马[3]遗址，这项工作直到今天仍在进行中。

急于把古典学学生送到国外的美国人，至少能够赶在英国人之前（他们于1886年在雅典建立了自己的研究机构）进驻了雅典。对文物和发掘过程的新兴趣似乎使那种完全基于文本和文本批评的古典主义黯然失色。对于一些人而言，这似乎是一种退步或者损失，但是对另一些人而言，这是一种解放。考古学让现代学者和游客以文本从未提供过的一种方式与过去直接接触，而且这种考古学不需要考古爱好者首先接受研究传统古典主义通常所必需的艰苦的希腊语和拉丁语训练。古典文化在视觉方面的影响无疑是巨大的。

古典建筑在美国有一个古老而光荣的传统，但专业考古学的兴起为雕塑、绘画、陶器、钱币和各种小物件的欣赏提供了新的动力。它鼓励了私人和博物馆的收购行为。温特洛用了五页有趣的文字，记录了在亨利·弗里茨[4]的倡议下在密歇根大学的那家博

---

[1] 即古奥林匹亚遗址，得名于希腊传说中诸神会聚的奥林波斯山，为古希腊宗教圣地和举行奥林匹克运动会之处，距雅典370公里。

[2] 希腊迈锡尼文明的一个重要遗址，距离爱琴海不远。在希腊神话传说中，梯林斯城是大力神赫拉克勒斯出发完成他著名的十二项伟绩的地方。

[3] 原是密细亚（安纳托利亚西北部）的一座古希腊殖民城邦，距爱琴海约26公里。城市本身坐落在巴克尔河北岸的一个海角上。在亚历山大大帝东征之后，地中海地区进入了所谓希腊化时代，帕加马变成一个由独立王公统治的王国。在阿塔罗斯王朝统治下，帕加马一度成为一个相当强盛的国家。

[4] 亨利·西蒙斯·弗里茨（1817—1889年），美国教育家和学术管理者，曾任密歇根大学校长。

物馆①的建立，但是关于19世纪后期美国的多家博物馆及其收藏情况，实际上有很多值得讲述的东西。作者用了短短几行字，介绍了卢吉·帕尔玛·德·塞斯诺拉②，现在保存在纽约大都会博物馆那些塞浦路斯古物的那个行事古怪而又不负责任的收藏者，却丝毫没有提起同样古怪而且显然更有责任心的爱德华·佩里·沃伦③——波士顿美术馆相当数量的经典藏品都是来自他的收集。沃伦——马萨诸塞州一个富有的造纸商的儿子，体现了在美国存在的一种罕有的古典主义形式，虽然这种形式在有些国家并不罕见。他将古希腊人看成开明的同性恋爱[也就是英国人所说的Uranianism]的典范。因此沃伦搬到牛津，并购买了重要的古代艺术作品，其中有很多作品按19世纪后期的标准来看令人震惊。沃伦对于古典情色作品的热爱，领先于他的时代约有一个世纪之久——尤其是对他所离开的那个清教徒式的美国（虽然它看上去显得奢华而又俗丽）而言。

当然，古典学学者的工作方式通常根深蒂固。许多教授的研究和教学风格无疑是枯燥乏味的（其中很多人至今仍然如此），但他们并没有毁掉这一学科。对在课堂上侧重于语法和翻译的枯燥透顶的教授的攻击，早就不是什么新鲜事了。温特洛这样写道：19世纪初期的耶鲁大学教授詹姆斯·卢斯·金斯利，在认真地分析塔西佗的《阿古

---

① 指密歇根大学艺术博物馆。
② 卢吉·帕尔玛·德·塞斯诺拉（1832—1904年），美国纽约大都会艺术博物馆首任主管。
③ 爱德华·佩里·沃伦（1860—1928年），美国艺术收藏家，撰写过一系列提出以理想化的观点看待同性恋关系的作品。

利可拉①传》的过程中，郑重其事地告诉他的学生说，他们阅读的是"有关人类心灵最高贵的作品之一"。这一让人难以接受的评价无法不让学生们感到惊讶，但它和一个世纪后作为教授的 A. E. 豪斯曼令人吃惊的观点没有多少不同——就在快速离开教室之前，豪斯曼突然声称，贺拉斯的《颂歌》第四卷中第七首颂歌《雪融》(diffugerenives)，是"古代文学中最优美的诗作"。至少我们可以通过《什罗普郡一少年》②和其他诗歌表明，文本批评并不是豪斯曼的长项。同样值得一提的是，哈佛大学的一位知名教授在 20 世纪 50 年代后期曾宣布说，有关萨福的作品片断的主要价值，在于它们稀有的保存形式。人们永远不应当以这种学者言论为基础，去评价古典作品在美国文化或者欧洲文化中的意义。他们心目中的古典主义并不具有一种广泛影响，即使它偶尔会给学术研究增添亮丽的色彩（譬如豪斯曼这个例子）。

在 19 世纪末如此明显的古典趣味的转变过程，畅通无阻地延续到 20 世纪，这就是温特洛将中止叙述的时间选择在 1910 年会令人如此遗憾的原因。多种类型的古典主义在那一年并未结束。它们不仅继续"迁移"到其他新兴领域（尤其是借助于考古学和人类学的力量），而且那些严格意义上的古典学科本身急剧的自我繁殖趋势，也远远超出了 1910 年之前这个时间范围。在埃及的纸莎草纸的发现，开辟了一个崭新而广阔的研究领域，并在社会史和经济史方面产生了巨大影

---

① 尤利乌斯·阿古利可拉（公元 40—公元 93 年），罗马帝国将军和政治家，也是塔西佗的岳父。

② 英国诗人 A. E. 豪斯曼创作的诗歌，收录在其同名诗歌作品集中(该作品集共收录了他的 63 首诗歌)。

响。虽然阅读和理解这些来自古埃及日常生活的文件需要强大的语言和历史学技能，它们带来的兴奋感，却极大地促进了对于古代希腊和罗马世界的研究。曾在1902年获得柏林大学学位的美国古典学者威廉·韦斯特曼在1912年返回德国，作为一个年轻教授而拜师于乌尔里希·维尔肯（纸莎草学的开创者和研究大师）门下，这并不奇怪。韦斯特曼下决心向美国介绍这一新领域，并鼓励美国大学效仿欧洲大学，致力于收集和保护这些新发现的文件资料。

可以说，是韦斯特曼鼓励威斯康星大学邀请米哈伊尔·罗斯托夫采夫——一个逃离了俄国革命的相当博学而又充满活力的俄国学者——在威斯康星大学麦迪逊分校授课，后来罗斯托夫采夫又从威斯康去了耶鲁，他在那里成为他同时代历史学家当中的佼佼者。他是一个接受过专业训练的古典学者，但在实践中是一个对考古学和纸莎草同样在行的历史学家。他侧重于古代社会和经济史。作为美国历史协会会长，他为美国古典学研究带来了极大的声望，而且培养出一代杰出的弟子。韦斯特曼和罗斯托夫采夫的成就完全在温特洛的研究范围之外，尽管两人在1910年以前就很有声誉。他们体现了持续参与国际学术的20世纪美国古典学的蜕变。而且他们不仅仅是授课教授：韦斯特曼曾受伍德罗·威尔逊总统委派参加凡尔赛和平会议。他尚未发表的日记，是研究那一时期在公共生活中的古典主义的一份珍贵文件。罗斯托夫采夫年复一年（而且每每连续数月）地在炎热而又极其肮脏的环境下，在幼发拉底河河岸从事杜拉-尤罗普斯古城[①]发掘工作。

[①] 在叙利亚境内，幼发拉底河右岸。

温特洛有关古典主义的凄凉的故事,在叙述到学术变革过程时渐趋终止,她也由此错过了真正发生过的重要事情。在她的著作结尾处,展示了哈佛大学有关第二次世界大战以后的普通教育的报告,其寓意显然略带哀伤。不论是她还是撰写了那份报告相当部分内容的约翰·芬利[①],都未能理解一个事实:古典著作研究已跃过了传统课程的范围,开始在除古典领域之外的其他许多领域也占据一席之地。我们在跟踪古典主义过程中已经看到,有必要密切关注经济学、政治学、历史学、宗教研究、人类学、艺术史、考古学、科学史、哲学和比较文学的发展。如果和以前相比,精通希腊语和拉丁语的人越来越少,虽然令人遗憾,但是只要有人仍然掌握它们,这就不是灾难。我们不应该欺骗自己。在美国建立的早期阶段,学生们不得不为他们的教授从一些类似《古希腊文选》的图书中练习翻译一些片段,这种方式并没有产生真正称职的古典学学者。并不是这种训练丰富了托马斯·杰斐逊或者昆西·亚当斯的大脑;是他们自己的好奇心和深入阅读,才使他们获得了古典学带来的回报。

19世纪普通大众和专业学者对古典学的兴趣从罗马向希腊的转移,使得古典学对更多的读者来说,产生了更深广的意义和价值。希腊文化所受到的重视,不可思议地促进了罗马研究,原因在于,虽然(正如古罗马诗人贺拉斯在很久以前告诉我们的那样)罗马人征服了希腊人,但归根结底,在文化方面,被征服的希腊人征服了罗马人。或者说,那个伟大的钟摆摆回到罗马那一边的过程,固然是出现

[①] 约翰·休斯顿·芬利(1863—1940年),普林斯顿大学政治学教授,纽约州教育专员。

在温特洛的关注范围之外,但这一过程却具有最重要的意义。希特勒和墨索里尼都将罗马帝国而非希腊看成是他们的邪恶事业的榜样。曾经激励过美国开国元勋的罗马共和国不再重要,真正重要的是罗马帝国。了解正在发生的变化,并用生动的文笔对描述它的第一个古典主义者是罗纳德·赛姆,他的《罗马革命史》一书出版于1939年。它比照那两个大法西斯国家的情况,清楚地描绘了第一个古罗马皇帝恺撒·奥古斯都的崛起。古典学著作无论如何都没有失去它们的时代性。

第二次世界大战的余波,催生了在法西斯阴影下孕育的另一种古典主义。无情的征服过程和强化帝国主义而暴露的人类的贪婪和权力欲,导致了向更加哲学化的希腊精神的回归。与此同时,它产生了较少历史取向,而更多比较性的人文研究。这一时期的主要特色是新批评主义、文化人类学和比较宗教的兴起。在此期间,一个旨在"重新发现古希腊(很可能不同于现代希腊)的人文主义"的"希腊研究中心"酝酿成立。这个研究中心的位置特意先在华盛顿特区,这样做的目的是给这个国家的首都指引"前进方向"。雅克·巴尔赞[①]辛辣地评论说,整个过程"都完全像是在建立一所教堂"。这种卓越的战后希腊主义的另一种表现形式,就是在哈佛大学上演的《俄狄浦斯在科罗诺斯》带来的永恒的宁静感。

温特洛有理由去了解在20世纪最后几十年的古典学所发生的情况,因为那个伟大的变革钟摆再次发生了摆动。20世纪60年代的混

[①] 雅克·巴尔赞(1907—2012年),法国出生的美国历史学家,也是美国著名的史学大师,他以三十多部文化史和文化批评论著蜚声海内外。

乱状况，导致人们重新关注在希腊和罗马的混乱，尤其是关注希腊化时期（在亚历山大大帝和奥古斯都之间），以及在古代晚期拜占庭国家形成的动荡时期。在过去30年，对于古希腊城邦进行的如此多的研究是前所未有的。与此同时，古代晚期不是作为一个腐朽时代的余晖显露出来，而是作为一个充满活力的世界而出现的。它使人们对帝国衰落过程的整体概念产生质疑。其首部杰出的作品是有关"希波的奥古斯丁"的传记的彼得·布朗，尤其侧重于古代晚期的精神生活。他由此复原了古典学者和宗教学者之间的密切联系。但不仅仅如此，他和其他许多学者甚至看得更远，从权力中心（罗马、雅典、拜占庭、耶路撒冷）到遥远的权力中心的外围地带，他们致力于探索土著文化以及它们与传统古典文化之间的相互关系。从印度到斯堪的纳维亚，一扇面向全新世界的窗户已经打开。

多种形式的古典主义在1910年的美国并没有走到尽头。正如在之前几个世纪一样，古典学在20世纪展示出一种惊人的自我重建能力。这自然会让那些宁可保持原状的人惶惶不安。古典专业近年来受到来自它自己队伍中的维克多·汉森①猛烈的攻击，他的著作《谁杀了荷马？》和《人文主义的篝火》以其刺耳的标题，表达了对于未来的一种悲观看法。汉森和他的支持者希望我们都再次成为古希腊人，不管这需要付出怎样的代价。然而，正如我们无法赞同吉尔德斯利夫那种虽有原则却无法采纳的南方奴隶制主张，我们也无法再回归到拜伦和雪莱所体现的那种具有浪漫主义色彩的希腊精神。

---

① 即维克多·戴维·汉森，出生于1953年，美国军事历史学家、专栏作家、古典学教授和古代战争学者。

古典主义在美国和其他地方得以生存下来的主要原因，恰恰在于它的渗透力以及它的多种形式。对于许多不同的道德和政治体系而言，它同时具有教育和娱乐功能。它既能够厚待18世纪的一个占卜者，也能够帮助19世纪的巴泽尔·兰诺·吉尔德斯利夫和E. P. 沃伦。它具有一种成长和改变的能力，而这在西方精神生活历史中几乎是前所未有的。如果说某些教授生活在失业和研究部门关闭的恐惧中，那么古希腊和古罗马仍和过去一样，始终都会让普通大众感到敬畏，并给他们带来灵感。它们在今天的一个显著特征就是，它们仅仅贡献了全世界各种形式的古典主义的一部分。但是，既然柏拉图和西塞罗的地位应该与孔子、迈蒙尼德[1]和伊本·赫勒敦[2]等量齐观，那么，这一贡献必然可被视为充实了我们所有人的思想和精神。

---

[1] 迈蒙尼德(1135—1204年)，中世纪首屈一指的犹太教神学家和哲学家。迈蒙尼德在其《迷途指津》一书中藐视占星术，他是至今最有影响的犹太人哲学家。

[2] 伊本·赫勒敦（1332—1406年），中世纪阿拉伯著名哲学家、历史学家和政治活动家。

第十二章　诗人 C. P. 卡瓦菲斯笔下的朱利安

诗人卡瓦菲斯所出版的之前不为人所知的五首诗（都是有关叛教者朱利安的主题），以及他有关吉本的《罗马帝国衰亡史》的阅读笔记，不仅证明了诗人对于朱利安的痴迷，而且也显示了他的创作原则。[1]根据丰富的最新资料，尝试评价卡瓦菲斯所写的涉及朱利安的作品，对于一个历史学家来说也许并不是太放肆。因为据说他本人曾经宣称，他是一个历史诗人："许多诗人都只是诗人……我是一个历史诗人。"这句话可从1927年5月的一篇评论中得到确认，这篇评论是由卡瓦菲斯自己或是一位对他非常同情的朋友写的，它将卡瓦菲斯

---

[1]　关于这五首诗歌，可以查阅由雷娜塔·拉瓦尼尼筹划、雅典伊卡瓦斯出版公司在1994年出版的有关卡瓦菲斯 Ateli Poiimata[未完成诗歌]的完整版汇编。在那个版本中，这些诗歌的编号分别为6、7、13、22和附录4。戴安娜·哈斯的论文"分析卡瓦菲斯关于《罗马帝国衰亡史》的读书笔记"，也对我有很大帮助。我要感谢这两位学者在其作品面世之前，就慷慨地将副本提供给我参考，我同样感谢我的朋友和前同事乔治·萨维迪斯，是他首先提醒我关注保存在卡瓦菲斯档案馆的这些最新诗歌。1979年12月20日，我和萨维迪斯在哈佛大学的一次学术讨论会上，第一次将它们公之于众。1980年春季，萨维迪斯的儿子马诺里斯·萨维迪斯在其父亲和我本人允许下，将朱利安诗歌研究作为该学年我在哈佛最后一门授课（"古罗马基督教历史研究"）的学期论文的主题。他的论文充满真知灼见和有价值的引文。我必须高兴地承认，我从这篇论文中受益匪浅。最后，我还要感谢埃德蒙·基利对本研究的有益评论，以及对于卡瓦菲斯其人其作更加深入和广泛的讨论。

的创作分为三类：感性的、历史的和哲学的。据称在感情和历史类别中重叠的程度有时是如此之大，以至于将其分类变得异常困难，但不是不可能的。最新整理的有关朱利安的一些诗歌证明了这一点。

这些诗歌现在或可添加到目前已知的以朱利安为主题的诗歌中（总共7首）。因此，卡瓦菲斯关于那个叛教者皇帝的诗歌共有12首。很显然，没有其他任何历史主题能像朱利安这样，会让这个作家如此痴迷，所以，任何解释者都应当首先了解，为什么那个皇帝会有如此大的吸引力。这个问题特别重要，因为从之前出版的诗歌当中可以清晰地了解到，卡瓦菲斯原本并不是多么痴迷朱利安。对于罗马帝国最后一位异教徒统治者，他最初并无任何充满浪漫色彩的赞誉之词。卡瓦菲斯似乎热衷于除去晚期异教徒英雄身上的光环，并且揭露那种英雄主义式的骗局。对于一个撰写有关性欲和性接触、而且可说是属于最早之列的辉煌诗篇的现代希腊人而言，如此充满敌意的处理方式，似乎是一种悖论。我在这里所探讨的，正是一种有关感情和历史主题的混合物。

大部分有关朱利安的诗歌的日期都可以确定，虽然其中只有5首是在诗人生前真正发表过的。这些日期颇具启示性[①]：

1. 'Ο' Ιουλιανὸς ε'ν τοῖς Μυστηρίοις（朱利安在秘密宗教仪式上），写于1896年11月，死后发表；

2. Μεγάλη συνοδεία ε'ξι'ερέων καὶ λαϊκω^ν（伟大的牧师和信徒），

---

① 关于已出版诗歌的日期，见 G. P. 萨维迪斯在《C. P. 卡瓦菲斯诗集》（普林斯顿：普林斯顿大学出版社，1975）（E. 基利和 P. 谢拉德翻译，G. P. 萨维迪斯主编）中的注释。关于新发表诗歌的日期，见雷娜塔·拉瓦尼尼有关卡瓦菲斯 Ateli Poiimata（未完成诗歌）的完整版汇编。

可能写于 1917 年 3 月，是 1892 年 9 月一首诗歌的修改之作，发表于 1926 年 8 月；

3.᾽Αθανάσιος（Athanasios），写于 1920 年 4 月，未完成，迄今未发表；

4.῾Ο ε᾽πίσκοπος Πηγάσιος[帕加希奥斯主教]，写于 1920 年 5 月，未完成，迄今未发表；

5.῾Ο᾽Ιουλιανός, ο᾽ρω̑ν ο᾽λιγωρίαν [发现自己被忽视的朱利安]，发表于 1924 年 9 月，无确切成稿日期；

6.῾Η διάσωσις του ᾑ᾽Ιουλιανου̑[朱利安的救赎]，写于 1923 年 12 月，未完成，迄今未发表；

7.῾Ο᾽Ιουλιανός ε᾽ν Νικομηδεια̣[朱利安在伊兹米特]，发表于 1924 年 1 月，无确切成稿日期；

8.Huncdeorumtemplareparaturum[他会修理神庙]，写于 1926 年 3 月，未完成，迄今未发表；

9.῾Ο᾽Ιουλιανὸς καὶ οΘ᾽Αντιοχεῖς [朱利安和安提俄克人]，发表于 1926 年 11 月，无确切成稿日期；

10.ΟÃκ Ογνως[你不知道]，发表于 1928 年 1 月，无确切成稿日期

11. 无标题诗歌，首句是 Εἶχαν περάσει δέκα πέντε χρόνια[15 年过去了]，无确切成稿日期，未完成，迄今未发表；

12.Ει᾽ςα᾽περίχωρα τη̑ς᾽Αντιοχείας [在安提阿郊区]，写于 1932 年 11 月和 1933 年 4 月之间，死后发表。

由上面的清单可知，在有关朱利安的 12 首诗中，只有两首可以追溯到 1920 年之前；而在这两首诗歌当中，其中一首可能在 1917 年

做过修改，而且就连这首也一直保留到1926年才发表。目前可以认为，其他所有诗歌都撰写于1920年和诗人在1933年4月去世之间。几乎可以毫不夸张地说，在其生命的最后十年和人生四分之一的时间，是他最关注于探究和诠释朱利安的人生的时期。

然而，兴趣早已显现出来。有关朱利安对于神秘事物的忌惮心理，以及朱利安对待基督教十字架标记的态度的讽刺性描述，最早见于1896年11月——当时，卡瓦菲斯正在批判性地阅读吉本的《罗马帝国衰亡史》。正如戴安娜·哈斯在她对于卡瓦菲斯有关吉本的注释研究中充满赞叹地表明的那样，[1]19世纪90年代的那十年，对于卡瓦菲斯掌握罗马和拜占庭时代的希腊历史非常重要。她还指出，卡瓦菲斯是多么小心地将有关吉本的作品要点与帕帕里戈普洛斯所撰写的有关希腊人民历史的相关讨论进行比较，而且她提醒读者注意卡瓦菲斯对于早期基督教会的特别关注。诗人对于吉本针对"纳西昂的格里高利"[2]冷嘲热讽的否定，促使他在发表于1892年有关拜占庭诗人的一篇文章中对格里高利作出积极评价。[3]而且，从对吉本的注释中有关格里高利和狄奥多勒[4]的扩展引用部分（现在完全已经可以看到全部

---

[1] 参见本章首页注释4。

[2] 纳西昂的格里高利（约公元329—公元390年），公元4世纪君士坦丁堡的大主教．被广泛认为是教父时代最有成就的修辞学家之一。因出生于罗马帝国卡帕多西亚省纳西昂地区，故史称"纳西昂的格里高利"。

[3] 吉本曾谈及"格里高利肆意的谩骂"，卡瓦菲斯则使用相关引文回应说，"以前从未有哪个艺术家（格里高利）——此处使用艺术家这个词并无不妥——说过如此大胆的话。"关于1892年的这篇文章，见C. P. 卡瓦菲斯的著作《Πεζά》（雅典伊卡洛斯出版公司，2003) p62。

[4] 狄奥多勒（393—约457年），希腊教父，5世纪著名的基督教神学家之一。

第十二章 诗人 C. P. 卡瓦菲斯笔下的朱利安 | 203

引文内容）这一点似乎可以得出这样的结论：至少在当时，卡瓦菲斯能够接触到这两个教会作家作品的原始文本。

卡瓦菲斯必然会发现，他对于早期教会的研究，在某种程度上呼应了他自己的个人需求。他固然被基督教的魅力所吸引，但他在19世纪90年代所找到的最大慰藉，与其说是源自作为一个机构的教会本身，不如说是源自一个教会创立者的孤独的斗争。任何人阅读他针对吉本就西蒙·斯提来特[①]的描述给出的注释，都会感觉到他在撰写它们时所产生的那种强烈的感觉："这个出色的、不可思议的圣徒，肯定会在教会历史中被单独挑出来，作为赞赏和学习的对象。他也很可能是唯一一个敢于选择孤独的人。"[②] 有关这一角色的描绘和印记，可见于1917年7月有关西蒙的诗歌。从其初期的一系列主题性诗歌当中，可以很容易推断出卡瓦菲斯对于早期教会的兴趣。在 'Αἱ Ἀρχαὶ τοῦ Χριστιανισμοῦ'（基督教的开端）这一题目下，他列出了一组诗歌（大部分已经散佚），其中包括有关"朱利安在秘密宗教仪式上"和西蒙的现存作品。散佚作品的日期，都可追溯到19世纪90年代以前。

从那些年起，直到20世纪的头十年，卡瓦菲斯的基督教经验，因其竭力独自面对性本质的负疚感和痛苦感而复杂化。他写了一系列有关他的"孤独的情欲"。有一些尚未发表的材料可以证实，卡瓦菲斯的确曾受到显然过度自慰的折磨。然而到了1911年，他似乎已经接受自己的同性恋倾向，并且寻求适合的伴侣。他不仅决心把这件

[①] 西蒙·斯提来特（约388—459年），叙利亚的一个苦行圣徒，因在叙利亚阿勒颇地区附近由一根石柱支撑的平台上苦修了37年而闻名于世，被称为"高柱圣徒"。

[②] 根据哈斯的引述。

事写进他的诗歌当中,而且要将它们予以发表。① 通过在 1911 年 11 月发表的"ΤαeRπικίνδυνα(危险的思想)",卡瓦菲斯公开宣称自己是一个好色之徒。虽然这首诗不像后来的诗歌那样有明确的同性恋含义,但对于卡瓦菲斯而言已经是一种惊人的转变。他将历史兴趣与他对情欲的鼓吹结合在一起,这一点尤其值得关注。叙述者是一个在君士坦斯一世②和君士坦提乌斯统治时期的年轻的叙利亚人,因此显然是在公元 340 年和 350 年之间,这个时间段正是朱利安的青春期。在那些年里,朱利安先是被作为一个基督徒而培养,然后成为一个异教徒,这段经历促使卡瓦菲斯完成了创作后期有关朱利安这一主题的三首诗歌(前面清单编号为 4、6 和 7 这三首)。这一时期的那个年轻叙利亚人,被形容为部分是异教徒,部分是基督徒。他宣告说,他不会害怕自己的激情;他会满足他最大胆的性爱倾向。他重复说他不会害怕,因为他确信,即使他被召唤去做一个禁欲主义者,他也会拥有完成那种使命的力量。这首诗的出现和那些告解性质的注释的终结,标志着卡瓦菲斯的人生和作品进入了一个新阶段。借助于历史性的类比,他正在实现他的情欲与其基督教信仰之间的彼此调和。在"危险的思想"当中,那个叙利亚人部分是基

---

① 关于卡瓦菲斯的作品以及从 1911 年以来的性生活的特征,见 R. 利德尔的《卡瓦菲斯传》(伦敦:达克沃斯出版社,1974)p155—171。在 1911 年和 1912 年期间这一变化的重要性得到普遍认可,参看 G. 塞弗里斯《一个诗人的日记:从 1945 年到 1951 年》(马萨诸塞州剑桥市:哈佛大学出版社,1974)p139:"已是高龄的卡瓦菲斯似乎力不从心;他好像没有能力突破某种局限。他到底出了什么问题?他如何跨过那个门槛?这当中有某种吸引我的东西——不只是有关卡瓦菲斯本人,也包括其他更多的方面。"

② 君士坦斯一世(从约 323—350 年),君士坦丁大帝的幼子,从 337 年到 350 年期间在位的罗马皇帝。

第十二章　诗人C. P.卡瓦菲斯笔下的朱利安 | 205

督徒，但仍然耽于肉欲，正如在以公元340年的亚历山大为背景的1929年的一首诗歌中，那个叫马里斯的基督徒享受着一个异教徒的爱的滋润一样。卡瓦菲斯不可避免地会询问他自己，朱利安会给那个年轻的叙利亚人或者马里斯的情人所在的希腊世界带来什么样的影响。那是一个异教徒和基督教徒能够轻易地彼此结合、不受阻碍地追求情欲生活的世界。终结这一切正是朱利安——那个禁欲主义的异教徒——公开宣称的目标。①

因此，或许可以认为，卡瓦菲斯回归到他在19世纪80年代对历史的兴趣，是针对他的同性恋本性以及他的基督教情结作出调整的重要组成部分。始于1911年的这种调整，导致了有关他的作品的情色范畴以及它与历史范畴的显著重叠的论述。那些新发表的诗歌，可使我们进一步理解卡瓦菲斯是如何创作和加工他的历史诗歌的，而这将有助于我们继续审视那些未完成的作品，并从中探索它们如何展示卡瓦菲斯的兴趣所在以及他为此采取的方法。由此获得的信息，转而可以为已知的有关朱利安的诗歌提供一种更为深刻的解释。

卡瓦菲斯对于亚他那修那首诗歌引人注目的注释，是对相关知识的一个重要补充。在这里，针对1920年4月的一个作品手稿，他在整整九年多以后为其添加的一个注释表明，他不能为他的诗歌所取材的那个故事找到古代来源。他已在布彻② 有关埃及教会的历史记

---

① 参看塞弗里斯《一个诗人的日记》，p137："朱利安对于卡瓦菲斯而言代表着一个问题，他是地平线上的一根棘刺……他比那个问题还要糟；他是一个非法的竞争对手。"

② 伊迪丝·路易莎·布彻（1854—1933年），英国历史学家，著有《埃及教会的故事》一书。

载中，找到了那两个僧侣的故事：当他们和亚他那修坐在尼罗河的一条船上时，他们凭借特异功能般的超感知能力，知道了朱利安死亡的情况。① 它是一个好故事，非常适合卡瓦菲斯的风格；但是九年以后，他在米涅②的《拉丁教父辑录》（包括他在 1929 年显然可以接触到的第 67 卷以及第 82 卷）一书中，并未找到这个故事的痕迹，于是他宣布，除非这个来源可以从其他地方找到，不然这首诗就站不住脚。如此坚定地致力于寻找一种历史来源，在诗歌的发展史上必然是罕见的。

卡瓦菲斯还有其他在学术上保持严谨的例子。在那些新诗当中，有一首讲述的是君士坦丁大帝死后，在家人遭到屠杀期间，还是一个婴儿的朱利安是如何被救出来的。雷娜塔·拉瓦尼尼敏锐地指出，这首诗的核心，是朱利安在基督徒手中获救的过程，与他自己后来在 λήθη δε 'Οστω το 'σκότους Rκείνου "让那黑暗被永远遗忘吧"（来自朱利安向太阳王赫利奥斯③所做的演说）这句话中所表现出的忘恩负义（也即叛教倾向）之间的冲突。卡瓦菲斯最初写的诗稿，涉及朱利安和他的同父异母兄弟加卢斯的获救过程。正如拉瓦尼尼所暗示的那样，他的初稿可能受到格里高利作品中的措辞的影响，不过，他同样有可能在法国史学家阿拉德的著作《叛教者朱利安》中匆促地读到过这样的话语，"但这样的保护（避免受到君士坦提乌斯的士兵的伤害）

---

① E.L 布彻：《埃及教会的故事》（伦敦：史密斯埃尔德出版公司，1897），第 1 卷，p185。
② 即雅克·保罗·米涅（1800—1875 年），法国牧师和教会作家。
③ 希腊神话中古老的太阳神，也是月神塞勒涅和霞光女神埃奥斯的兄弟。他在荷马史诗里几乎无所不在。希腊鼎盛时代，他被奉为阳光之神，不仅是盲人的医治者，同时又以失明作为惩罚人类的手段。公元前 5 世纪起，开始与阿波罗混同。

也许不足以拯救他们。"①不管怎样，在更加深入地研究阿拉德作品的过程中，他注意到阿拉德提到过朱利安独自被基督教徒救出："信徒们偷偷地带着朱利安离开了。"卡瓦菲斯的注释指出"阿拉德只提到朱利安一个人"，这可以解释为什么他会着手修改他的诗歌，以便记录只有一个王子而非两个王子被拯救的过程。他极力追求在历史信息方面的准确性。

即使在诗歌标题方面，卡瓦菲斯也力求准确。包含唯一有关朱利安在高卢担任指挥官这一职业生涯的诗歌的那一组作品，使用了拉丁语标题"Hunc deorum templis"。大概他是凭着记忆写下了这个标题，他最初以为这是阿米亚鲁斯有关在维也纳那个盲人老妇的叙述文本的直接引用，但是，当他不厌其烦地核实阿米亚鲁斯的文本时，发现自己弄错了。于是他修改了标题，给出了"Hunc deorum templa reparaturum"这一正确的拉丁引文。

对于标题类似的严谨，也可以从"'Ο'Ιουλιανὸς ἐν τοῖς Μυστηρίοις（朱利安在秘密宗教仪式上）"这首诗中窥见，它原来的题目是'Ο'Ιουλιανὸς ἐν'Ελευσῖνι（朱利安在埃莱夫西斯）。②似乎大多数读者都很清楚，1896年的这个作品的最初灵感，是源于卡瓦菲斯在当时对于吉本的研究。当朱利安在一个地下洞穴遇见魔鬼，并且制作了一个十字架标志这一情节，出现在格里高利的作品当中，其原始文本对于

---

① 阿拉德《叛教者朱利安》第1卷（巴黎：莱克弗雷出版社，1900），p263。值得注意的是，吉本在《罗马帝国衰亡史》（第19章）给出的朱利安在大屠杀时期的年龄是6岁；阿拉德给出的也是6岁，但米涅在一处注释中说的是7岁。苏格拉底和巴勒斯坦历史学家索佐曼给出的年龄都是8岁。卡瓦菲斯的诗歌提到的朱利安是6岁。

② 参看 G. P. 萨维迪斯在《C. P. 卡瓦菲斯诗集》（p430）中的注释。

卡瓦菲斯而言很可能并不陌生。不过,是吉本从格里高利的作品中推断出朱利安当时是在埃莱夫西斯①:"他(朱利安)得到了一个庄严地参加埃莱夫西斯的秘密宗教仪式的特权……"②于是就有了"朱利安在埃莱夫西斯"这一标题。我们现在已经拥有卡瓦菲斯研究过阿拉德关于朱利安家族大屠杀记载的不容置疑的证据,而且几乎可以肯定的是,正是他对同一作者的研究,使他改变了最早有关朱利安诗歌的标题。阿拉德详细地提出论证,质疑朱利安曾参加过埃莱夫西斯秘密仪式这一猜测:"几乎所有的现代历史学家都这样说:朱利安当时参加了埃莱夫西斯的秘密仪式。从尤纳皮乌斯③的文本看不出这一点。我发现很难接受朱利安有过那样的举动……这一事实。他也从未暗示过,他在埃莱夫西斯参加过秘密仪式……"④因此,那一首旧诗就有了一个新的标题。

根据雷娜塔·拉瓦尼尼所发表的相关材料,在五首诗里也许是最令人难忘的那首诗——它描述了在基督教主教柏加修斯的陪伴下,少年朱利安来到特洛伊平原上的故事——足以再次证明诗人对于其诗歌资源学术方面的一丝不苟。在这个例子当中,主要的灵感来源必然是阿拉德的作品,它清楚地阐述了将朱利安本人年轻时那段经历作为备用证据的意义:"无须通过太多努力,我们就可以想象出被命运带到一起的那两个人的情况。朱利安按照主教的方式,猜测出了他的隐秘

---

① 希腊西阿提卡州的一个城镇,位于雅典市中心西北约18公里。
② E. 吉本《罗马帝国衰亡史》,第23章,艾弗里曼主编,p367。
③ 公元4世纪期间的希腊诡辩家和历史学家。
④ 阿拉德《叛教者朱利安》第1卷,p330—p332。

的想法：他目光深邃地盯着后者，并提出了几个挑剔的问题。柏加修斯也许同样知道了他的真实情感……"①虽然卡瓦菲斯无疑知道了朱利安那封描述了与柏加修斯（他后来成为异教徒）会面的真实信件，不过他却在阿拉德那里，发现了对于那次会面的本质的一种合理猜测。名义上都是基督徒的那个少年和那个男人，在特洛伊的异教徒圣地上彼此提问，他们必然能够间接感受到彼此真实的性情。在那个场景的宗教式的含糊情绪以及角色的虚伪性的基础上，通过隐秘地强调少年和男子非同寻常的心意相通，卡瓦菲斯在1920年的作品中增添了一种可以感觉得到的pedophilia（恋童癖）氛围。这是一个极为符合卡瓦菲斯的品位和才能的主题；它近乎完美地融合了情欲和历史这两个范畴。然而，在创作那首诗十年之后，卡瓦菲斯不厌其烦地重新审视发生在特洛伊的那个故事；他抄录并研究了英国历史学家彼德兹在《朱利安皇帝传》（出版于1930年）中对于那个故事的叙述。因此，我们能够再次看到卡瓦菲斯对于学术研究的准确性的执着。

在希腊历史学者T.马拉诺斯所引用的一段知名评论中，他认为，卡瓦菲斯已经察觉到，因缺少有关格里高利作品的一个副本作为参考，他的两首诗歌仍旧不够完整。从目前所掌握的有关他的研究方法可以知道，这样一种评论绝不像它初看上去那么不合情理。此外，在他决定不予发表的有关朱利安的七首诗歌中（目前所列举的诗歌清单中，编号分别为1、3、4、6、8、11和12），只有两首完全以格里高利作为主要的古代来源。它们是编号1的"朱利安在秘密宗教仪式

---

① 阿拉德《叛教者朱利安》第1卷，p347。

上"和编号6有关少年时期的朱利安如何从凶残的君士坦提乌斯士兵那里获救的诗歌。虽然卡瓦菲斯很显然很重视现代学术研究成果,但同样显而易见的是,他坚持通过参考古代文本核对事实。正如针对他的任何一首诗歌而强调一种单一来源(比如吉本、阿拉德、格里高利或者朱利安本人)的做法是错误的一样,忽视他认为那些其最初灵感来自二手来源的诗歌,原始文本仍然很重要,同样是错误的。有关秘密仪式的那首诗,无疑是阅读第二手文献资源(吉本)的结果,而有关朱利安获救的那首诗,也很可能是同样来自吉本的著作,或者是过于匆忙地首次阅读阿拉德的作品而得到的启发。无论怎样,是阿拉德的作品促使卡瓦菲斯开始重视这两个事件的处理在历史信息方面的困难,而且,他有可能很自然地希望在创作之前,首先通过核实格里高利的观点而寻找有关那两个事件的古代来源。从卡瓦菲斯在其关于亚他那修的手稿注释中提到米涅的《拉丁教父辑录》似乎可以知道,至少在1929年11月之前,他接触过米涅那几卷本作品,其中应包括格里高利对朱利安的猛烈抨击。所以,如果马拉诺斯引用的那些话是真实的,它所属的时期应当是在1929年11月之前,但很可能是在关于"Ηδιάσωσις το' Ιουλιανο"(拯救朱利安)的著作于1923年12月问世之后。

在生前发表的关于朱利安的五首诗歌(编号2、5、7、9和10),大概是符合他的学术标准才面向公众的。五首作品当中,至少有三首包括对朱利安本人现存作品的逐字引用。它们是:编号5,开头大量引用了那个皇帝写给西奥多勒斯的信中有关异教徒神灵遭到忽视的内容；①编号9，卡瓦菲斯引用了 *Misopogon*② 当中有关安提阿人对于基督耶稣和君士坦提乌斯的偏爱的内容；③ 以及编号10，它基本上是重复了教会历史学家索佐曼所保存的朱利安的评论，连同那些基督教徒对于他的评论所做的机智回应（后者也是由索佐曼提供的）。④

编号7的诗歌嘲笑了朱利安在逐步迷恋新柏拉图思想期间对于《圣经》的解读，它的要点是以格里高利的证词为基础的。⑤ 虽然正如戴安娜·哈斯所暗示的那样，吉本是产生这首诗的主要灵感，而且关于朱利安的导师的一些介绍性材料最终都源自尤纳皮乌斯和那些教会历史学家，但只有格里高利描述过那个年轻王子在伊兹米特⑥做助理牧师。⑦ 从卡瓦菲斯的常规做法判断，他基本上不大可能把这首符合格里高利的叙述、但却不能让他自己满意的诗歌公之于众。令人好奇的是，那两首灵感似乎都得益于吉本的诗歌，也就是编号7和关于秘密宗教仪式的编号1，两者都以格里高利为主要古代来源。因为卡瓦菲斯似乎在19世纪90年代能够接触到格里高利的著作（当时他正

---

① 朱利安，《通信集》p154：οʼϱ Ἐν...οʼ λιγωϱιαν 并不意味着"看到了轻蔑"，而是"看到了（对于异教徒神灵）的忽视（冷漠，轻视）"。编号5的那首诗歌，也是基于朱利安在《通信集》中对宫廷宦官阿尔萨修斯所表达的看法。

② 朱利安写于公元362年的作品（标题的意思是"讨厌胡子的人"），当时他逗留在叙利亚的安提阿市。他对那个城市感到失望，因为那些主要是基督教人口的市民对一个苦行僧式的异教徒皇帝没有多少兴趣。在离开安提阿之前，朱利安通过这篇讽刺性的文章，反映了统治者和臣民之间的紧张关系。

③ 朱利安《Misopogon》，p35。

④ 《索佐曼文选》，第5卷p18。

⑤ 《格里高利演说集》，p551和p632。

⑥ 即土耳其古城尼科美底亚（伊兹米特是旧称）。

⑦ 见戴安娜·哈斯的论文注释65和66。

在阅读吉本，而且显然正在创作有关秘密宗教仪式那首诗），我们似乎有理由推测，关于朱利安在伊兹米特的那首诗虽然发表于1924年，却很可能是在同一时间草拟或者酝酿成形的。它在发表之前的长期拖延，和发表于1926年那首有关由牧师和教徒构成的一个庞大队伍的诗歌（编号2）的命运是密切同步的。

那首诗比卡瓦菲斯决定公之于众的其他四首有关朱利安的作品引出更多的问题。鉴于那个十字架标志给予的重视，将"Ὁ Σταυρός（十字架）"这篇作品视为题为"基督教的起源"这组诗歌中的一首早期诗歌是合理的。这首关于十字架的早期诗歌可能写于1892年9月，并在1917年3月予以修订，也就是在卡瓦菲斯开始进一步全面关注朱利安几年之前。[①] 这个主题反映出诗人在19世纪90年代期间对教会历史的痴迷。它对于朱利安死后发生在安提阿地区的基督教庆典的描绘，主要源自狄奥多勒，但也反映出在索佐曼和格里高利作品中的一些内容。所描绘的仪式过程是虚构的，但却准确地体现出当时安提阿地区基督教徒的精神。当然，朱利安本人因安提阿人的态度而苦恼，但去详述那种具有讽刺意味的情况却并不符合卡瓦菲斯的目的。在那首诗的结尾处，朱利安的谦恭之意，会让任何熟悉那段历史的人感到不安，而且卡瓦菲斯肯定是其中之一。然而，这首诗的史实基本上是保持完整的，并且有助于卡瓦菲斯大书特书那个真正让他迷恋的东西——"十字架"。那个十字架和它作为19世纪90年代另一首诗歌《朱利安在秘密宗教仪式上》当中的一个象征性符号，在两首诗歌中具有同等的重要性。然而，直到"十字架"的修订过去九年多以后，

---

① 见G. P. 萨维迪斯在《C. P. 卡瓦菲斯诗集》中的注释（p424）。

卡瓦菲斯才允许自己公开发表Μεγάλη συνοδείας ΄ξ ι'ερέων καὶ λαϊκ Ë ν（一个牧师和信徒的伟大游行队伍）。但是值得强调的是，它同另一首关于朱利安与安提阿人的诗歌（编号9）出现在同一年，并且仅仅早于后者几个月。

反复出现的有关十字架和安提阿的主题会使我们注意到，卡瓦菲斯所有关于朱利安的诗歌都被限制于只涉及那个皇帝的一生相对较小的题材范围。不少于三首诗歌（编号2、9和12）明确关注了安提阿的公民对于朱利安的反应，而第四首诗歌（编号5）是以来自安提阿的那些信件为基础的。朱利安的死亡是三首诗（编号2、3和11）的基础，其中有两首（编号2和3）描绘了对这一消息的即时反应，而第三首（编号11）——根据它提到朱利安去世后的年数，可将基督教徒庆典的时间背景定于狄奥多西执政的第一年——是为了表明，那个皇帝曾经的故作姿态，在多么短的时间内就变得过时而又荒谬。有四首诗歌描绘了朱利安的童年时期（编号1、4、5和7），而第五首（编号8）是依据那个年轻王子从事公职第一年（公元355年）的一份报告。事实上，其背景设在法国高卢维埃纳地区的编号8那首诗歌会提醒我们，卡瓦菲斯完全没有使用朱利安在高卢度过的那六年时间的一段经历。

除了关于他曾到达那里的那个传奇故事之外，对于主人公在高卢这关键几年的经历的遗漏，不可能是缘于诗人的无知。他是那样如饥似渴地阅读过吉本和阿拉德的作品，更不要说十分了解朱利安本人的历史。可以想象的是，卡瓦菲斯也许并没有在朱利安对抗那些不起眼的部落和酋长的战斗中发现灵感，但让我们很难一下子就想明白的是，为什么他对于朱利安与禁卫军统领萨鲁提乌斯之间的依赖关系，以及朱利安在巴黎宣布以皇帝身份登基这一奇怪的情节全无兴趣。[1] 总体而言，似乎最好的假设就是，诗人对于高卢的西方氛围没有多少兴趣，而是更偏爱在一种希腊背景下讲述朱利安的故事。但即便是这样的假设，也不能解释一个如此熟悉那段历史的作家的作品存在另一个明显的疏漏：在卡瓦菲斯的作品中，丝毫没有提及在君士坦提乌斯去世以后，以及在开始安提阿旅程之前的这段时期，朱利安在君士坦丁堡的个人经历。毫无疑问，这是一个典型的希腊环境，而且在这方面，有相当丰富的资料可以满足卡瓦菲斯的创作天才的需求——例如，朱利安作为哀悼者，曾高调出现在君士坦提乌斯的葬礼上。[2] 在卡尔西顿[3] 审判中正义遭到扭曲的情况，可能也激发过卡瓦菲斯的创作灵感：毕竟，就连非常欣赏朱利安的阿米亚鲁斯·马尔采利努斯也不得不承认，正义女神也会在那个场合流泪，因为朱利安在那次审判中，对反对异教徒的基督教支持者采取了相当严厉的惩罚措施。[4]

对于大多数诗人而言，反复思考他们决定忽略的历史题材，并不是多么有利可图的事情。但对于卡瓦菲斯这样一个公认的迷恋朱利安的诗人而言，有必要仔细考虑他如何从可行的主题范围内选择关注为数不多的主题，尽管他有12次都将着眼点放在朱利安身上。正如已经出现的诗歌那样，它们的主题分别涉及朱利安的童年、朱利安在

---

[1] 关于萨鲁普提乌斯，参看 G. W. 鲍尔索克《叛教者朱利安》（马萨诸塞州剑桥市：哈佛大学出版社，1978），p44—45；关于在巴黎登基情况，参考出处同上，p46—54。
[2] 见里巴尼乌斯《言论集》第18卷 p120；马墨提努斯《颂歌选》第27章。
[3] 君士坦丁堡附近的土耳其古城。
[4] 同上。

安提阿，以及朱利安之死。每一首诗歌的共同点——将基本主题联系在一起的那种东西——都是基督教。所有的诗歌都以这样或那样的方式，描绘了朱利安与基督教徒的接触，似乎这就是卡瓦菲斯所关心的有关朱利安职业生涯的全部。那个皇帝在对待其他异教徒方面所表现出的性格上的弱点（譬如在巴黎和君士坦丁堡的经历），对他没有任何吸引力。同样，朱利安在耶路撒冷重建圣殿的非同寻常的努力，以及那种努力毁于神奇的大火那个同样非同寻常的过程，在卡瓦菲斯的作品中也从未出现过。[1] 基督教才是他真正痴迷的东西。

卡瓦菲斯所着力刻画的有关朱利安的特点是他的伪善（编号1、4、6、7）和清教徒式的偏执（编号5、9、10、11、12）。相关的信息来源，为作者按这一方式刻画那个皇帝的特征提供了充足的证据，尽管许多作家更喜欢选择不同的评价方式。朱利安是一个苦行僧式的人物，他要求自己严格遵守他新加入的异教徒教会的原则。他从基督教教育的成长背景中了解到教会的组织体系，而且从他的作品中可以清楚地发现，他打算在基督教徒拿手的方面超越他们。与此同时，朱利安时代的那些基督教徒，大多数都是昔日的异教徒。他们的生活方式并没有发生多大变化。在安提阿，人们会去欣赏戏剧和观看战车比赛，而且他们像过去那样庆祝他们的节日。当朱利安进入那个城市时，他似乎听到了阿多尼斯[2]节日上传来的不祥的哀

---

[1] 关于这一事件，参看 G. W. 鲍尔索克《叛教者朱利安》，p88—90。

[2] 古希腊神话中的植物神，也是深受地中海地区和两河流域地区的人崇拜的神灵之一。对阿多尼斯的传说描写得最生动和最详细的作品，是奥维德的《变形记》。

号。[1]卡瓦菲斯比大多数历史学家都更能理解所有这一切,当然,这部分是因为保留了传统生活方式并且信奉基督教的安提阿,是他一直渴望生活于其中的那种城市。对他而言,古老的异教信仰完全不成为问题,因为这种信仰拥有自由和活力的特征(至少在他看来如此)。他在创作"朱利安在秘密宗教仪式上"的那一年,第一次开始撰写诗歌 Ἰωνικόν(爱奥尼亚),表现出对于希腊异教信仰的一种深切感受。朱利安反基督教的异教信仰,是卡瓦菲斯所不能忍受的。卡瓦菲斯通过《爱奥尼亚》这首诗,赞美了他能够在安提阿的基督徒当中发现的有趣的东西。这个城市对他来说,具有极为重要的象征意义:它的民众是不道德的(ἰνήθικοι),但他们的生活方式是令人喜爱的(Ρνήδονος)。此外,他们大都是基督徒。

他们也是希腊人。卡瓦菲斯写于 1927 年、因而也就是在创作有关朱利安的诗歌期间完成的 Παλαιόθεν Qλληνίς,提供了恰如其分的评论。安提阿城以其建筑和街道,它的国王还有智者和商人为荣。但它还有更多值得骄傲的方面:它所具有的明显的古希腊痕迹;它是"来自古代的希腊"(παλαιόθεν Qλληνίς)。学者们经常会注意到,卡瓦菲斯长期关注犹太人的离散和迁徙——包括在亚历山大、君士坦丁堡以及(在想象中的)安提阿这些地方。希腊大陆的希腊人,总是怀着赞叹的心情将朱利安视为他们虽未成功但却十分英勇的战士,而且总体而言,他们至今仍旧如此看待他。今天的一个年轻雅典学者(他对朱利安作了大量研究,不久就将出版一本有关他的书)最近写道:"卡瓦菲斯……选择使用他的诗歌天赋,把他自己最为私密的偏好转变成一

---

[1] 阿米亚鲁斯·马尔采利努斯作品档案(编号 22.9.15)

种艺术理论。他在朱利安的人格当中，发现了可以向追随者传达其对美的崇拜的否定的象征。这个将自己视同为 4 世纪的安提阿人的 20 世纪的亚历山大居民，鄙视乃至厌恶那个具有苦行僧特征的皇帝，因为他十分漠视那些华美之物，乃至包括黄金……他们（安提阿人）显然并不是'希腊文化的一种真正完美的代表'，而朱利安也不是第一个谴责他们的 iμουσία（知识分子）。"[1] 这位作家接着赞美朱利安皇帝，说他诚实、友好，具有同情心，热爱家庭。相比之下，卡瓦菲斯是更好的"史学家"。但他们之间的分歧所揭示的问题对于当今这个时代来说，仍然是个现实的问题，正如在卡瓦菲斯的时代或朱利安的时代一样。

但是，朱利安所在时代的基督教徒，显然不能原谅朱利安为其异教徒信仰而禁锢 Hellenism（希腊主义）传播的举措。他曾试图通过禁止基督教学者讲授那些伟大的希腊经典作品，切断他们与其关键性精神遗产之间的联系。格里高利很快就提出抗议，而且这种抗议一如既往地充满雄辩色彩：任何接受过希腊传统熏陶的人，都不可能被剥夺作为希腊人的权利。[2] 来自亚历山大的卡瓦菲斯，必然从格里高利——那个来自纳西昂的基督教徒——那里感觉到了一种趣味相投的东西。但是潮流正在发生逆转。就像格里高利一样，卡瓦菲斯属于那个超越希腊并信奉基督教的希腊文化社区，他的观念和诗歌创作，体现出他自身独有的特点。

因此，被动的基督教信仰，似乎成为卡瓦菲斯在处理朱利安的各种经历方面的主要出发点。成为一个基督教徒，并不排除成为传统意

---

[1] 波利米亚·安塔纳西亚蒂-弗登，《朱利安评传》（1979），p331—332。

[2] 《格里高利演说集》，p536。

义上的一个异教徒，就像在《Τα` Rπικίνδυνα（危险的思想）》当中那个年轻的叙利亚人一样，他也不排除与一个异教徒（就像基督徒马里斯①的情人）之间的一场浪漫情事。在安提阿，卡瓦菲斯发现了他在1911年（他当时已经逐渐将他的色情诗篇公之于众）致力于解决的那个问题的答案。他的作品中的历史范畴与感情范畴，有时会合并在一起（正如作者在1927年5月所总结的那样），这并不是偶然的。卡瓦菲斯能够依据那些相关历史范例解释他自己的情欲，而在这个过程中，他可能发现了比其他的一切都更为重要的东西：他的基督教徒身份和他的希腊意识。在有关朱利安的诗歌当中，他竭力追求历史的准确性，因为他显然必定知道，的确有那样一个世界，能够接纳一个兼具基督教徒和希腊人这两种身份的"好色之徒"。

---

① 见前文。

第十三章　卡瓦菲斯和阿波洛尼奥斯

卡瓦菲斯所写的有关皇帝朱利安的 12 首诗歌，跨越了他的整个创作生涯——从 19 世纪 90 年代到他去世那一年。它们表明了他在宗教和情欲方面的焦虑感，而且，它们也正是证明他是何等用心地阅读过构成其诗歌核心的那些古代文本。雷娜塔·拉瓦尼尼和我本人所写的有关卡瓦菲斯笔下朱利安的两篇文章，试图通过追踪他对于自己并不喜欢的一个古代人物的反思历程，从新视角展示这位无与伦比的诗人的基本特征。但是，还有另一个人物也反复出现于卡瓦菲斯的作品中；而且即便他在诗歌中出现的次数不及朱利安，他在诗人心目中的地位和价值却毫不逊色。他就是卡瓦菲斯一向赞赏，同时也是他最珍视的审美榜样，既是智者又是神奇的工匠的阿波洛尼奥斯。

阿波洛尼奥斯的故乡提亚安那，位于坐落在安纳托利亚[①]中心的罗马卡帕多西亚省。它部分具有希腊古典文化特征，部分具有希腊移民的野蛮文化特征，这是习惯于亚历山大生活的卡瓦菲斯对其感到亲近的重要原因之一。阿波洛尼奥斯的漫长人生，覆盖了基督时代[②]第

[①] 又名小亚细亚或西亚美尼亚，是亚洲西南部的一个半岛，位于黑海和地中海之间。现时安那托利亚全境属于土耳其。但亚美尼亚及争取独立的库尔德斯坦都宣称拥有该半岛的部分主权。

[②] 指从基督诞生时期开始的时代。

一个世纪的大部分时间，在他去世不过几十年之后，他在异教徒当中就成为一个传奇人物，因为他公然蔑视罗马权威，而且具有治病救人和让死者死而复生的神奇能力。至少在公元2世纪，有一部重要作品（现已失传）描述了阿波洛尼奥斯的事迹；他很有可能在当时就扮演了他显然非常适合的、一个能与基督耶稣相匹敌的异教徒角色。在3世纪初，一个作为皇帝塞普蒂默斯·西弗勒斯及其继承者侍臣的希腊人，撰写了一步详细的有关阿波洛尼奥斯的传记，里面包括大量降妖驱魔和让死者重生的故事，以及他在暴君图密善面前发表的慷慨激昂的演说。这部作品完整地保存下来。它的作者菲洛斯特拉托斯将事实和虚构如此成功地混合在一起，以至于恐怕使用最精妙的学术方法也不能将它们分开。

卡瓦菲斯有四首诗歌表明，他以极大的兴趣研究了菲洛斯特拉托斯对于阿波洛尼奥斯的人生描绘。其中三首都包括在埃德蒙·基利和菲利普·谢拉德两位历史学者将其出色地译成英语的已发表诗歌集中。按照发表顺序，它们分别是：《智者能察觉即将发生之事》（1915），《即便他真的已死》（1920）和《阿波洛尼奥斯在罗得岛》（1925）。所有这三首诗都取材于菲洛斯特拉托斯的作品摘录，并且引用了其原始希腊文本。第一首诗用了诗歌集中第八卷的一段话作为引语：诸神可以预知未来，凡人只知道当下，智者却能察觉即将发生之事。阿波洛尼奥斯显然属于智者的范畴，而卡瓦菲斯也动情地描述了这类奇人所具有的超感知能力：

　　偶尔在紧张的研修期间

第十三章　卡瓦菲斯和阿波洛尼奥斯 | 221

　　　他们的听觉受损：事物
　　　隐藏的声音接近他们，
　　　他们虔诚地听，而外面的街道上
　　　人们丝毫也不曾听到。

　　第二首诗的标题使用了菲洛斯特拉托斯作品中一句话（"即便阿波洛尼奥斯真的死去（eigeeteleuta），关于他的死亡也有多种说法"）当中的 eigeeteleuta 这个措辞。关于那位智者之死的不同版本——他死在以弗所[①]、林德斯[②]或者克里特岛[③]，成为一段典型的卡瓦菲斯式独白的灵感：

　　　或许他回归并再次向世界
　　　呈现的时间尚未到来；
　　　也或许，理想些，他已在我们中间走动
　　　不被认出——。但他将会再来
　　　如曾经那样，教导真理的道路；那时他自然会
　　　带回对我们的神与我们的
　　　典雅的古希腊仪式的祗敬。

　　在独白之后，是卡瓦菲斯的另一个可使诗人将自己与叙述者之间

[①] 古希腊小亚细亚西岸的一个重要贸易城市。
[②] 罗兹岛东海岸的一个古城。
[③] 位于地中海北部，希腊第一大岛，是诸多希腊神话的发源地。

拉开距离的典型手法。在这首诗歌中，我们被告知叙述者是6世纪的一个贫穷而且意志薄弱的异教徒，他在阅读了菲洛斯特拉托斯的传记之后，就一直在自说自话。

第三首诗歌是以阿波洛尼奥斯对于罗得岛的一个富有的青年的谴责为基础而构建的——那个青年宁愿把钱花在购置一所豪宅上，而不是去接受一种适当的教育。卡瓦菲斯的诗句包含菲洛斯特拉托斯的希腊语文本中阿波洛尼奥斯所作的回应，它在诗人的现代措辞风格的背景下显得别具一格：

"每当我走进一座庙，"
那个提亚安那人最终说，"即使是座小庙，
我更宁愿看到
那里有黄金或象牙雕像
而非大庙里的普通黏土塑像。"

这首诗是以对用普通粘土塑像的一种厌恶性感叹而结尾的。

卡瓦菲斯是在1920年，也即在他发表《即便他真的已死》这首诗歌那年，创作了他的第四首有关阿波洛尼奥斯的诗歌，但出于某种原因，他从未将其最终完成；而且这首诗歌直到15年前，雷娜塔·拉瓦尼尼根据初稿将其重新构建才得以发表。在这一作品中，卡瓦菲斯再次关注了那个智者的超感觉力量。卡瓦菲斯使用的标题"在森林公园"，是直接引用了斐洛斯特拉图斯传记的古典希腊语文本内容。当阿波洛尼奥斯居住在小亚细亚海岸的以弗所时，他就不可思议地预见到图密善皇帝在罗马遭到暗杀的情形。我们很容易看到卡瓦菲斯的诗歌是如何从斐洛斯特拉图斯的叙述中获得了灵感：

（阿波洛尼奥斯）中午在森林公园举行一次讨论会，当时宫殿里正在发生诡异的事情。他一开始降低了声音，好像是什么意外情况而感到害怕似的；接着，他在讲话时的思路也不像过去那样清晰了，仿佛一个人在阐述观点时被什么分心了一样；然后他沉默下来，似乎完全忘记了他的叙述线索。他死死地盯着地面，向前走了三四步，然后喊道："打死那个暴君！打死他！"那不像是他从一面镜子里看到了什么东西的情形，而是似乎正在看到某个真实的场面，而他似乎也要加入其中似的。以弗所人当时都在讨论会上，他们都感到震惊，直至好像一直在等待看到某种搏斗结果的阿波洛尼奥斯终于说道："别担心，朋友们。那个暴君今天被人干掉了。"

卡瓦菲斯在 1920 年的那首关于阿波洛尼奥斯在以弗所的预见性的诗歌，必然是诗人当时密切关注对于暴君之死的神奇预见的一部分。恰巧是在 1920 年，卡瓦菲斯开始创作有关朱利安的最引人注目的诗歌之一《亚他那修》，不过它未能完成，并由雷娜塔·拉瓦尼尼最终整理发表。在这首诗歌当中，在朱利安死去那一年，那个 4 世纪的伟大圣人坐在尼罗河的一条船上。他正在遭到流放的途中。两个僧侣和他在一起。当他在做祷告时，突然看着他们，并注意到他们脸上露出了笑容：他们刚刚凭借直觉得知，朱利安已经在美索不达米亚被人杀害了。

从卡瓦菲斯分别在1915年、1920年和1925年准备四首阿波洛尼奥斯诗歌的过程可知，他在这段时期反复试图去了解菲洛斯特拉托斯，这主要是为了探究将能够表明这个智者的超凡能力的主题。事实上，他认为他的研究对象是那种掌握了仅有极少数人所知秘密的人。不过，针对阿波洛尼奥斯的人生所做的这种探索，对于卡瓦菲斯的精神世界而言，并不是破天荒的头一遭。那首关于有预见力的智者的诗歌的确切发表时间是在1915年；但是我们知道，它的初稿写于1896年，并在1899年发表了第一个版本。《即便他真的已死》这首诗歌尽管发表于1920年，但最初是写于1897并在1910年作了修改。在原始版本中，这首诗歌仅是由叙述者预见到阿波洛尼奥斯的回归这一独白构成。这个独白的古代背景框架是后来才加上的，并且表明了诗人更为独立的视角。这些作品的早期初稿确切无疑地表明，在19世纪90年代，卡瓦菲斯已经相当熟悉关于阿波洛尼奥斯的奇迹。

事实上，我们完全有可能确定他是在何时开始研读菲洛斯特拉托斯的传记的。1892年11月，卡瓦菲斯在亚历山大发表了一篇关于济慈的文章，他在文中提供了有关 Lamia 的批判性评价。济慈的这首诗歌是以菲洛斯特拉托斯描述过的阿波洛尼奥斯的一个故事为基础的，内容是一个女吸血鬼如何化身为一个美女，并赢得了一个叫梅尼普斯的人的爱情。"吸血鬼"的希腊语词汇是 lamia，而且这种表达就像作为资料来源的这个故事本身一样，是济慈通过罗伯特·伯顿[①]的《忧

[①] 罗伯特·伯顿（1577—1640年），牛津大学英语学者。

郁的解剖》（在该作品中，菲洛斯特拉托斯的文本几乎被逐字翻译并加以引用）而获知的。具有神秘能力的阿波洛尼奥斯，能够一眼看出梅尼普斯的情人是一个吸血鬼，并且很快就揭穿了它。"那个怪物假装哭泣，"菲洛斯特拉托斯说，"请求他不要过多盘问，或者迫使它承认其真实本性。但阿波洛尼奥斯不留情面地继续坚持那样做，直到它承认自己是一个吸血鬼。"

在研究济慈的那首阿波洛尼奥斯很自然地在其中扮演一个重要角色的诗歌的过程中，卡瓦菲斯将其与菲洛斯特拉托斯的原始叙述作了一个细致的比较。他赞赏菲洛斯特拉托斯以驱魔作为结尾而使故事迅速结束的处理方式，同时批评了济慈不知道在何时中止叙述。他认为，济慈增添的有关梅尼普斯的死亡是完全没有必要的。从有关济慈的文章可知，卡瓦菲斯对于阿波洛尼奥斯的兴趣，至少在1892年就非常浓厚，而且对于超自然能力也备感好奇。他相信菲洛斯特拉托斯为诗歌提供了许多珍贵成分。他说，阿波洛尼奥斯的人生是一个"充满诗意的宝库"。这也意味着卡瓦菲斯将要远远超越他对于济慈的主题选择的解释。他正在规划他自己作为诗人的一条前进路线。

就在前一年，卡瓦菲斯翻译了来自诗集《*Les Fleurs du Mal*》（《恶之花》）当中波德莱尔的十四行诗"Correspondances（感应）"，并增加了他自己的一些解释性的文字。正如乔治·萨维迪斯和雷娜塔·拉瓦尼尼所强调的那样，与波德莱尔之间的联系，对于理解卡瓦菲斯在19世纪90年代的审美理想是至关重要的。这些审美理想包括对诗人具有的预见力（一种明显不同于常人的高超的感知力）的承认。波德莱

尔所写的是，

> La Nature est un temple où de vivants piliers
> Laissent parfois sortir de confuses paroles ;
> L'homme y passe à travers des forêts de symboles
> Qui l'observent avec des regards familiers.
> （自然是一座庙宇，
> 那些有生命的活柱子偶尔暗暗发出声音；
> 人从充满象征的森林穿行而过，
> 一路接受着它们亲密的注目。）

卡瓦菲斯所写的是，

> 诗人的凝视更尖锐，
> 他们视自然为一座熟悉的花园。
> 在幽暗的林中其他人
> 沿着他们的坎坷之路摸索。

诗人在明显的混乱状态中，看到自然提供给智者的那些可以辩识的迹象。

阿波洛尼奥斯就像那个诗人一样，具有能够看清周围世界的混乱的能力。在阅读菲洛斯特拉托斯对于那个 lamia 的叙述过程中，卡瓦菲斯必然对阿波洛尼奥斯盯住梅尼普斯的目光印象深刻：阿波洛尼奥斯就像一个搞雕刻的人（andriantopoiou dikên）那样看着梅尼普斯，他在仔细地观察后者。在上下打量了对方一番之后，他说："啊，你是一个会讨女人喜欢的漂亮小伙子。你现在怀抱着一条蛇，那条蛇也在抱着你。"在济慈的那首诗歌中，也提到了这个智者具有穿透力的目光，但菲洛斯特拉托斯将其与一个正在工作中的搞雕刻的人进行类比的手法是独一无二的。它很可能给卡瓦菲斯的一首诗歌（虽然它发表于1912年，但最初写于1893年）带来了灵感。尽管这首诗歌丝毫没有提起阿波洛尼奥斯，却详述了一个虚构的罗马雕刻家重建一种人类形象的罕见才能。诗歌的题目是"提亚安那的雕刻家"，而提亚安那是阿波洛尼奥斯所在的城市。

然而，它不仅仅是那种卡瓦菲斯在19世纪90年代初思考波德莱尔和菲洛斯特拉托斯时，发觉它是如此重要的那种探索性的凝视。它也代表着一种不可思议的秘密和魔力。波德莱尔对于埃德加·爱伦·坡的作品的推崇，也滋养了卡瓦菲斯对于离奇故事类型的偏爱。拉瓦尼尼已经指出，在卡瓦菲斯所保存的那本《*Nouvelles Histoires Extraordinaires*[怪异故事集]》（爱伦·坡作品的法语译本）的边缘处笔记表明，他仔细研究过波德莱尔的《论爱伦·坡的小说》。此外，我们知道他的藏书中包括爱伦·坡作品的两个版本，它们不仅提供了诗歌和一些精选的故事，而且还有《作文哲学》这篇论文。因此，卡瓦菲斯对于阿波洛尼奥斯同lamia接触的兴趣，也被他对于幻想文学作品越来越大的好奇心所强化。随着他的短故事*Eis to phos tis imeras*（《光天化日之下》）的发表（拉瓦尼尼所提供的一个完美版本），我们发现，卡瓦菲斯实际上已发展到打算尝试这一体裁。

《光天化日之下》是一个模仿爱伦·坡的风格所写的故事。不过，故事的背景是卡瓦菲斯所特有的。故事是在19世纪后期亚历山大郊区的拉姆拉镇展开的，人物是痴迷金钱的有闲阶层当中的年轻人。其中有个年轻人讲述了一个神秘男人如何在深更半夜出现在他的床边：那个人"中等身高，四十岁左右"，穿着黑色衣服，戴着一顶草帽。那人说可以把一大批宝藏的位置告诉他，而且他让故事叙述者于次日中午到下午之间在某家咖啡馆和他会面。当叙述者出现在那里时，他感到"多么恐怖（phriki）！还真的有一家小咖啡馆，而且他果真就坐在那里"。一种不可抗拒的眩晕感和紧张感攫住了叙述者，因为他看到了"同样的黑衣服，同样的草帽，同样的长相，同样的瞥视"。正如拉瓦尼尼在她对这个故事的评论中所指出的那样，那个在眼前出现又在白天现身的神秘访客瞥视的目光，是通过卡瓦菲斯对济慈作品的阅读之后，直接从阿波洛尼奥斯那里找到的灵感。在这个故事中，叙述者说："他眼睛一眨不眨地（askardamuktei）盯着我。"正如阿波洛尼奥斯"目不转睛"地盯着那个漂亮的吸血鬼一样，这是来自卡瓦菲斯先前所意译的希腊语中askardamuktei一词。从目前掌握的证据来看，拉瓦尼尼已经确定，卡瓦菲斯有关年轻时的亚历山大的精彩故事，是撰写于1895年到1896年期间。因此，这是他阅读波德莱尔、爱伦·坡和济慈的一个自然结果，也是他研究作为那些19世纪西方作家创作主题一个真正的古代希腊来源——菲洛斯特拉托斯有关阿波洛尼奥斯的人生的一个自然结果。

在创作《光天化日之下》以后不到一年时间里，卡瓦菲斯撰写了他的第一首明确展示了阿波洛尼奥斯形象的诗歌。其序言引用了菲洛斯特拉托斯的"智者能够感知即将发生之事",可被看作是他于1895年到1896年期间将波德莱尔在1891年的"感应"改变为恐怖故事的一个自然延伸。超自然感知力和上帝选民的独特地位这两个主题,在1896年的这首诗当中结合在一起。尽管在那个小故事中,超自然感知力的成分主宰了全篇,但上帝选民的成分也并不缺少。故事一开始,那个叙述者就将他自己和他的朋友看得比其他人更加优秀,因为他们的"精神境界得到了完美的发展",这使得他们"单纯又不至于无知"。

阿波洛尼奥斯这个主题给卡瓦菲斯带来了持续的灵感。在1897年,他写了《即便他真的已死》最初的版本。作为一个没有后来那个版本的古代背景的独白性质的作品,这首诗构成了卡瓦菲斯对于阿波洛尼奥斯所代表的审美理想最热烈的陈述。这首诗似乎终结了卡瓦菲斯在这一职业生涯阶段对于提亚安那那个圣人的描绘。但是,这个主题的能量并未耗尽,我们从他在1910年修改的《即便他真的已死》,以及从他1903年修改的《提亚安那的雕刻家》就能够看到这一点。1915年,《智者能够感知即将发生之事》修改并发表,五年后,《即便他真的已死》的权威版本,以及有关阿波洛尼奥斯预见到图密善被人谋杀那首诗的初稿问世。所有这些作品的主题,基本上仍是公认的19世纪90年代那些主题,不过,诗人越来越精妙的诗艺,为这些主题赋予了新的力量。通过6世纪一个阅读菲洛斯特拉托斯作品的异教徒(他公开宣称自己是一个基督徒,但私下里却是一个异教徒)自述有关阿波洛尼奥斯之死的情况,卡瓦菲斯也许是在暗示他自己的经历。虽然他是一个基督徒,但阅读菲洛斯特拉托斯的传记使他对于一个身处遥远的时代，而且本质上也是处于一个充满敌意的地方的阿波洛尼奥斯越来越着迷。

《阿波洛尼奥斯在罗得岛提亚安那》——关于阿波洛尼奥斯的最后一首诗歌、同时也是在很多方面最为神秘的诗歌——问世于1925年。被智者所谴责的那个年轻人，更喜欢奢侈的生活而不是教育和培训。在卡瓦菲斯的措辞中，他似乎更喜欢庸俗的炫耀和排场，因而放弃了那个"被上帝选中的人"的陪伴。但是，一个事实给这首诗带来了复杂性，即，阿波洛尼奥斯自己同样也不拒绝炫耀和排场：在一个小庙里，他更希望看到一个黄金镶嵌的象牙雕像，而不是在一座大庙里看到一个泥胎雕像。正是阿波洛尼奥斯对于昂贵装饰的偏好（为了合理的目标），才引出了这首诗的最后几行：

"普通的粘土"：多么令人厌恶——
然而有些人（没有得到充分的训练）
会被那些虚假的东西所吸引。
多么令人厌恶的黏土！

这首诗的结尾就和开头一样，关注了适当的训练或者启蒙的意义。卡瓦菲斯本人高度重视华丽的事物，正如他在有关拜占庭时代后期一次寒酸的加冕仪式的《彩色玻璃》那首诗中表明的一样。那个帝国是如此贫穷，以至于在加冕典礼上很难找到像样的装饰品，唯一可用来装饰典礼的只有彩色玻璃。

> 这是对于接受加冕的那对夫妇
> 不幸命运的一种悲哀的抗议；
> 这是他们应得的象征，
> 他们在加冕礼上应有这样的下场。

这首诗和有关阿波洛尼奥斯在罗得岛的那首诗是在同一年发表的。

总体而言，卡瓦菲斯关于阿波洛尼奥斯这个主题的创作（包括散文和诗歌形式）从1892年一直延续到1925年，换言之，其中囊括了从他最年轻时的文学作品到他人生最后十年的成熟作品。他发现并阅读的菲洛斯特拉托斯的传记，既激发了他对于超自然的兴趣，也呼应了他与他的亚历山大的朋友们共有的文化优越感。奇迹和精英主义对于作为基督徒的卡瓦菲斯同样重要。阿波洛尼奥斯特殊的吸引力，源于提亚安娜的智者和基督耶稣的形象具有明显的相似性。正是在19世纪90年代期间，卡瓦菲斯开始创作一系列有关基督教起源的诗歌，那时候，他也在撰写关于济慈的 Lamia 的评论、《光天化日之下》，以及有关阿波洛尼奥斯的最初诗歌。后来，当卡瓦菲斯怀着赞叹的心情阅读完菲洛斯特拉托斯的作品，并将那个基督徒叙述者这一角色添加到《即便他真的已死》这首诗歌当中时，他更直接地面对有关阿波洛尼奥斯和耶稣的问题。在以后那些年里，卡瓦菲斯的作品表明，他越来越憎恨皇帝朱利安对于基督教会的正面攻击。他所反对的并不是异教主义本身，而是朱利安独有的那种排除了基督教的异教。

卡瓦菲斯把自己看成是一个基督徒，但他的基督教信仰为异教徒留有余地，正如他希望异教徒也为基督教留出余地一样。他同时被阿波洛尼奥斯和基督耶稣二者所吸引。1920 年那两首未发表的诗歌，就是这种吸引力雄辩的证明。正是阿波洛尼奥斯对于谋杀图密善的神奇预见，以及亚他那修那两个埃及同伴所得到的有关朱利安之死的神奇启示，以同样的方式和原因唤起了卡瓦菲斯的激情。

第十四章　新的卡瓦菲斯

在 1932 年夏天，当死神逼近卡瓦菲斯时（他当时已被公认是那个时代最伟大的希腊诗人之一），他在亚历山大的朋友说服他去雅典治疗他刚被诊断出的咽喉癌。他到达雅典的消息，吸引了那个城市许多知名和不那么知名的文化人物的关注。其中几个人迫不及待地透露了他们刚刚了解到的东西，尽管在经过一次气管切除术以后，卡瓦菲斯完全不能再说话了。他在生命最后阶段的言论，只能通过铅笔笔记的方式予以传达。他于 1932 年 10 月返回亚历山大，并于次年 4 月在那里去世。不久之后，全世界都知道，这个诗人留下了相当数量的未完成的诗作。

在他去世那一年，在雅典的一个学者发表了一篇文章并且报告说，卡瓦菲斯在其去世半年前（因此就是在他返回埃及之前）曾向他的朋友们宣布，他还需要完成的诗歌不少于 25 首。十年后，曾于 1932 年参与诗人参考书目编撰的另一个学者提到：卡瓦菲斯在当时坚持声称，那部书目远远未能做到内容详尽。很显然，随着大限将至，卡瓦菲斯并不希望带着遗憾离世。但在当时，处于临终之际的他不愿牺牲崇高的创作标准。从有限度地公开某些作品，到不断修改过去的作品，可以说，作为他的内在驱动力的那些标准，实实在在地陪伴了他的一生。

到1963年,乔治·萨维迪斯宣布说,现在归他个人所有的那位诗人的档案文件,包含25首未完成诗歌的草稿。就个人作品的托管人而言,没有哪个诗人能比卡瓦菲斯更幸运。多年来,通过一种能够代表他作为学者特有的人文精神的无私承诺,萨维迪斯向世人保证,卡瓦菲斯的档案将只提供给那些拥有必要的个人能力和品质、从而能够确保幸存作品得到权威性处理和出版的人。他将那些未完成诗作交给巴勒莫现代希腊研究所一个作风严谨的语文学家。雷娜塔·拉瓦尼尼,一个杰出的拜占庭文化研究者的女儿,她本人也是卡瓦菲斯的一个虔诚的研究者,现已出版了卡瓦菲斯在雅典提到的那些诗歌的单行本。她对于卡瓦菲斯草稿的研究(包括一些几乎看不清的纸张残片),使得诗人在1918年到1932年期间创作和加工的30多首诗歌能够与世人见面。她在出版标准上的严格要求,是对于在1995年去世的乔治·萨维迪斯最好的纪念。

对于每一个关注卡瓦菲斯的诗歌或是关注20世纪抒情诗的人而言,"卡瓦菲斯最新诗歌"必然会唤起他们极大的兴奋感。遗憾的是,一些成功地将卡瓦菲斯作品推荐给西方读者的作家——E. M. 福斯特、W. H. 奥登、玛格丽特·尤瑟纳尔和菲利普·谢拉德——都已辞世,不能够再品尝这一刻的快乐。不过,我们要感激卡瓦菲斯作品最好的翻译和最敏锐的评论家埃德蒙·基利[①]尚在人世。在20世纪80年代,当拉瓦尼尼悉心研究那些档案时,她就将30首未完成诗歌中的十三

[①] 埃德蒙·基利,出生于1928年2月,作家和翻译家,普林斯顿大学英语语言文学教授。

首临时公之于众，其中有七首是拜占庭主题，四首是叛教者朱利安主题。我当时有幸与拉瓦尼尼合作，在乔治·萨维迪斯的提议下，于1981年首次翻译有关朱利安的诗歌。萨维迪斯本人发表了其中两首新诗的文本，并将它们全部明确定义为"ateli"（未完成诗歌），从而有别于卡瓦菲斯的所有读者现在都很熟悉的另一组诗歌"anekdota"（诗人生前的未发表诗歌）。由于我们能够接触到所有30首未完成诗歌，以及少数幸存的手稿残片，我们完全可以认同编者将其描述为"一部系统性文集"的做法。它们都应归于可识别的卡瓦菲斯式主题这一范畴，而且它们可以互为参照。它们能够丰富我们对于诗人所有已发表作品的理解。九首诗涉及私人化的、通常都是公开的情欲题材，而二十一首具有历史特征（虽然它们当中也存在私人化的情欲元素）。如同那些已经公开发表的诗歌一样，这些诗歌表明，卡瓦菲斯在作品中曾展示出的"三位一体"特征（情欲、历史和哲学），在后期创作中基本不复存在。情欲滋养了他的哲学历史观（正如一个哲学家所描述的那种吉本式的历史观一样），而历史反过来也滋养了他的情欲。

卡瓦菲斯无疑是最具历史意识的现代诗人之一。他广泛阅读了希腊语、英语和法语的历史学术著作，而且他是那样关注原文来源，以至于一首未完成诗歌（关于亚他那修通过心灵感应而察觉到叛教者朱利安之死）最终未能发表的唯一原因，就是他不能确定米涅的希腊语版本《拉丁教父辑录》当中那个情节的确切来源。通过在他自己所保存的《罗马帝国衰亡史》版本上的旁注，卡瓦菲斯与吉本展开了热烈的争辩。他认真摘录了《剑桥古代史》中关于相关资料，比德兹伟大的朱利安传记，以及帕帕里戈普洛斯关于希腊人的开拓性历史著作。但比诗人对于历史的兴趣更加引人注目的东西，就是激发了他的想象力的那些历史领域。

作为一个其祖上系来自君士坦丁堡的后亚历山大大帝时期的希腊人，卡瓦菲斯代表了近东地区的希腊文化精神。他痴迷的是希腊的古老历史，而不是荷马史诗中的希腊人和雅典伯里克利时代的希腊人或者梭伦、柏拉图和狄摩西尼时代的希腊人。是亚历山大大帝之后几个世纪的希腊文化精神吸引了卡瓦菲斯。作为诗人，他描述了希腊化时代的希腊，描述了罗马帝国，而最为可贵的是，他也描述了从形成之初直到15世纪走向崩溃的拜占庭帝国。对于大多数19世纪后期和20世纪初期欧洲大陆的希腊人来说，所有这些都是令人遗憾的时期，因为希腊不得不屈服于外来帝国主义列强，而不是作为一个帝国而出现。他们在这一后期阶段的历史很少得到重视和研究。拜占庭一词本身似乎具有某种消极的意味。

当然，也有例外，譬如吉本所撰写的伟大的历史，J. B. 伯里[①]的《罗马帝国晚期的历史》，有关基督教兴起的各种具有启示性的作品，以及帕帕里戈普洛斯关于后来的希腊人的历史。这些作品连同它们所援引的来源，给卡瓦菲斯带来过无数的灵感。他的兴趣早已具有明确的方向。早在1888年和1891年之间，他就撰写了11首有关拜占庭主题的一系列诗歌，被统称为《拜占庭时代》。这些诗歌采用的是曾经深深吸引年青时的卡瓦菲斯的帕纳塞斯风格。12首有关朱利安的诗歌

---

① 即约翰·巴格内尔·伯里（1861—1927年），爱尔兰历史学家、古典学者和语言学家，中世纪罗马历史学家。

当中的第一首虽然是在死后发表的，但实际创作时间是在1896年。

这些题材随着岁月的流逝变得越来越重要，而且一旦他明确决定撰写同性恋（从1911年开始），他就承认了在其历史趣味中所包含的情欲成分。塞弗里斯有关卡瓦菲斯是在职业生涯中期从一个平庸的诗人转变为一个伟大的诗人这一著名观点，是可以从已发表作品中找到依据的，而且那些未完成的诗歌显示出，卡瓦菲斯对他在1918年之前所创作的诗歌从来没有再加工，这个简单的事实表明，他本人也意识到了这种变化。从1911年的《危险的思想》（*Ta Epikindina*）这首诗开始，卡瓦菲斯对他自己的情欲展开了诗意的探索。这首诗的内容是在公元4世纪中期，在康斯坦斯[①]和君士坦提乌斯统治时期一个虚构的叙利亚学生所作的简短独白：

> 被冥想与研修增益，
> 我不再畏惧激情像个懦夫：
> 我将给予身体以感官的愉悦，
> 以我曾梦想过的享乐，
> 以最为大胆的肉体欲望，
> 以我血液中淫荡的冲动……

现在，让我们审视一下那些未完成的诗歌中历史题材的作品。它们基本上可以分为四大类——希腊化时代的希腊历史作品，提亚安那的阿波罗尼奥斯的作品，朱利安的作品，以及拜占庭帝国后期历史的

[①] 337年到350年在位的罗马皇帝。

作品。所有这些题材在先前的已知作品中都有过描述。但是，这些新诗会让我们进一步了解卡瓦菲斯充满创造性的世界。每一首诗歌都为其他诗歌提供了某种诠释，卡瓦菲斯在 1927 年关于创作方法的一个著名评论，也强调了这样做的意义："就诗歌所传达的含义而言，即便是一首诗歌局部的光明，也会照亮另一首诗歌的黑暗。"

例如，我们不妨考虑一下那首可代表希腊精神、题为《阿革拉厄斯》的未完成的诗歌。那些创作笔记包含卡瓦菲斯自己抄录的近代学者威廉·伍德霍普·塔恩[①]在《剑桥古代史》中有关公元前 217 年诺帕克特斯会议[②]的叙述内容。那是一个值得关注的会议——用塔恩的话说——因为它代表了"希腊人最后一次团结一致地为抗争野蛮人发出的徒劳呼吁"。塔恩接着评论说："阿革拉厄斯的著名演讲基本上是真诚的，否则波利比奥斯[③]绝不会允许它由一个为他所痛恨的虽为希腊人，但却是埃托利亚同盟[④]方面的代表之口说出来。"阿革拉厄斯已经警告过，希腊人需要团结起来，才能对抗"西方升起的那团乌云。

---

① 威廉·伍德霍普·塔恩（1869—1957 年），英国古典学者和作家，撰写过大量有关古希腊历史（尤其是亚历山大大帝）的著作。

② 公元前 220 年，马其顿国王腓力五世与亚该亚同盟联合对抗希腊另一城邦联盟埃托利亚联盟，然而战事持续四年后仍无结果，双方终于在前 217 年签订和约，试图结束诸城邦间连续不断的战争。根据和约，希腊世界的权力分配基本维持原状。后文提到的阿革拉厄斯，是埃托利亚同盟方面的一个领导者。他在会议演说中谈到罗马和地中海西部迦太基之间的巨大斗争时警告说，无论谁获胜，都会成为对希腊的威胁。

③ 公元前 1 世纪到 2 世纪的希腊历史学家，以其著作《历史》而知名。

④ 古代希腊城邦联盟。最初是一个松散的部落联盟，公元前 367 年形成比较巩固的同盟，其核心始终是位于希腊中西部的埃托利亚。公元前 340 年左右成为军事强国，并在反抗马其顿的斗争中不断壮大。

然而，他的警告只是徒劳"。"因为即使对于我们中间那些不很关心国家大事的人来说，有一个事实也是很明显的：在这场战争中，不管是迦太基人打败罗马人，还是罗马人打败迦太基人，战胜者绝不可能满足于意大利和西西里岛的统治权，他们肯定会来这里。"从卡瓦菲斯的诗歌草稿可以清楚地知道，他还是一如既往地努力研究那个情节的来源：波利比奥斯的《历史》。他所撰写的如下诗句，反映出他是如何沉浸于对古希腊文化同一性的探索：

> 在诺帕克特斯国民大会上，
> 阿革拉厄斯说了必须说的话。
> "别再打了——那是希腊人打希腊人。
> 真正威胁我们的战争就在眼前。
> 要么是迦太基，要么是罗马将会打赢，
> 然后胜利者就会向我们进攻。
> 啊，腓力国王，你必须把所有希腊人都看成是
> 你自己的子民。
> 你要成为希腊的拯救者。"
> 除此之外，任何华丽的言辞，
> 都没有任何意义。

卡瓦菲斯的这首叙事诗，为他发表于1931年的一首常被讨论的诗歌提供了明确的解释（虽然它最初可能是在1916年撰写的）。它

的题目是《在公元前200年》，开篇首先引用了在高加米拉战役[①]结束后，伴随着送到雅典的战利品而向民众传达的称颂马其顿先帝亚历山大的话："亚历山大，腓力的儿子，还有除斯巴达人之外的希腊人……"斯巴达人没有追随亚历山大，为在一位非斯巴达将军服务。在这首诗里的那个叙述者，一边嘲讽了斯巴达人的孤立主义，一边对亚历山大在海外建立的那个伟大的、具有希腊精神的新世界[②]感到欢欣鼓舞。从表面上看，这首诗似乎反映了卡瓦菲斯自己对于希腊精神的激情，但强调了题目所涉及的公元前200年这个年份的埃德蒙·基利，在这首诗中恰如其分地发现了一种更悲观的调子。他在《卡瓦菲斯笔下的亚历山大》一书中写道："叙述者对于那种新的希腊精神发表颂词的时机，恰恰是在最后一个腓力五世的士兵在辛诺塞法利战役中被罗马人消灭三年之前[③]，也是安提阿三世[④]在马格内西亚战役中被击溃十年之前——那是一场使得罗马人对于那个伟大的新世界开始确立统治的失败。"那首未完成的有关阿革拉厄斯的诗歌，也有力地证实了基利有关反讽和悲剧化的视角。给卡瓦菲斯带来灵感的塔

[①] 公元前331年春，亚历山大在美索不达米亚与波斯帝国最后一场大规模的决定性战斗。

[②] 公元前334年春，亚历山大开始长达10年的东征之战，相继征服波斯帝国和印度河流域，并占领埃及全境。

[③] 公元前200—公元前197年，罗马对马其顿发动了第二次马其顿战争。腓力五世在辛诺塞法利战役中惨败后，被迫放弃他在历次胜利中所获得的全部领土。

[④] 安提阿三世（公元前242—公元前187年），塞琉西王国国王。托勒密四世死后，与马其顿君主腓力五世订立密约，瓜分托勒密帝国除埃及以外的领地。公元前189年，在马格内西亚战役中被罗马军队彻底打败，被迫放弃了欧洲、小亚细亚西部，但仍保有叙利亚、美索不达米亚及伊朗西部地区。

恩的文本最初发表于 1930 年,也就是卡瓦菲斯决定发表《在公元前 200 年》的前一年。

不过,还有一首新诗也和《在公元前 200 年》有关。它的题目是《这一切和斯巴达人无关》,而且日期明确标注为 1930 年 7 月,其主题是高尚的情操也有其限制。

> 要通过一切手段
> 培养适度的诚信
> 并将其付诸实践;
> 但你也要认识到,
> 你很有可能将诚信用错地方。
> 诚信是个好东西,
> 它会让人感觉妙不可言。
> 它会带来荣耀。
> 你会在很多方面成为诚信的榜样,
> 它也会给你带来帮助。
> 你会得到当之无愧的赞扬:
> 他这个人是多么诚信!
> 但是,应当把适当的水
> 注入过浓的葡萄酒中,
> 而且"这一切和斯巴达人无关"。

这个叙述者显然回忆起《在公元前 200 年》中的那个人,后者在那首诗的结尾自鸣得意地提出这样的疑问——"我们现在为什么要谈到斯巴达人?"

基利对于将这句话理解为具有反讽性作用的有力证据,同样适用于这首诗。它的标题直接暗示出是对另一首诗开篇内容的引用:事实上,这个标题的最初名称正是《除斯巴达人之除外》,再次引用了亚历山大代表他的军队而传达的自夸性的讯息。拉瓦尼尼认为,最终的题目"这一切和斯巴达人无关",是她无法找到其来源的一种古老的谚语表达。但其实并非如此。它只是卡瓦菲斯自己对于有关亚历山大大帝的文本的重新加工,从而将其变为叙述者在诗中的独白。就像那个叙述者在公元前200年所诉诸的情感一样,新的叙述者发现,斯巴达人的原则只会使他们置身事外。不过,他本人觉察不到希腊人即将受到一支外来力量的统治。那首新诗所反映出的对于斯巴达人的看法,明确地体现在发表于1928年的一首著名诗歌《在斯巴达》(该诗叙述了克里昂米尼三世[1]的母亲大度地同意作为托勒密王国人质而去往埃及的情形)当中。1929年,卡瓦菲斯发表了关于这一主题的第二首诗歌《啊,斯巴达之王》,赞扬了抑制住内心悲伤的女王的高贵品格。因此,卡瓦菲斯在他于1930年的未完成诗歌文本中再次着眼于斯巴达,这不足为奇。

有关朱利安的新诗,是最近几十年来已知的那七首诗歌自然的补充。它们展示了诗人公开拥护同性恋和他同样公开信奉基督教之间的紧张关系。此外,异教主义对于卡瓦菲斯而言,无疑暗示着某种感官

---

[1] 克里昂米尼三世(公元前260—公元前219年),亚基亚德世系的第27代斯巴达国王(公元前235—公元前222年在位)。他继承亚基斯四世的遗志,试图进行一系列改革来挽救濒临覆灭的斯巴达,但其努力以失败告终。

欲望，而这也是他谴责（正如吉本所做的那样）朱利安将对诸神的崇拜转变为一种枯燥的禁欲主义这一做法的原因。卡瓦菲斯熟知那个皇帝的基督教背景的儿童时期。这一认知所产生的影响，可以清楚地从一首未完成诗歌当中体现出来。那首诗歌直接取材于朱利安本人的一封存世信件，他在信中描述了他在年轻时，如何在一个名叫柏加修斯的大主教陪伴下去探访特洛伊遗迹。他们当时都是基督徒。当朱利安后来转信多神教以后，柏加修斯也丢弃了自己的信仰并且敬拜诸神。当他们一起周游特洛伊并且"各怀鬼胎"时，他们心里想的是什么呢？我先前曾阐述过这首诗的一种"可以感受到的恋童癖的氛围"（见本书第十二章），而且雷娜塔·拉瓦尼尼也接受了这一点：

> 他们来到了宏伟的雅典娜神庙，
> 一个是基督教主教柏加修斯，
> 另一个是信仰基督教的王子朱利安。
> 他们带着渴望与激情看到了那些雕像，
> 他们相当含蓄地彼此表达内心的想法。
> 他们使用典故，使用模棱两可的措辞，
> 使用充满警告的短语，
> 因为他们彼此还不十分了解。
> 他们总是害怕泄露某种东西，
> 啊，虚伪的基督教主教柏加修斯，
> 虚伪的信仰基督教的王子朱利安！

正如拉瓦尼尼注意到的那样，那个长者和那个少年彼此共享却没有说出的秘密，与1930年发表的《他询问质量》这首诗歌所表达的主题具有很大的相似性。在这首诗里，那个叙述者停留在一家店铺那里，并与一个英俊的店员交谈：

> 他询问那些手帕的质量和价格，
> 欲望让他声噎喉堵，几近窒息。
> 对方怀着同样的情感作答，
> 心神恍惚，声音低沉，
> 却将内心的激情暴露无遗。

关于朱利安的新诗，也包括先前提到过的一首有关亚他那修的心灵感应的诗歌。就像我们在有关特洛伊和那些手帕的内容中看到的一样，这种远距离感应对于卡瓦菲斯来说，具有至关重要的意义。还有一首未完成的诗歌，使用了类似的感知图密善之死的情节。在这个例子中，诗人回顾了具有传奇色彩的智者阿波洛尼奥斯的人生（在20世纪20年代，诗人围绕他已经发表了好几首诗歌）。这首新作可以追溯到同样的时期，并描述了在小亚细亚以弗所的阿波洛尼奥斯对于图密善在罗马遭到谋杀的狂喜感。这首诗的题目使用的是古希腊语"Peri ta tôn xustôn alsê"，其措辞直接来自卡瓦菲斯所借鉴的斐洛斯特拉图斯的《阿波洛尼奥斯传》。除了那个智者在产生心灵感应时所喊出的"打死那个暴君"（paie ton turannon）以外，这首诗本身包含了其他更多斐洛斯特拉图斯的文本的内容。就像朱利安一样，阿波洛尼奥斯对于卡瓦菲斯的多神教（他可以在不危及个人宗教信仰的前提下去欣赏它）探索过程非常重要。

在涉及四首有关朱利安的诗歌的未完成作品合集中，还包括另一首描述超自然能力的诗歌。在法国里昂南部的维埃纳地区，一个盲人老妇告诉那个未来的皇帝说，他即将登上皇帝宝座。阿米亚鲁斯·马尔采利努斯已经讲述过这个故事，卡瓦菲斯从他的文本中援引了一句拉丁语作为他的诗歌标题（Huncdeorumtemplis）。这是他的整个诗歌作品中唯一的拉丁语名称，因此必须被视为（就像使用来自阿特纳奥斯[①]、斐洛斯特拉图斯、柏拉图、普鲁塔克和朱利安的文本的那些古典希腊语名称一样）他为一个历史来源所赋予的重要性的体现。在卡瓦菲斯的作品中，只有一个题目使用的是罗马字母，而且那是1901年借鉴但丁作品的一首早期诗歌。

关于异教和基督教那些存在冲突性的主题，囊括了许多有关拜占庭的已发表、未发表和未完成的诗歌。那些新的文本现在为已知的诗歌提供了一种解释。卡瓦菲斯作品的细心读者会记得他发表于1912年（也就是在《危险的思想》问世第二年）的那首出色的诗歌《在教堂》：

> 我热爱那教堂：它的教旗，
> 它的银器和烛台，
> 它的灯光、圣像和讲坛。

[①] 活跃于公元1至2世纪的罗马帝国时代埃及作家，生平不详，用希腊文写作，留下《欢宴的智者》一书，该书以对话体写成，为后世保留了大量珍贵风俗和文学方面的资料。

> 每当我进入这座希腊教堂,
> 嗅到焚香的香味,
> 感受到礼拜式上的歌唱与和谐,
> 看到教士们庄严地出现,
> 我会为他们华美的法衣所倾倒,
> 为他们郑重而又富有韵律感的姿态所折服。
> 我会回顾我们人类的伟大荣耀,
> 回顾我们那充满荣光的拜占庭传统(ston endoxo mas Vizantinismo)。

"我们的拜占庭传统"在1912年是一种相对敏感的事物,而且在此后很长一段时期内几乎都是如此。不过,卡瓦菲斯并不是将拜占廷帝国的希腊精神看成是过去希腊多神教信仰堕落的一种结果,而是对他愿意将其与他自身联系起来的那种信仰的一种肯定。在那些所谓的未发表诗歌当中,有一首写于1914年的作品,卡瓦菲斯通过它,描绘出拜占庭帝国最后一年的情形,当时,狄奥菲洛·帕里奥洛加斯[①]曾经发出一句绝望的呻吟,"我宁愿去死而不是活着"。卡瓦菲斯为这个遥远而又可悲的人物赋予了一种新的意义:

> 啊,狄奥菲洛·帕里奥洛加斯,

[①] 狄奥菲洛·帕里奥洛加斯(813—842年),拜占庭皇帝,公元829年到842年在位,阿摩利亚王朝第二个皇帝,也是最后一个支持打破圣像运动的皇帝。

> 我们这个种族有多少悲情，多少渴望，
> 多少疲倦——这种疲倦来自不公正和迫害——
> 都包含在你那充满悲剧性的呻吟中。

"我们这个种族"的渴望和"我们的拜占庭传统"，现在都可以从有关拜占庭主题的那些未完成诗歌当中得到回应。或许最有力的回应是另一首戏剧化地描写了拜占庭帝国末期的诗歌。它延续了有关狄奥菲洛·帕里奥洛加斯那首诗歌的哀婉情调，但却结合了卡瓦菲斯对于情欲探索的兴趣，以及在一个基督教世界里这种兴趣与异教主义之间的复杂关系。这首名为《游泳之后》的诗歌，是从两个年轻男子从海中裸体上岸写起的。天气很热，他们都不愿意穿上衣服。卡瓦菲斯通过不同的诗句表明，他竭力赞赏他们的裸体之美，他们的面孔乃至他们的私处之美。这些诗行会使人联想起作者的另一首名为《在1908年》的诗歌，它的发表时间距卡瓦菲斯去世仅有五个月。在这首诗歌里，一个25岁的男子以靠赌博为生，他从别人那里借钱，穿着肮脏破烂的衣服，而且，据说为了让自己冷静下来，他会在早晨洗冷水澡。叙述者还记得在1908年时，他"浑身一丝不挂，有着无可挑剔的英俊外面，就像是一个奇迹"的情形。在这首新诗当中，诗人指出古希腊人是多么欣赏青春之美，就这一点而言，读者几乎很难意识到，《游泳之后》与其说是表达露骨的情欲的诗歌，不如说是一首展示历史事实的诗歌。

但是，我们突然间被告知，这些男人的导师不是别人，正是格弥斯托士·卜列东①。这一内情让我们知道，我们所读到的是15世纪中期的故事。格弥斯托士是那个时期一个著名的新柏拉图哲学家，他对于异教主义的同情引起了基督教机构的疑忌，这也最终导致他被流放到伯罗奔尼撒半岛的米斯特拉地区。当然，格弥斯托士本人是一个基督徒，因此他的经历很容易引起卡瓦菲斯的兴趣。一旦格弥斯托士出现在诗歌中，作者便顺理成章地提及皇帝和大主教对于异教主义的指控。于是，诗歌便以古希腊精神和那些年轻美男子的高调结合作为结尾：

> 格弥斯托士通过他的教学，
> 影响着那个时代的青年。
> 他才智过人，擅长雄辩，
> 他是古希腊文化的代言人。

这是对于拉瓦尼尼重新整理的那首诗歌的翻译。不过，那些草稿文本显示出一种惊人的差异性。其中一个版本将格弥斯托士描述为古希腊文化的一个完美爱人（erastis）。在很多方面，这都是一个更令人满意的文本，它将诗歌起始处的情欲特征和诗歌结尾处那个欣赏希腊异教主义的基督徒智者结合在一起。

其他有关拜占庭的诗歌也侧重于这个帝国的晚期。虽然表现公开情欲的内容相对较少，它们却反映出卡瓦菲斯对于"我们的拜占庭传统"的自豪感，以及对于同他所赞美的事物相抵触的那些力量的历史

---

① 格弥斯托士·卜列东（约1355—1452年），14世纪后半叶和15世纪初知名的拜占廷作家，柏拉图思想哲学家。

观。两首涉及约翰·坎塔库泽努斯[1]的诗歌，再次表现出我们从先前发表作品中已知的那种创造力，并使得拉瓦尼尼现在能够以充分的理由，鉴别出一系列有关坎塔库泽努斯的诗歌。

1341年，当皇帝安德洛尼卡·帕里奥洛加斯[2]去世时，约翰·坎塔库泽努斯没有替安德洛尼卡9岁的儿子争取到摄政权。得到君士坦丁堡大主教支持的安德洛尼卡的遗孀安娜和坎塔库泽努斯展开了为期六年的权力之争。在卡瓦菲斯发表作品中两首已知的、分别出自1924年和1925年的出色的诗歌当中，作者纪念了在1347年内战结束时坎塔库泽努斯的获胜。第一首是以那一年为时间背景、由安娜所在派别一个感到后悔的重要成员抒发的独白，他怨恨自己因为错听了大主教的坏主意而站错了队。

　　他（大主教）有着威严的
　　教派中人的形象，
　　却提供了完全虚假的信息。
　　他的各种承诺，
　　他的胡言乱语
　　完全不值一提。

---

[1] 约翰·坎塔库泽努斯（1292—1383年），拜占庭帝国皇帝，政治家和历史学家。1343年到1345年他与土耳其人结盟，并将女儿嫁给奥斯曼帝国苏丹奥尔汗。在土耳其人的协助下，1347年2月回到君士坦丁堡，5月加冕为约翰五世的同朝皇帝，称约翰六世，1354年被迫退位。

[2] 安德洛尼卡·帕里奥洛加斯（1297—1341年），拜占庭帝国皇帝，于1328年至1341年在位。

第二首诗是有关约翰·坎塔库泽努斯在同年加冕仪式上的伤感的叙述，当时，彩色玻璃被用来代替珍贵的宝石。叙述者感叹说："我们那个饱受蹂躏的帝国极其贫困。"但他看不出那些小玻璃片有什么让人丢脸或者不光彩之处。在他看来，它们似乎是对于崩溃的拜占庭世界一种不公正命运的悲伤抗议。吉本的相关表述必然给诗人带来过灵感："那是一个令人骄傲的贫穷时代，匮乏的黄金和珠宝，用玻璃和镀金皮革做的小物件加以代替。"

两首新诗的发表时间都是1925年，因此和那两首已知诗歌基本上是相同时间的作品。卡瓦菲斯在当时对于坎塔库泽努斯的兴趣的另一个重要体现，是来自这几首诗歌中的第一首《主教》，它直接借用了历史学家帕帕里戈普洛斯对于那个皇帝所使用的不乏赞赏的描述性语句。作品通过将两个都叫约翰的男人——"鲁莽和粗俗"的约翰，以及"睿智、温和、爱国、勇敢、能力强"的约翰——的个性特征进行对比，有力地刻画了与主教之间的争斗。正如戴安娜·哈斯经常注意到的那样，我们再次看到了似乎经常出现于卡瓦菲斯对拜占庭的叙述中"我们的"这个指示代词："我们的拜占庭风格"，"我们这个种族的"渴望，"我们的那个饱受蹂躏的帝国"，以及现在谈到坎塔库泽努斯时所称的"统治着我们的子民"的领袖。

题目为《主显节》的有关坎塔库泽努斯的新诗中第二首的显著特征之一，就是作者大量使用了那一时期的原始史料。有关尼斯福鲁斯·格雷戈拉斯[1]以及约翰·坎塔库泽努斯本人所写的历史都被直接

---

[1] 尼斯福鲁斯·格雷戈拉斯（约1295—1360年），拜占庭时期的天文学家、历史学家和神学家。

引用。关于他自己的那个时代,那个皇帝撰写了具有某种偏袒性,但却可以通过格雷戈拉斯书写的历史而加以补充的、有很大研究价值的历史。两个作者都描述了皇帝之母西奥多拉·康塔屈泽纳在1342年内战期间于主显节①这一天的死亡。卡瓦菲斯的诗歌结尾,使用了第一人称的形式,这些句子带着伤感和学术的味道:

> 我从有关尼斯福鲁斯·格雷戈拉斯的历史中,
> 援引了康塔屈泽纳那令人伤感的死亡。
> 在约翰·坎塔库泽努斯皇帝的历史性作品中,
> 这个故事的记述有所不同,
> 但同样令人感到忧伤。

考虑到在1924年和1925年有四首诗歌写的都是约翰·坎塔库泽努斯,我们不得不去了解一下,为什么在拜占庭晚期的这个可悲的人物对于卡瓦菲斯有如此大的吸引力。在他阅读吉本、帕帕里戈普洛斯、格雷戈拉斯以及坎塔库泽努斯的作品的过程中,显然有某种东西唤起了他的共鸣。我认为那种东西就是在没有牺牲其信仰的前提下,约翰·坎塔库泽努斯成功抵挡住传统大主教权威的勇气。约翰·坎塔库泽努斯在弃位之后,成为一个僧侣和一个历史学家。他是一个正直的、能够坚守个人原则的人,他使用的彩色玻璃饰品,证明他对浮华和财富不屑一顾。他知道,他是一个腐朽和贫困世界的一部分,但他保持了卡瓦菲斯笔下的人民("我们的人民")的拜占庭风格。他在精

---

① 基督教会庆祝耶稣诞生的节日。

神上的赤裸,就和格弥斯托士的门徒肉体的赤裸一样动人。他拥有在面对逆境时的那种斯巴达人的尊严。只要人们还记得在1908年,一个在洗澡时的流浪青年的形象,他的光辉就永远不会陨落。

卡瓦菲斯的诗歌,特别是那些带有强烈个人色彩的诗歌,似乎往往是有关过去的"快照"。很早就已腐化或变为尘土的灵魂和身体,在那些"快照"中,却依然鲜活。卡瓦菲斯本人在1913年所写的以快照作为类比的诗歌"Etsi"(英文名称就是"照片"),生动地唤起了我们对于一个失落的过去的追忆,它战胜了时间和生活的侵蚀,保存着一位佳丽最美好的倩影:

> 谁知道你过的是怎样一种
> 庸俗而腐朽的生活;
> 当你摆好姿势拍下这张照片时,
> 周围的环境该是多么可怕;
> 你该是拥有一种何等廉价的灵魂。
> 尽管如此,对我而言,
> 你仍保留着那种梦幻般的面孔,
> 你的倩影让我体验到
> 那种希腊精神的愉悦感——
> 这就是你留给我的印象,
> 这就是我的诗歌对你的描述。

现已发表的未完成草稿,让我们看到了一首以"照片"作为标题的新的诗歌。它标注的时间是 1924 年，可以追溯到 1913 年那首更早的诗歌。我们仿佛从诗歌中看到，一个不知名的人正在看着 1892 年的一张照片上一个英俊的年轻人的形象。他起初感到莫名的忧伤，但接下来，在照片中没有一丁点可以让人感到羞耻（ntropi）的东西这一事实，还是让他得到了安慰：

只有傻瓜才会使用
"堕落"和"淫秽"这样的字眼

拉瓦尼尼已经注意到，在卡瓦菲斯于 1891 年到 1925 年这一时期所作的诗歌中，有一首现已失传的写于 1904 年的诗歌，标题是《照片》。那首诗歌的日期，可以很容易匹配我们现已找回的那首具有同样标题的诗歌的背景。这两首作品之前可能有怎样的关系，我们大概永远无法知晓，但二者之间必然有某种关系。因此，照相机对卡瓦菲斯创满创造力的想象的影响，可以追溯到他诗歌生涯中更早的时期。

那部大脑"照相机"同样重要，正如我们在《在 1908 年》这首诗中所看到的那样。它所展示的图像，就像真实的照相机拍摄的图像一样，会提醒任何人联想到一个放荡者如何摆脱了羞耻感。这些提醒物有助于帮助他成为一个诗人，他在 1915 年的一首诗中也强调了这一点。只要他感到羞耻，他就会提出这样的问题："我是一个什么样的诗人，我将成为什么样的艺术家？"我们已经知道，卡瓦菲斯曾用酒精来缓解自己的压抑。在 1917 年的作品《半小时》中，他称酒精是魔法。那些未完成诗稿会让我们联想到 1919 年一首诗歌的相同主题。酒精展开了一个来自遥远过去的充满情欲的画面,而且那个上了年岁的诗人恢复了他对于羞耻感的记忆。遗憾的是,不同的叙述版本使得建立起一个明确文本的过程变得异常困难,但是,我们还是很容易看到卡瓦菲斯在这方面想要达到的目的。他在夜里待在一所封闭的房子里喝酒。他一直喝到周围的一切都消失了,发现自己再次出现在马赛①的一条街道上,并且看到了一个年轻的美男子。

> 那一定是我昨夜喝的酒,
> 那一定是失眠:
> 我累了整整一天。
> 在我面前,那个有着古老装饰的黑色木床
> 消失了,一同消失的,
> 还有通向餐厅的门,
> 那红色的扶手椅和那张小沙发。
> 取代它们的是马赛的一条街道。
> 我的灵魂获得了解放,
> 它不再受到拘束,
> 又可以四处游荡,
> 我的脑海里浮现出
> 一个性感而又敏感的年轻人的形象——
> 一个堕落的年轻人,我必须承认。
> 我的灵魂感受到了自由。

---

① 法国东南部港市名。

> 啊，你这个可怜的东西，
> 你过去完全被年龄的重量所束缚。
> 我的灵魂得到了释放，
> 我在马赛看到了一条
> 让我感到舒适的街道，
> 我的眼前出现了
> 一个堕落而又快乐的年轻人的形象：
> 他从不感到羞耻，
> 这是板上钉钉的事实。

在 22 年之前的 1897 年，卡瓦菲斯和他的弟弟约翰在去英国的途中，曾经取道法国并造访过马赛，但对于那个年轻人的形象的记忆，永远都隐藏在他的脑海的最深处。卡瓦菲斯所称的"具有魔法作用的酒精"，将这一记忆完全唤醒。那个男孩没有感到羞耻。这首诗的早期草稿表明，卡瓦菲斯也同样在迫使自己不会感觉羞耻。

卡瓦菲斯在那里度过一生大部分时间，并且形成了他的许多记忆的亚历山大市，是基利那本具有启发性的专题研究的主题。在那些新的文本中，有一个诗歌文本直接提到了那个城市，而我们可以根据这一点作出适当的总结。这首诗写于 1927 年 12 月。诗人在作品中自豪地宣称，他对于希腊化时代后期有多么热爱：

> 我的想象力现在延伸到的地方，
> 不是托勒密王朝的亚历山大，

> 而是第 5 世纪和第 6 世纪的亚历山大。
> 从第 6 世纪和第 7 世纪开始,
> 直到阿拉伯人的力量渗入之前,
> 亚历山大都是一个充满活力的重要之地。
> 他们仍然会说希腊语。
> 我们如今可以这样去看待那个时代:
> 我们现在已将希腊语带回到
> 属于它自己的土地上。

在这首诗最后几行的初稿中,卡瓦菲斯甚至更直接地表达了自己的态度:

> 我是一个希腊诗人,
> 是这个城市的希腊人。
> 我的希腊化时代的作品,
> 已经成为这个城市土壤的一部分。

卡瓦菲斯把自己看成是一种伟大传统的继承人。阿里斯托梅尼,来自利比亚西部的一个王子,是在写完上述诗句不到一年所作的一首诗的假想对象。那是一个自命不凡和装腔作势的人,他喜欢希腊的服装、文化和语言,但是,他长期生活在使用希腊语时,总会出现大量语法错误的恐惧中。就像卡瓦菲斯描述的那样,当他开口讲希腊语时,

那些亚历山大人
就会按照他们习惯的方式
开始取笑他……

所以,那个可怜的家伙因无法自如地表达自己的想法而饱受折磨。阿里斯托梅尼是一个外来者,他的尴尬反衬出令人羡慕的亚历山大文化的博大精深。伊斯兰教的传入改变了一切,这首新发现的诗歌在清楚地提到阿拉伯人的力量时所表明了这一点。即使如此,卡瓦菲斯发表于 1914 年的诗歌《放逐》,显示了他对直到 9 世纪少数希腊人中残留的古希腊文化影响的反思。那个城市已经不再是最初的样子,但尽管如此,

我们晚上会在滨海区相见,
我们一共五个人,
(我们用的都是假名字)
还有其他一些
仍留在这个城市的希腊人。
我们有时讨论教会事务,
(这里的人们似乎都偏爱罗马)
有时讨论文学。
不久前的一天,
我们朗读了诺恩诺斯的诗句:
那是什么样的意象,

> 什么样的节奏,
> 什么样的措辞,
> 什么样的和谐!

诺恩诺斯,5世纪一个擅长撰写酒神神话的伟大的史诗诗人,他作为作者而出现在这里,是因为9世纪一些亚历山大人可以从他那里获取灵感。类似地,当卡瓦菲斯在20世纪的亚历山大城中时,他是从在诺恩诺斯时代便开始兴盛、并在哈里发统治的拜占庭帝国时期持续蓬勃发展的希腊世界那里寻找灵感。正是通过卡瓦菲斯,这个城市才能再现那种属于希腊人的古老的荣耀。

第十五章　晚期莫米利亚诺

当阿纳尔多·莫米利亚诺于 1987 年 9 月 1 日去世时，许多国家的精神生活遭受了严重打击。对于意大利、法国、德国、英国、以色列和美国等国的学者和思想家来说，莫米利亚诺不仅是一个著名的历史学家，也是关系亲密的朋友。他欢快的笑容，皱巴巴的西装和无所不在的肩袋（那里面总是满满地装着铅笔、纸和书），是他们记忆里一个熟悉的景象；他既令人着迷，又有些叫人生畏。在温柔可亲而又不修边幅的外表下面，是 20 世纪最具活力和洞察力的头脑之一。这个侨民教授总是缓步而行的姿态和热诚的微笑，隐藏了我们这个时代的一种无与伦比的博学，一种不知疲倦、毫不妥协的智性，一种同时被爱与愤怒滋养的精神需求。

莫米利亚诺是一个和很多国家都有关联的人，这或许是为什么他的影响如此巨大的原因。他出生于都灵南部的卡拉廖①，一个祖上来自皮埃蒙特大区的杰出的犹太知识分子家庭，他整个一生都认为自己是一个与大多数意大利人不同的意大利人。虽然在 19 世纪 20 年代和 30 年代，他成为意大利知识界的一个名人，而且在 22 岁就撰写了他的第一本书，但他在 1939 年从意大利的流亡（他在前一年失去了他

---

① 地名，靠近意大利西北部皮埃蒙特大区库内奥省。

在大学的讲席），让他始终仇恨那些法西斯分子，以及涉嫌与他们积极合作的人。他的几个家人死于纳粹之手这一事实，使他对德国人长期怀有敌意，直到在他生命后期，他的精神才令人钦佩地战胜了他的情感，使他对德国人的敌意有所缓解。从1939年开始，莫米利亚诺在英国建立了新的生活，最终成为伦敦大学古代史教授和牛津大学万灵学院的董事。作为一个敏锐的外来者，他在很多方面比英国人更了解他们自己。这种理解帮助他接受了一个事实：不管他在英国生活多久，他都永远是一个局外人。战后他与意大利重新接触，并与耶路撒冷希伯来大学发展了密切关系，然后，他又逐渐将个人活动延伸到北美地区。

如此动荡和多样化的背景，让莫米利亚诺成为其他经受过逃亡、隔离或者种族歧视的伟大学者的理想诠释者。他对于住在意大利的德国流亡者贝洛克（娶了一个美国妻子）富有同情心的评价，对于俄国流亡者罗斯托夫采夫在俄国革命方面的经验和成就的评价，或者对于另一个俄罗斯流亡者埃利亚斯·比克曼的犹太人家庭出身的兴趣，都根植于他自己的个人经历。随着年龄的增长，莫米利亚诺的工作不再局限于作为其职业生涯起点的古希腊和古罗马主流历史。他的研究工作更多地转向史学史、学术政治以及从古代到现代的传记艺术。在他的古代学研究中，莫米利亚诺更多的关注点，不是亚历山大大帝的征服历史或者罗马执政官的辉煌业绩，而是那些生活在希腊罗马世界边缘的人——凯特人①、伊朗人，尤其是犹太人。当他的一些同行在1983年协助他出版了一部纪念其卓越成就的作品合集时，这部作品被

---

① 古代西欧人，其中有些人在罗马人到来之前已定居于不列颠。

恰如其分地定名为"*Tria corda*"("三颗心")。莫米利亚诺至少在三个国家长期居留过,尽管没有哪个国家让他有真正的归属感。

毫无疑问,"*Tria corda*"这一标题,显著对应了出自莫米利亚诺笔下(他确确实实用笔写的,他始终用不好打字机和文字处理机。)的最后一部论文合集的题目。那本书名为《论异教徒、犹太人和基督徒》(卫斯理大学出版社,1987 年)。它是在作者去世以后问世的,在此之前,有关其文章合集的纪念性丛书第 8 卷刚刚在意大利出版。莫米利亚诺论述三个宗教世界的最后这部作品的问世,为探究他的职业生涯最后阶段提供了一个很好的机会。这本书中的所有文章,都是在他去世前的七年里写完的,在那个阶段,他显然和北美尤其是芝加哥大学有着更为紧密的联系。在这十年里,远远超出正常退休年龄的莫米利亚诺,每年都会作为一位受尊敬的教授到芝加哥访问;而且正是在那里,在一些志趣相投的学者的支持下,他展开了新的宗教史研究,并在最后几年将很多精力用于研究这一学科。莫米利亚诺的学术之旅,也从芝加哥延伸到北美其他主要学术中心。他非常看重在《美国学者》杂志的编委会成员身份,而且很少错过它每半年一次的会议。考虑到莫米利亚诺跨越大西洋的人生阶段和他撰写收于《论异教徒、犹太人和基督徒》中的论文的时段有如此多的重叠之处,二者之间的联系恐怕是值得探索的。

莫米利亚诺与北美学术界之间的密切关系开始于 1962 年,当时,他在加州大学伯克利分校教授名为"萨瑟塔[①]讲座"这门课程。他采

[①] 伯克利加州大学校园内的一座钟楼,常被称为"钟楼",类似于威尼斯的圣马可钟楼,是伯克利加州大学最显著的标志。

用的一系列题目是非常传统的，譬如"现代史学的古典基础"。他的授课题目表明，在匆促地了解了有关波斯和犹太史学之后，他再次进入了希腊和罗马编年史家希罗多德、修昔底德和塔西佗等人广泛研究的领域。这些授课内容在他生前从未发表过，莫米利亚诺的朋友们必然很清楚内情。在几十年后发表的一篇提到这些不曾发表的授课内容的报纸文章，足以使作者招致铺天盖地的批评。对于一个致力于让其大量作品迅速面世的人而言，未能发表"萨瑟塔讲座"，只是意味着莫米利亚诺对它们并不满意。虽然其中一部分已经作为几篇文章面世，但在他的眼中，这些课程大概缺少新鲜和独特的视角，因此他认为并不适合出版，而且，它们在其作者去世后的首次发表，强化了这种猜测的可靠性。

当莫米利亚诺于1965年来到哈佛大学，并教授一个学期的古典和历史课程时，就像在伯克利大学一样，他开办了显然是源于他的早期研究工作的两个研讨课。在教授这些研讨课之际，哈佛大学的经历，明显改变了莫米利亚诺的学术研究方向。他可能是有生以来第一次发现，他所面对的学术群体难以分享（至少当时如此）他自己对于文艺复兴运动之后意大利文化和思想重要性的认同感。几乎没有学生对他有关18世纪意大利哲学家维科的研讨课感兴趣。莫米利亚诺在一个场合激烈地抱怨说，在美国，意大利的教授差不多都成了"前任理发师"。毫无疑问，对于美国人（甚至是那些很有教养的美国人）而言，在20世纪60年代提到意大利，他们通常只会联想到教皇、黑手党或移民劳工。莫米利亚诺震惊地发现，像美国这样一个部分是建立在古罗马奠定的基础上的国家，竟然对现代意大利文明没有多少兴趣。在随后几十年里，情况发生了巨大的变化，现代意大利文化不仅在美国受到广泛重视，而且变得很时髦。毋庸置疑的是，莫米利亚诺本人对于促进这种变化发挥着某种作用，这是因为在整个70年代和80年代，他在美国开展了越来越多的相关教学和讲座。有关古典和现代意大利之间的关系的问题，从来都是莫米利亚诺的关注点。在去世两年之前，他还在芝加哥举办了一次题为"一个古典国家的古典学术研究"的讲座。

在1965年哈佛大学那个学期，莫米利亚诺主持的另一个研讨课，是被称为《奥古斯都史》的有关罗马皇帝的传记史的研究。这些通常简短、粗俗而且缺乏可靠性的传记，向几个世纪以来的古代史学者提出了一些问题。莫米利亚诺本人撰写了有关这一主题最有影响力的现代论文之一——他将其定名为《一个未解决的历史伪造问题》。他为哈佛大学研讨课所选择的这个题目，反映了他极不情愿接受围绕有关罗纳德·赛姆爵士的观点所形成的新的共识，即，《奥古斯都史》是一个喜欢搞怪的学者的著作，他是故意同时又是善意地对文明世界搞了一个恶作剧。

莫米利亚诺在其私人关系中总是热情奔放，在学术研究方面却永远极其严肃。对他来说，一个博学的人会把时间浪费在撰写像一个笑话似的糟糕传记上，这很难理解。虽然他几乎始终都在抵制公开发表的赛姆的观点，但在1965年的那个研讨课上，他显然表明对于和他的个人看法大相径庭的那些观点的包容。他和聚在他周围的那些优秀学生建立了密切的关系。那个研讨课可被形容为他对于美国学术研究的第一次重要影响。与此同时，他的学生们对他也产生了影响：他们鼓励他不必再像过去那样过度关注《奥古斯都史》的创作日期与目的，而是以一种更广阔的视野来思考古代传记，如关注其伟大榜样苏埃托尼乌斯和普鲁塔克的著作，以及性格塑造和人物描绘等更重要的问题。

三年后，哈佛大学邀请莫米利亚诺回来主持有关纪念卡尔·纽尼尔·杰克逊（哈佛大学历史学教授）举行的系列讲座的第一组讲座。莫米利亚诺选择了"古代传记发展"作为他的讲座主题。他选择的主题显然是源于三年前的研讨课经验，这一转向传记的过程代表了他研究古代世界的一个新方向。传记是他理想的主题，因为他对古典历史学术研究有着长期的兴趣。他本人为《意大利百科全书》（*Enciclopedia Italiana*）撰写了一系列主要学者的重要传记，这些传记和其他对过去伟大人物的回忆文章，都受益于莫米利亚诺在他的学术研究中所展示出的温暖的人性精神。这意味着他本人开始作为传记撰写者对传记展开学术研究。

在 20 世纪 60 年代后期和 70 年代初期，莫米利亚诺对于传记这一主题坚持不懈的研究，在那个时期的学术史学背景中显得尤为可贵。传记在当时没有多少市场，甚至思想史研究也处于奄奄一息的状态，教授们通常都在为社会和经济历史研究大唱赞歌。但是，莫米利亚诺自行其是。正是他的这种学术研究的思想力量（更不必说他的个人人格魅力）吸引了其他一些追随者。在从伦敦大学教授职位上退下来以后，莫米利亚诺很快就在美国和意大利拥有了热情的拥趸。他为他在这两个国家的研讨课和讲座选择的主题彼此独立而又相关。毫无疑问，这可以使我们意识到这两个环境及其教育系统提供的两种相互支持的促进机制的存在。他在比萨市①用了多年时间，对19世纪末和20世纪初的主要学者进行了一系列调查研究——他们的著作，他们的主要关注点，他们的思想遗产。这是他作为传记作者更早期工作（尤其是《意大利百科全书》和其他作品）的一个自然延伸。在美国，莫米利亚诺继续展开对于传记这一体裁的研究工作（事实上，他正是从美国开始了这一工作）。

美国历史学家海登·怀特所撰写的名为《元史学》震惊了莫米利亚诺，他开始在美国全面对抗怀特所支持的历史决定论的观点。尽管莫米利亚诺多年来一直着力于观念方面的研究，为了对抗怀特在其作品中提出的将历史作为一种修辞的观点，在美国逗留的岁月里，他成为了"事实和实在"的强有力的捍卫者。随着莫米利亚诺在学术研究中再次显示出与众不同的思想力量，有更多的学者开始步其后尘。

最终，在美国居留的时期，莫米利亚诺越来越关注学者的个性和传记的性质，并且开始更多地研究人类行为的精神动力。现在，在他70多岁的年纪，他着手系统地研究宗教，仿佛是一个事业刚刚起步的年轻学者。莫米利亚诺在生命最后十年将宗教作为历史研究主题的原因必然是复杂的，但他如此长久地居住在包含各种宗教（尤其是摩门教和基督教科学，以及各种各样的外来教派）的北美地区这一事实，肯定起到了作用。另一个动力是来自莫米利亚诺在芝加哥大学杰出的同事米尔恰·伊利亚德②，后者曾就其《宗教百科全书》一书邀请他

---

① 意大利中部城市，以比萨斜塔闻名。
② 米尔恰·伊利亚德（1907—1986年），出生于罗马尼亚的西方著名宗教史家。1956年，伊利亚德以访问教授身份应邀到美国芝加哥主持讲座，次年任芝加哥大学宗教系主任和教授等职。80年代，伊利亚德学术声名日盛，并担任《宗教百科全书》主编。

撰写有关宗教史学以及古代宗教的章节。这对于莫米利亚诺而言是一个极大的挑战，让他感觉到了其难度之大，正如他向熟人欣然承认过的那样。他已经为《剑桥古代史》撰写了一些有关早期罗马宗教的材料，但伊利亚德所要求的是某种内容更广泛、一般人更容易理解的东西。

正如其最后一本书《论异教徒、犹太人和基督徒》所显示的那样，莫米利亚诺和宗教在许多方面都堪称是一个奇怪的结合。他并不是一个对宗教过分虔诚的人，虽然他非常熟悉《圣经》。他自己的犹太身份和特征让他感到痴迷，毫无疑问，这是战争带来的可怕动荡的结果；但是，这种痴迷和宗教崇拜几乎没有任何关系。在《论异教徒、犹太人和基督徒》收录的第一篇文章中，他不乏自豪地强调声明，他不认为《圣经》对他而言有什么特别之处："请允许我从一开始就承认，关于《圣经》的难度与其他经典的难度不可同日而语这种说法，我基本上不以为然。对一个很早就开始阅读希伯来语的《圣经》、拉丁语的李维作品和希腊语的希罗多德作品的人而言，我从未觉得解释《圣经》这一任务比解释李维或者希罗多德的著作更加复杂。"

有一次，当莫米利亚诺试图解释一个杰出的古典语文学家在宗教方面的成就时，他可能造就了在其整个职业生涯中一次最严重的误解。在为古典学者爱德华·弗兰克尔[①]所写的讣文中，莫米利亚诺指出，这个德国犹太侨民整个一生都通过致力于学术研究来履行犹太教的神圣义务。没有什么离事实更远的了。弗兰克尔的确是一个犹太

[①] 爱德华·弗兰克尔（1888—1970年），德裔英国语言学家。

人，但他宁愿永远不去考虑这一点，而且，他最终是自行结束了自己的生命，而不是在他妻子去世之后独自生存。如果说犹太教对于哪个犹太人而言无足轻重，那么这个人就是弗兰克尔。

莫米利亚诺在弗兰克尔这件事上所犯的错误，以及他自己关于《圣经》所宣称的观点，有助于解释在《论异教徒、犹太人和基督徒》中出现的一些更令人惊讶的结论。他从个人背景中所了解的一件事，就是细心的犹太人为研究他们的宗教付出过多么大的努力。他知道，一个犹太人的教育总要花费大量时间阅读，而且知道基督教徒必然受过信仰方面的训练。对于二者而言，《圣经》必然是被研究、思考和审视之物。他也知道，信徒一旦接受了教育，就能够像学者一样参与讨论甚至是论战。因此，宗教教育在莫米利亚诺看来，似乎是了解宗教的一个重要组成部分。所以，当他把注意力转向异教时，他遇到了严重的问题，这一点儿也不奇怪。

在为伊利亚德的《宗教百科全书》所写的一篇文章中，莫米利亚诺尝试描述在异教世界各种具有竞争性的教派和宗教仪式（包括公开的和私密的）。在简要列举了从小亚细亚和埃及的外来神明，类似阿斯克勒庇俄斯①这样的医药神，各种寺庙奇迹、魔法、星象学甚至是琐罗亚斯德教②之后，莫米利亚诺写道："要理解罗马帝国的异教氛围，真正的困难可能在其他地方。对于当时的普通人如何（以及在多

---

① 太阳神阿波罗和塞萨利公主科洛尼斯之子（一说是阿波罗和克吕墨涅之子），古希腊宗教和神话中的医药神。

② 在中国称为"祆（xiān）教、火祆教或拜火教"，是在基督教诞生之前中东最有影响的宗教，也是古代波斯帝国的国教和现代中亚等地的宗教，其教义一般认为是神学上的一神论和哲学上的二元论。

大程度上）了解罗马宗教，仍然是一个谜。关于古希腊任何特定城市的宗教也存在同样的问题……那些谈论过自身所受教育的人（例如西塞罗、贺拉斯和奥维德），并未暗示过其中包括一种宗教性要素。"在其关于古代传记和宗教研究的论文中，莫米利亚诺再次探讨了有关异教徒的宗教教育问题并且得出结论：我们在这方面能够采取的唯一途径，就是利用传记（或自传）。"我们需要个人的故事（无论是传记还是自传），"他写道，"个人教育，个人宗教信仰。社会生活和个人经验（包括梦境）之间的对位关系，是我们需要知道的东西。"我觉得，这里"对位关系"这个奇怪的术语指的是类似于"共同点"的某种东西。

问题是，犹太人乃至基督徒所知道的宗教教育，在古代异教徒的成长过程中并不存在。莫米利亚诺试图将他从对犹太教历史研究中所熟悉的一个范畴应用于罗马人和希腊人。他最终意识到，这种做法并不奏效。在20世纪80年代的一篇更加不合常规的论文中，他再次试图解决这个问题。那篇论文同样是以一种相当随意的方式开头："有年冬天，我在早晨醒来后就问自己：'我对于在公元前1世纪雅典、罗马和耶路撒冷的人们的信仰了解多少呢？'"这个看似单纯的问题预设了这样一个前提：在公元前1世纪的这三个城市，人们必然具有某种信仰。这是一个非常值得怀疑的预设，而当莫米利亚诺开始将问题转换成另一种形式时——"在公元前1世纪的希腊、雅典和耶路撒冷，希望和信仰占有什么样的地位？"——他发现自己遇到了更大的困难。这些在几个世纪以后，通过犹太教途径而变得对基督教思想如此不可或缺的概念，很难为了解希腊和罗马教徒的观点提供关键性的线索。

莫米利亚诺发现自己越来越难以在异教徒当中找到某种可被描述为宗教思想的东西。各种习惯性做法、宗教仪式和祭祀物品均可被加以描述，并在人们的日常生活中扮演着某种角色，然而，可能存在于这种角色背后的宗教教育或宗教思想却很难找到。莫米利亚诺是一个太过敏感的历史学家，不会把哲学家（柏拉图、亚里士多德或者写了《论神性》的西塞罗）的思考与他自己脑海中的那种概念混淆，但是，当时也就这些讨论神的哲学作品了，而这并不能构成一种宗教教育的基础。因此，莫米利亚诺最终被迫得出了这一结论，即，犹太人乃至基督徒都具有各不相同的特征："一个人必须要学习才能变得虔诚这个事实本身，是一个奇怪的概念，它让犹太教变得越来越知识化，而不是希腊罗马世界的那种宗教化。它支持将有学问的人和无知的人彼此分离，它引起（而且允许）基本教义上的分歧；这最终导致了分裂和开除教籍。但是，如果我们将关注点局限于公元前1世纪，就应该可以意识到，在希腊和罗马，对于宗教的思考通常会让人们变得不那么虔诚，而对于犹太人而言，你对宗教思考得越多，就会变得越虔诚。"

各种宗教习俗、仪式、游行和牺牲是活动性的宗教，而不是作为神学或者信仰的宗教。在这些术语中所隐含的虔诚，对于莫米利亚诺而言是很难了解的，而且也没有任何有助于让其变得更容易理解的传记描述。罗马世界的皇帝崇拜仪式，对于古代历史学家一直都是难点，但类似以历史学家西蒙·普利斯有关小亚细亚帝国仪式的重要著作（《仪式和权力》，1984）为代表人类学研究方法，为那些宗教仪式行为提供了一个更有说服力的解释。普利斯的著作出版时，莫米利亚诺已经用自己的方法取得了较大进展。虽然他很快就领悟了其重要性，但各种宗教仪式（就像那些能够使我们获得更多信息的考古遗存一样），对于莫米利亚诺而言并不是多么合适的材料，因为他首先是一个研究文本与思想的学者。莫米利亚诺更乐于置身于自家书房而非一家博物馆，置身于一个图书馆而非一处发掘现场。

莫米利亚诺曾经告诉我说，很明显，基督教徒必然能够完全理解那种帝国崇拜仪式，因为他们相信，一个人就是一个神。我经常对这一具有诱惑力的观察结论感到困扰，它在我看来具有明显的错误，虽然它从表面上看是完全合理的。它至少表明了将多神论仪式和一神论神学进行比较的危险性。一种同样令人不安的理性主义，存在于莫米利亚诺的另一种尝试中：他试图理解为什么一神论未必有利于建立一种系统性的普世国家（每个人都相信同一个神灵），而多神论似乎可以轻易容纳像罗马帝国这样一个多民族国家。过去的大多数历史学家都很少想到提出这样的问题。

作为他的广泛阅读的一个结果，莫米利亚诺很快就轻易地得出结论：从公元2世纪开始，异教徒就对基督教徒怀有一种敌意。他可以从讽刺小品作家琉善随意提到的一个笑话中看到反基督教的论战，更有甚者，即使在那些异教徒作家丝毫没有提及基督教徒时，他同样推断出反基督教论战的存在。因此，他就能够得出最令人难以置信的结论：第欧根尼之所以撰写《名哲言行录》，是为希腊异教徒对抗日益老练的早期基督教柏拉图派神学家所做的一种辩护。但是，早期基督教辩护者尖锐的论战，反映了他们作为一个少数群体而亟待得到承认的地位。异教徒不需要这样激烈的自我辩护；大部分时间他们选择的是对基督教徒不予关注，除非后者对他们造成了真正的妨碍——那些基督教殉道者做得越来越得心应手的事情。

莫米利亚诺在对待宗教历史方面出现的问题，是源自他的认识观。有关意大利犹太人的一篇动人的调查概述，详细记录了19世纪和20世纪来自他的故乡的主要犹太知识分子的情况。在这方面有来自他自己家族的感人例子——菲利斯·莫米利亚诺，是罗马大学的一个哲学教授；阿蒂利奥·莫米利亚诺，是但丁、阿里奥斯托①和曼佐尼②及其著作的一个研究专家。在这部犹太知识分子的历史中，犹太教只不过作为背景存在。这一点在调查概述倒数第二段表达得非常明确——莫米利亚诺承认："在18世纪末，意大利的犹太人其实已不再对《塔木德》③教义感兴趣……事实上，犹太教文化基本上没按我们犹太人最初所希望的那样传播。如果连犹太人本身都对他们自己的犹太文化所知甚少，他们就很难抱怨别人对其了解更少。"

我自己亲身经历的一件事，可以生动地表明莫米利亚诺对于杰出的犹太知识分子与学者的尊重。我曾带他去见谢洛莫·戈伊塔

---

① 阿里奥斯托（1474—1533年），意大利作家，《奥兰多·富里索》（1532年）是其代表作。
② 曼佐尼（1785—1873年），意大利作家、诗人和剧作家。其外祖父贝卡里亚是著名的启蒙主义思想家，曼佐尼从小便受到启蒙思想的熏陶。他的历史小说《约婚夫妇》是意大利最重要的浪漫主义作品，为意大利历史小说的发展奠定了基础。
③ 《塔木德》是犹太教口传律法的汇编，一部仅次于《圣经》的典籍。主体部分成书于2世纪末到6世纪初，为公元前2世纪到5世纪间犹太教有关律法条例、传统习俗和祭祀礼仪的论著和注疏的汇集。

恩[1]——《犹太集》[2]中的阿拉伯语文件及其透露的犹太社会信息的著名研究专家。在最后一本著作中关于格尔舒姆·舒勒姆[3]的一篇富有见地的论文中，莫米利亚诺推测了舒勒姆和戈伊塔恩的德国背景的异同——尽管他此前从未见过戈伊塔恩。1981年11月，当戈伊塔恩夫妇接待我们二人并共进下午茶时，莫米利亚诺非常满意地知道，他关于戈伊塔恩的推测完全正确。莫米利亚诺对于这个杰出的犹太裔阿拉伯研究专家所表现出的敬重，既令人感动，又使人印象深刻。戈伊塔恩，那位年长的学者，像一个关怀他最出色的学生那样对待莫米利亚诺，而莫米利亚诺也以十足的尊敬之态加以回应。在那之后不久，我收到莫米利亚诺的一封来信："你的安排让我度过了完美的一天，我深表感激。能够拜访戈伊塔恩对我们而言是一件幸事。"我以前从未见过有谁会让莫米利亚诺如此谦恭。与戈伊塔恩相见明显触动了某种深刻的东西。我想，那种东西，就是毫不妥协地将自己完全奉献给学术事业。

在其生命的最后十年之前，莫米利亚诺从未面对过将宗教解释成一种智力行为的不足之处。《论异教徒、犹太人和基督徒》是那种冲突的一个转折点，一座纪念碑。他了解多神教的尝试，触动了他自身敏感的神经。他在美国期间开始接触那些新的令人不安的问题，这得益于他于1968年在哈佛大学授课期间进行过传记研究，以及应伊利

---

[1] 谢洛莫·多夫·戈伊塔恩（1900—1985年），德国犹太人、人类学家、历史学家和阿拉伯文化学者。

[2] 发现于1896年、据说是所罗门王所著的一部希伯来经典的残片。

[3] 格尔舒姆·舒勒姆（1897—1982年），出生于德国的以色列思想家，研究卡巴拉犹太神秘主义的世界级权威。

亚德之邀为《宗教百科全书》撰稿的经历。他的研究得到了芝加哥大学社会思想委员会以及他在美国20多年时间里所结识的许多朋友和同事的支持和鼓励。除了在其着手的每一个研究主题方面展示出的渊博学识以外，莫米利亚诺的著作总是以他提出的明确和坦诚的问题而著称。探寻公元前1世纪雅典人对信仰和希望的看法，也许看似奇怪甚至毫无意义，然而，它是其他许多历史学家通常都会忽略的历史探究的一个必经阶段。

莫米利亚诺的最后几年时光，都用于也许是他所从事过的最困难的研究。倘若没有来自芝加哥方方面面的支持，也许他永远都不会从事这种研究。毫无疑问，他的最后一本书既是一部学术著作，也相当于是有关其精神世界的一部自传。正如莫米利亚诺本人向我们展示的那样，他个人的那些认知和顿悟，正是我们理解这样一个非凡之人以及他从事写作的那个世界所需要的东西。

第十六章　一个现代的伊索

2007年，雷沙德·卡普钦斯基①死于声名如日中天之际。他从波兰报纸《青年旗帜》（*Sztandar Mlodych*）的一个当地记者起步，凭借其有关这个星球上许多最动乱地区的报道而获得了国际声望，当他在74岁去世时，被普遍公认为是一个伟大的记者和作家。他是一个无与伦比的新闻工作者，一个独一无二的观察家，其文学才华将他的报道变成类似于魔幻现实主义小说之类的东西，并进而转变为更具冲击力的魔幻现实非虚构文学。

在20世纪50年代令人窒息的波兰共产党统治背景中成长起来的卡普钦斯基，曾在印度、中国、东亚、南部非洲和拉丁美洲工作过。当他结束在中国的报道之后，他改换雇主，加入收集来自世界各地新闻和情报的波兰新闻社。接触过如此多外国文化的卡普钦斯基，看到的不仅是正在国外发生的情况，也看到了西方需要知道的东西。凭借其小说家的本能和在波兰审查制度下形成的擅长春秋笔法的风格，他生动鲜活地描绘了前苏联罪犯流放地、伊朗国王的倒台、海尔·塞拉

---

① 雷沙德·卡普钦斯基（1932—2007年），生于波兰东部小城平斯克近郊一乡村教师家庭，是波兰新闻和文学界一位里程碑式的人物。作为作家，获46项国内和国际大奖，6次提名诺贝尔文学奖候选人，创作了二十余部文学作品，被译成三十余种文字，在世界广为传播，被誉为20世纪最具影响力的作家之一。

西[①]宫廷内幕（在一本名为《皇帝》的精彩的书中），以及洪都拉斯和萨尔瓦多之间因足球导致的血腥冲突。

在2004年，卡普钦斯基出版了他最后一部、同时也可能是其所有作品中最不寻常的作品：《与希罗多德一起旅行》。这是一本充满个人反思的作品，因此它具有高度个人化特征，但也毫不缺少关于那位希腊"历史之父"的历史性思考。正是这种自传体叙述和阅读希罗多德的结合所产生的动力，带来了一种近乎布莱希特风格的间离效果。最终，我们无论对于卡普钦斯基还是对于希罗多德的了解都相对较少。然而，正是二者的不断变换，才产生了只有魔法王国才能释放出的那种独特魅力。但是，卡普钦斯基的前提却是：这当中不存在什么"世外桃源"。虽然一切都具有异国风情，却经常具有野蛮的特征。就和希罗多德笔下的那些角色一样，卡普钦斯基所描绘的外国人经常神秘而又无情。不过，一个不断出现的问题就是：我们为什么现在要去阅读所有那些奇怪的、与我们相隔2500年的人的故事。

当然，作者本人是那座沟通桥梁。是他体验了那些令人困惑的印度、中国和非洲的文化（正如他在这本书中所描述的那样），也是他在所有这些不同的地方，始终都在勤奋阅读希罗多德的作品。导致这种结合的表面上的理由是，当卡普钦斯基作为一个波兰记者第一次被派到海外时，他的上司把希罗多德的一本书送给他，以便用作旅途中的消遣。事实证明，这个礼物就像是一种预兆。他将会让我们发现，他于1956年第一次去国外旅行之后，在20多年时间里一直与希罗多

[①] 海尔·塞拉西一世（1892—1975年），埃塞俄比亚帝国末代皇帝。1974年9月，他在宫廷政变中被陆军部队逮捕，1975年于拘禁中去世。

德为伴。正如那次差旅首次将他带到波兰以外一样，他在同一时间开始了对于希罗多德的探索。伴随着他自己的旅行，他也在一个令人眩晕的叙事结构中，同步穿越了那个古代历史学家的世界。马萨格泰人①和塞西亚人②与印尼人、刚果人和伊朗人并排而立，而我们也会毫不费力地从路易斯·阿姆斯特朗③在喀土穆的一场音乐会出发，转移到大流士④所掀起的巴比伦风暴。卡普钦斯基带领我们体验希罗多德的作品所描绘的在薛西斯⑤带领下的波斯人入侵导致希腊溃败的大结局，与此同时，他也以其追求准确的本能将他自己的海外经历画上句号。在最后几页，我们被巧妙地带到现代土耳其的博德鲁姆⑥，那里恰巧是古哈利卡纳苏斯⑦的原址——希罗多德的故乡。

卡普钦斯基以欧洲人传统的浪漫手法向我们展示了希罗多德。因

---

① 公元前6世纪到公元2世纪时生活在中亚锡尔河以北至巴尔喀什湖的游牧民族。

② 具有伊朗血统的一支游牧民族。公元前8世纪到公元前7世纪，该民族从中亚迁徙至俄罗斯南部，以现今克里米亚为中心建立帝国。这个帝国延续了500多年，公元前4世纪到公元前2世纪，塞西亚人被萨尔马特人征服并逐渐消亡。我们目前所知的塞西亚人和马萨格泰人的历史，大部分是来自希罗多德的记述。

③ 路易斯·阿姆斯特朗（1901—1971年），美国音乐家，20世纪爵士音乐的灵魂人物，被认为是世界上最伟大的小号演奏家之一。

④ 大流士（公元前558—公元前486年），波斯帝国阿契美尼德王朝君主。曾随冈比西斯二世远征埃及，被任命为万人不死军的总指挥。大流士不仅是波斯帝国的伟大君主，也是世界历史上的著名政治家之一。

⑤ 薛西斯（约公元前519—公元前465年），又译作泽克西斯一世，大流士一世与居鲁士大帝之女阿托莎的儿子，公元前485年到公元前465年在位的波斯帝国国王，也是波斯帝国的第三代君主。基督教会认为，他可能是圣经中提到的波斯国王亚哈随鲁（《以斯拉记》4:6），但并无实证支持此观点。

⑥ 土耳其穆拉省港口城市，位于该国爱琴海地区西南部。

⑦ 土耳其博德鲁姆的旧称。

为那个历史学家被想象成是来自"一个到处可见橄榄树和葡萄园、充满温暖和光明的太阳之地",卡普钦斯基无法抗拒这样的想法:"出生在这里的人,必然具有一颗善良的心灵,一种开放的精神,一个健康的身体,一种始终开朗的个性。"在他的想象中,浸淫在家乡的文化和气候中的希罗多德,"在一个温暖之夜受到热情好客的主人的邀请",坐在桌子旁边,"和周围的人们吃着干酪和橄榄,一边喝着清凉的葡萄酒,一边彼此交谈"。这是歌德的"Kennst du das Land, wo die Zitronen blühn(你可知道,柠檬花在哪儿吐露芬芳)①"吗?无论怎样,它具有一种希腊文化的特征和一种波兰的腔调。

卡普钦斯基让我们相信,当他在刚果时,希罗多德所描述的事件是如此吸引他,以至于"我有时所体验到的对于即将到来的希腊人和波斯人之间的战争的恐惧,比我对于奉命采访的目前刚果冲突事件的恐惧更加真切"。但是,这是一场卡普钦斯基本人将其描绘成具有如下特征的冲突:"频繁爆发的枪战,经常性的逮捕、鞭打和死亡的危险,以及普遍存在的模糊、不确定和不可预测的气氛。"他说:"随时随地都可能发生那种绝对是最糟糕的情况。"所有这些与波斯战争相比,真的会相形见绌吗?

人们可能会怀疑,当卡普钦斯基在二十多年时间里报道他记载在这书中的全球冲突事件期间,他是否真的一直都在阅读希罗多德的著作。不过显而易见,他始终没有忘记提醒他的读者希罗多德对他产生过的影响,并不断采用类比方式强调这一点。我们必然想知道这么做的目的。卡普钦斯基在叙述过程中抛出了一些重要线索。首先是他强

---

① 出自歌德的著名短诗《迷娘曲》。

调了希罗多德的调查范围所具有的国际性特征（我们应当记住的是，"historiê"这个希腊语词汇，对于这个独特的历史学家意味着"探究"或者"调查"，而不是我们脑海中的"历史〔history〕"）。在卡普钦斯基看来，希罗多德"作为一个有远见的人进入具有世界规模的舞台，他的想象力足以容纳这个尺寸庞大的星球——简而言之，他是第一个全球主义者"。接下来，多元文化主义又被作为希罗多德的精神和思想"包袱"而添加到全球主义中。这种多元文化主义"是一个活生生的悸动的组织，里面没有任何永久存在的东西，也没有固定不变的形状，因为它不断发生突变和变形，从而产生了新的关系和氛围"。因此，从作为全球主义者的希罗多德以及作为多元文化主义者的希罗多德那里，我们又很快看到了作为新闻工作者的希罗多德："他是如何工作的，即，他感兴趣的是什么，他如何获得消息来源，他想从线人那里得到什么，后者给出怎样的答复。我当时正在有意识地尝试学习报道艺术，而我觉得希罗多德是一个难得的老师。"

最终，在他的书的末尾部分，卡普钦斯基揭示了在希罗多德那里所发现的某种完全不同的东西。关于希腊历史，当被问到什么令他印象最为深刻时，他回答说："我的答复是，是它的悲剧维度。"这导致他将希罗多德与其同时代人——埃斯库罗斯、索福克勒斯和欧里庇得斯进行比较。而且将戏剧与神话进行比较，会直接导致将历史与小说加以区分这一基本问题。希罗多德很早就发现——卡普钦斯基指出——"人们会记住他们想记住的事情，而不是实际发生的事情。"因此，"你不可能进入到真实的过去……过去并不存在。只有无穷无尽的有关它的描述"。这种明确抛弃关于客观重现历史的古老理想，抛弃德国历史学家兰克所谓的"如实呈现"（wie es eigentlichgewesen）的观念，概括了卡普钦斯基从了解希罗多德的过程中产生的感悟。

并非每一个人都会以这种方式阅读希罗多德，并将其视为主体性和相对主义①的一个早期捍卫者。有些人把他看成是第一个人类学家——他提供了对埃及人或者塞西亚人这些异国人进行实地考察的结果。但与此同时，他也就希腊人大败波斯人的过程得出了强有力的研究结论。关于这一点，没有任何相对主义成分。在希罗多德看来，它的确是事实而且是重要的事实。就卡普钦斯基对他形成的看法而言，他的报道的直接性是一种妨碍。希罗多德经常说，他不可能担保他所报道的事情的准确性，虽然他一直都在做各种各样的报道；但是，当他有足够大的把握时，他会细致地告诉人们到底发生了什么。如此透明的报道方式，对于卡普钦斯基而言构成了一个问题，而这最终或许可以解释，为什么他笔下的希罗多德变得越来越像卡普钦斯基本人。

在其作品的开始部分，我们知晓在从《青年旗帜》上司那里收到那份极为重要的礼物之前，卡普钦斯基首先回想起这样一件事：1951年，他曾听过华沙大学历史学教授伊扎贝拉·比祖恩斯卡-马劳韦斯特教授所讲的古希腊课程。他在他所描述的有关那些课程"详细的个人笔记"中，没有发现任何希罗多德的踪迹，不过他觉得，后者必然在某个瞬间出现过。我恰好了解比祖恩斯卡-马劳韦斯特，她是一个

---

① 一种认为真理并非在任何时候、任何地方都站得住脚，而是受到人的认识水平的局限的观念。

非常出色而且广受景仰的学者。在那些黑暗的日子里,在那所大学就读的卡普钦斯基或许错过了一两堂课,但我们无须怀疑的是,希罗多德在华沙大学那门课程中必然浓妆重彩地出现过。即便那个城市坍塌在废墟中(正如卡普钦斯基说过的那样),而且很多图书馆也被烧毁,但比祖恩斯卡-马劳韦斯特非常了解她长期研究过的希罗多德,因此必然会给予他理应享有的地位,哪怕不得不适当提防那些始终保持警觉的秘密警察。

从他的叙述一开始,卡普钦斯基就提请读者关注当局如何压制由历史学者塞弗林·哈默在20世纪40年代中期翻译完成并交给查特尔尼克出版社的希罗多德的《历史》。他知道,这部作品的文本在1951年秋季已经准备付印,但直到1954年斯大林死后才真正面世。他推断是一个波兰审查官禁止其出版,因此,当他在1956年出国前拿到那个译本时,才终于有机会品尝到"禁果"。卡普钦斯基指出,希罗多德的作品之所以被压制,"是因为在那些年里,我们所有的思维,我们的视角和阅读,都受到了一种类似于对影射的迷恋的影响"。每一个字词"都有双重意义,一种影射效果,一个隐藏的含义"。

我必须说,将希罗多德的作品作为一个"完全不同于含义明确"的文本加以阅读,对于某个成长于极权主义政权之外的人而言,必然要花费极大的努力。希罗多德是所有古代历史学家中最为直接和坦率的一个(即便有时候近乎轻信)。如果说有什么与他的特征不符,那就是出于传达隐含意义的目的而使用影射笔法。尽管如此,他对于残酷的暴君和贪得无厌的帝国主义统治者的描述,对于一个现代政权而言的确是一种警示,因此可以想象,那些波兰审查官很可能害怕读者从阅读佩里安德①、克罗伊斯②或者薛西斯一世的故事中得到启示。

卡普钦斯基在1997年接受一次采访时承认，他练习过伊索式的写作，他的意思是，就像《伊索寓言》一样，一篇文章可用作一种向聪明的读者传达有关其他事物的信息的手段。根据他自己的说法，他有关海尔·塞拉西的著作讲述的"并不是埃塞俄比亚或者海尔·塞拉西——实际上，它是在映射共产党中央委员会"。在作为一个记者的多次旅途中，他都将希罗多德作为他的导师和向导，他不仅声称自己是在践行那位希腊历史学家的多元文化主义和报告文学风格，与此同时，他还将自己的伊索式写作风格归因于他的这位古代前辈。《与希罗多德一起旅行》是一部诱人的作品。通过借助于其希腊前辈的创作所具有的放大镜功能，卡普钦斯基致力于清理他自己的新闻写作中那些模棱两可的成分。他希望让他的声音成为希罗多德的声音，这可能是为什么他会说："实际上，与其说我非常重视这本书，不如说我更加重视如何发出它的声音，如何体现它的作者的人格。"卡普钦斯基进一步强调，希罗多德"可能在其生命即将走向尽头时决定写一本书，因为他意识到，他已经拥有了一个如此庞大的故事和信息宝库，

---

① 佩里安德（公元前665—公元前585年），古希腊政治家和哲学家，古希腊七贤之一（所谓"古希腊七贤"，是指古代希腊七位名人的统称，现代人了解较多的只有立法者梭伦和哲学家泰勒斯两人，剩余五人一般认为是奇伦、毕阿斯、庇塔库斯、佩里安德、克莱俄布卢，但无法确定）。

② 克罗伊斯，公元前6世纪左右，里底亚王国最后一代国王。曾与巴比伦、埃及和斯巴达结成联盟，对抗波斯居鲁士的威胁。居鲁士于公元前546年占领里底亚，克罗伊斯命运不详。

除非他把它们保存下来，不然它们会消失得无影无踪"。这也正是卡普钦斯基在他自己的生命临近结束时决定做的事情，并要通过与希罗多德的结合证明他的这一选择的价值。

　　但是，卡普钦斯基从未放弃过希罗多德完全缺乏的那种伊索式的寓言写作手法。通过来自希罗多德那个时代的故事与他自己的旅行经历的相互交织，任何敏锐的读者都能发现其作品中显然存在的潜台词。很显然，卡普钦斯基不可能允许自己舍弃那种具有双重含义的表述，对于一个在充满镇压和迫害氛围里成长起来的人而言，这是自然而然的事情。不妨考虑一下他对于大流士对抗塞西亚人的战役的复述——卡普钦斯基强调指出，后者热爱大草原和无限广阔的空间。他们的国王告诉大流士说，因为他们既没有城市也没有农田，他们没有任何需要防守的东西，因此他们看不出有什么必要派兵去打仗。卡普钦斯基准确地描述了大流士所造成的混乱状态，称其是"两种军事风格和两种结构的碰撞"。一个是波斯正规军庞大而僵化的组织，而另一个是"由多个小型机动群体组成的松散而灵活的体系"。后者是"一个由影子和空气构成的无组织的军队"。卡普钦斯基是在伊拉克遭到所谓的志愿者联盟军（波兰向其提供了一支引人注目的部队）入侵后写下上述文字的。

　　同样，在复述居鲁士[①]入侵伊朗北部阿姆河附近的马萨格泰人这

---

　　① 居鲁士（二世）大帝（约公元前 600/576—公元前 530 年），古代波斯帝国缔造者（公元前 550—公元前 529 年在位），波斯皇帝。他以伊朗西南部的一个小首领起家，经过一系列的胜利，打败三个帝国，即米底、吕底亚和巴比伦，统一了大部分的古中东地区，建立了从印度到地中海的大帝国。今天，伊朗人将居鲁士尊称为"国父"。

个故事时，卡普钦斯基写道，在最初派出他的军队当中那支装备不足、战斗力较差的力量去进攻马萨格泰人时，"他实际上是宣判了那些人的死刑"。无独有偶。作为事先安排好的阴谋的一部分，波斯帝国第三代君主大流士同样也曾使用战斗力较弱和装备很差的军队去打破巴比伦的抵抗。在最初派去的 1000 人被轻易歼灭之后，大流士又派出 2000 人，他们中大部分人也如大流士所预料的那样丢掉了性命。对于年轻士兵的无情利用，显然符合与卡普钦斯基的伊索式寓言创作本能相一致的另一个主题。正如他评价的那样："这是一个有趣的主题：为一个野蛮力量服务的多余之人。"

这个有趣的话题引发了对于间谍以及战争的思考。寻找生活意义的人可能会发现——根据卡普钦斯基的说法——只要他为当局秘密工作，并由此获得"令人舒适的自由度"，他的人生就会变得更有意义。与此同时，按照这种方式，"独裁力量会在他身上培育出一种成本很低（实际上没有任何成本）、充满激情而又无所不在的间谍触角"。这就是所有那些为在共产党领导下的东德的斯塔西[①]或者波兰情报机构工作的人的心理特点。

卡普钦斯基在这一期间使用伊索风格的程度最深，因为我们现在知道，他本人在这本书中所描述的旅行期间，正在担任波兰共产党人的情报员。这可能就是他推测在刚果的一个主动要带他去看清真寺的人必然是秘密特工的原因。他认为去拜访一个清真寺总要好过去造访

[①] 前东德国家安全部，曾经是世界上比较强大的情报机构，其正式名称为国家安全部，全称是"德意志民主共和国国家安全部"，成立于 1950 年 2 月 8 日，总部设在东柏林。它是当时世界上最有效率的情报和秘密警察机构之一。

警察局，所以他接受了那人的提议，结果却是在爬上通向宣礼塔顶端那个曲折的楼梯后，他就遭到了抢劫。这个很奇特地会让人联想起希区柯克的影片《眩晕》的情节表明，卡普钦斯基很可能会认为，在大街上一个殷勤的人更有可能是间谍而非小偷。这具有极大的启示性，这一观念也很不像希罗多德。

卡普钦斯基与希罗多德的共同点之一，就是对其他民族和其他文化永不满足的好奇心。如果说希罗多德作品的某些读者觉得他不加鉴别地记录奇怪的风俗和故事的做法很幼稚，那么，卡普钦斯基所采取的方式同样也会显得幼稚。他敢于提出一个更老练的作家会避免的问题。"希罗多德是一个什么样的孩子？"他提出疑问，"他会对每个人微笑并主动伸出他的手，还是说他会不搭理人，并且躲在他母亲的身后？……一个生活在 2500 年以前的希腊孩子会玩什么呢？用木头雕刻的滑板车？他会在海边搭建沙土城堡吗？"事实证明，卡普钦斯基在他的书的开端部分提出的这最后一个问题，对于他在结尾处试图解释希罗多德（无疑也是他自己）对于旅行和外国情调的激情是具有预兆性的。"希罗多德的这种激情来自何处？也许是来自一个孩子头脑中那个关于船舶来自哪里的问题。在海边玩耍的孩子可以看到，一艘船突然出现在遥远的地平线上，并在向他们驶来的过程中变得越来越大。它是从哪里出现的？大多数孩子都不会问自己这个问题。但是，有一个搭建沙土城堡的孩子也许会突然提出这个疑问。"

希罗多德所具有的孩子般的好奇心显然吸引了卡普钦斯基，后者把它逐渐变成自己对抗伴随他成长的所有伊索式狡诈把戏的灵丹妙药。有时候它看上去很是空洞，正如在那些有关地中海的阳光、橄榄树和日常对话的毫无意义的段落中表现的那样。有时候，它甚至比空洞还要糟糕，譬如当卡普钦斯基赞同地写到有关希腊文明的北非起源的新理论时。然而在其他时候，它具有惊人的清晰度和力量感。在刚果殖民地政府的瓦解过程中，当比利时行政官被"一股黑暗而又疯狂、大多数时候会伪装成喝得醉醺醺的刚果军警的势力"所取代时，卡普钦斯基勇敢地指出："在没有等级和秩序的情况下，自由会变得多么危险。"作为一个在共产主义制度下成长的波兰人，他必然经常思考等级与自由的关系。当他评论刚果的自由时，他的话必然同时也许是自觉地具有伊索式的隐晦特征。但是，他只字未提为了让自由蓬勃发展，他认为应当如何强化等级和秩序。

所以归根到底，这部看上去相当迷人、展示了一个勇敢而又具有创新精神的记者如何把自己定位成一个 20 世纪的希罗多德的自传，似乎很不幸地显露出它的肤浅。它具有一个孩子的幻想或者一种魔术的短暂性。卡普钦斯基将来自古希腊的故事与现代世界的恐怖情节巧妙地编织在一起，在其优美动人的措辞背后，跳动的是一个正直人士和一个具有非凡才能的观察家不安的心灵。最终，读者未能更多地了解他，而这无疑是他的意图。然而，他终归是一个令人难忘的伙伴，即便他所展示的自己根本不是那个希罗多德。毕竟，那个古希腊人讲述了一个极具分量的故事：东西方之间的第一次全球冲突，以及希腊人对抗波斯入侵者的最终胜利。历史并没有为卡普钦斯基提供一个如此令人满意的结论——事实上没有提供任何结论。

第十七章　奥登论"罗马帝国的衰落"

当《生活》[1]杂志编辑建议 W. H. 奥登写一篇关于罗马帝国衰落的文章时，[2]恰逢这位诗人正在深入思考这个主题。也许有人知道这一点，而且深知这其实是他几十年来一直都在断断续续地探究的主题。奥登在 1966 年 3 月写了这篇文章，但令人遗憾的是，《生活》杂志没有刊登这篇作品，它在 1995 年才连同本篇序言第一次出版。[3]

1944 年 9 月，奥登在《新共和国》上撰文时，提供了他对于从奥古斯都时代到奥古斯丁"上帝之城"这一漫长历史时期的研究和

---

[1]　美国一本很有影响力的图画杂志，1936 年创办于纽约。原为周刊，1978 年 9 月改月刊，时代出版公司出版。内容以专题照片、特写为主，题材广泛。

[2]　从 1966 年 3 月到 6 月 17 日，《生活》杂志上刊登了一系列题为"罗马故事"的文章。

[3]　奥登按照双倍行距格式，用打字机将文本在 17 开本（8-1/2×11 英寸）的纸张上打出来，并在当时或者后来的某个时间，用钢笔做了一些修改和增删。虽然他的这篇论文被拒（而且可能已经退还给他），不过《生活》杂志保留了一个复印件。该杂志有一项政策：烧掉所有保存时间超过 10 年的文档。该文文本内容系来自《生活》的那个原始打字稿复印件（大概在 1976 年年底，从一个资深编辑所保管的杂志档案中取得，原始打字稿大概已经不复存在）。标题并非奥登亲手所写，尽管措辞可能是由奥登确定的。文本复印件现由罗伯特·A. 威尔逊收藏。在《生活》杂志拒绝了这篇文章以后，奥登的纽约代理商柯蒂斯布朗出版公司曾试图将其通过其他渠道发表：1966 年 8 月 25 日，他们把文章送交《大西洋月刊》，那本杂志在 1966 年 9 月 13 日也拒绝了它。

思考。他评论了查尔斯·诺里斯·科克伦①于1940年首次出版、名为《基督教和古典文化》一书的重印版本。奥登承认这本书他读了很多遍,而且补充说:"随着我每一次重读,我都越来越坚信,它不仅对于了解它所关注的那个时代有重要意义,而且对了解我们自己的时代同样如此。"由于其超拔的观念、抽象的思维以及模糊的论证,科克伦的这本书即使在当时也少有人问津,但是,在汤因比的《历史研究》受到尊崇的时代,该书得到了广泛的赞誉。

在第二次世界大战的最后几年以及在其后的几年,任何似乎能够为历史剧变提供一种具有安慰性但却相对深刻的解释的总结性作品,都会受到读者的欢迎。今天,可能很少有人阅读科克伦的这本书,虽然它的主题明显很重要。他所推断的从"重建"到"恢复"到"新生"这一进展过程,要说服20世纪90年代的一个历史学家几乎是不可能的。但是,它显然呼应了奥登(尤其是作为基督徒的奥登)的需求。每当他回到有关罗马帝国及其明显的衰败过程这一主题上面,科克伦的影响随处可见。

在1944年,奥登认为,这个时代"和奥古斯丁时代的差异并没有看上去那么大"。②他提醒人们关注计划社会,猖獗的犯罪行为、官僚主义和宗教迫害,甚至是为了对抗青少年犯罪而对学校强加宗教教育的一种"新的君士坦丁主义"③。公元5世纪的基督徒,主导了那

---

① 查尔斯·诺里斯·科克伦(1889—1945年),在多伦多大学任教的加拿大历史学家和哲学家。
② 奥登散文集《序与跋》(纽约:温特奇出版公司,1989),p39。
③ 指那些据说由公元4世纪的罗马帝国皇帝君士坦丁颁布、鼓励或者支持的政策和言论。

个他们认为是由他们所拯救的世界的解体,而且,奥登所看到的与他自己的时代的那种相似性,很快就在他的诗歌《罗马的陨落》(1947)当中得到了诗意的表达。例如,他使用艰涩而具有讽刺性的诗句,展示了自以为是、自私自利和官僚主义:

> 孤僻而偏执的帝国大亨
> 或许青睐古老的清规戒律,
> 但满身肌肉的水手们
> 为食物和薪水酝酿暴动。

> 凯撒的双人床温热而松软;
> 一个地位低微的小职员
> 在一张粉红色官方表格上,
> 写下了"我讨厌上班"。①

在诗歌创作方面,奥登和20世纪的希腊诗人C. P. 卡瓦菲斯一样,都对罗马帝国衰落及其对于同时代各种重大事件的影响深感兴趣。奥登在1961年为卡瓦菲斯作品的一个最新译本写了序言,这并不出人意料。他显然对于卡瓦菲斯极不寻常的观点印象深刻,因为后者写道,基督徒乐于感受传统异教徒的生活方式,这种生活方式蕴藏着更大的活力。"在君士坦丁之后,"奥登指出,"在世界上拥有更好机会的是基督徒而不是异教徒,因为那些异教徒即便没有受到迫害,他们

---

① W. H. 奥登《诗集》(伦敦:菲伯出版公司,1991),p333。

也是社会所嘲笑的对象"。就像奥登本人一样，卡瓦菲斯既是基督徒，又是同性恋者，而且公开表明了他的这两种身份。很显然，奥登发现了一种相似的精神，尽管他不能够用希腊语阅读那位诗人诗作的原文。相比于他过去多次阅读科克伦的作品而形成的印象，与卡瓦菲斯的相遇，显然推动了奥登对早期罗马帝国采取一种更积极的看法。

在1965年年末，新创立的《纽约书评》杂志的编辑突然产生了这样的念头：邀请奥登分析和评价据牛津大学希腊语教授E. R. 多兹教授在贝尔法斯特①大学的一系列题为"焦虑时代的异教徒和基督徒"的讲座内容汇编而成的著作。②这本书显然向奥登的《焦虑时代》表达了敬意，而且它对于科克伦的主题的阐述，远比科克伦自己的著作更加明晰并更具创见。在其对基督教帝国最初的排斥和卡瓦菲斯所支持的更具宽容性的态度之间，多兹让奥登找到了一个中间立场。本着对其读者负责的态度，多兹曾宣布说，他是个不可知论者，他不能接受"那些把基督教的胜利看成是芸芸众生以之为中心的神圣事件的人士的观点"。③在其于1966年所发表的评论中，奥登回应了多兹的挑战，他一开始就声明，他虽然是一个圣公会教徒，但他也不相信有关基督教获胜的说法。④

奥登在读了科克伦的著作之后，也作出了明确的评价，"我认为，把基督教作为得到政府的压迫性力量所支持的官方宗教，无论在当时

① 北爱尔兰首都。
② 剑桥大学出版社，1965年。
③ 奥登引用多兹的论文《论异端》。
④ 同上。

看上去可能有多么可取,都是一个糟糕的事件,也就是说,是一个非基督的事件。"①但接下来,他又为捍卫异端的孟他努主义②的艾雷尼厄斯③说好话,认为这当然"不是因为他认同他们的信仰,而是因为作为一个善良之人,他不喜欢迫害,哪怕是对于异端思想者的迫害"。④

在对于多兹的著作所做评论的末尾,奥登回顾了罗马世界基督教化积极的一面。他强调说,该宗教向所有人开放,"不分社会阶级和教育,也不管他们过去过着怎样的生活"。⑤他以真正的卡瓦菲斯的精神强调,相比于其任何竞争对手,基督教信仰实际上是一种更加"世俗化的"宗教。很显然,在思考多兹讲座内容的过程中,奥登强化了他对于罗马帝国最后时代的基督教的积极评价。

奥登显然是《生活》杂志所需要的那篇文章的理想写作者,遗憾的是,编辑认为他提供的那篇文章并不适合他们的读者。这份文章是奥登以前的思考深入而精彩的延伸。它的某些部分,特别是关于古典理想主义的内容,是对于科克伦基本思想的重温,相比于奥登在1944年所写的评论没有多大变化。但是,这当中有许多新颖的和原创性的

---

① 奥登引用多兹的论文《论异端》。
② 公元2世纪时与诺斯替主义齐名的基督教主要异端之一,被认为造成了基督教历史上第一次内部分裂。孟他努原是小亚细亚的异教祭司,他排斥主教(使徒的后继者)与使徒著作日渐扩大的特殊权威。他认为,教会和教会领袖的灵性是死的,因此他要迎接"新预言"。
③ 艾雷尼厄斯(公元130—202年),使徒教会后期的神学家,为了维护正统信仰,他极力反对孟他努派及诺斯底派,不遗余力地与之争辩。
④ 奥登引用多兹的论文《论异端》。
⑤ 同上。

东西。奥登自己认为，这篇文章与他早期的作品有联系，并在结尾处完整引用了1947年所创作的《罗马的衰落》那首诗歌。

在1966年，人们仍然能够从容自若地谈论罗马的衰落而不感到尴尬。这一表述直接来自吉本，而且两个世纪以来，历史学家将罗马的衰亡视为理所当然。大部分人都会赞同吉本的看法，认为基督徒和野蛮人是导致这种结果的罪魁祸首。但是，随着彼得·布朗的《古代晚期的世界》在1971年的出版[1]，以及在对于罗马帝国的历史解释中出现的相对主义浪潮，关于衰亡过程的吉本式的看法很快让位于一种边界重建和转移的观点，以及罗马末期向古代晚期转型的这种最新视角。"转型"这一表达取代了"衰亡"。

有趣的是，在对于吉本问题的历史性解释中，奥登的文章触及到这一伟大的转变过程。他熟知前者的《罗马帝国衰亡史》，并借用了（虽然带有明显的不适感）吉本对安东尼时代不乏浪漫色彩的描述。他有时会引用吉本的著作内容，甚至改述了《罗马帝国衰亡史》第二章末尾有关公元2世纪和3世纪社会生活和精神生活的贫乏性的名句。[2] 在200年以前，吉本必然会认同奥登的结论，"为了这种平静所付出的代价，就是对于精神世界的好奇感和创新性的普遍下降"。

然而，值得一提的是，对吉本和科克伦的回应，明确无误地预示着将在20世纪70年代出现的有关古代晚期的新观点。奥登通过研究

---

[1] 伦敦：泰晤士&哈德森出版社，1971年。

[2] 爱德华·吉本，《罗马帝国衰亡史》，D.伍默斯利主编（企鹅出版社，1994）第1卷，p83—84："如果我们排除独一无二的卢西恩，那个懒惰的时代没有产生过一个有创造性天才或者精通优雅的创造艺术的作家……在天才衰落之后，紧随着的就是鉴赏趣味的堕落。"

卡瓦菲斯的著作和多兹的讲座而做出这一结论。二者都在他为《生活》杂志的撰文中得到引用——文章提到了柏拉图思想（实际上，多兹是当时最杰出的新柏拉图主义者之一），也提到了卡瓦菲斯在一首诗中所揶揄的叛教者朱利安的清教徒式的观点。奥登在1961年的著作序言中引用了这首诗：

> 他们（安提阿的基督徒）不可能放弃
> 他们可爱的生活方式；
> 他们丰富多彩的日常娱乐；
> 以及他们发现可将艺术与情欲
> 完美结合的无比宏伟的剧院！①

奥登此时展示的是学者约翰·马弗罗戈达托的译文，而不是他写了导言的由拉伊·达尔文翻译的文本。虽然这首诗更好的译文是出自埃德蒙·基利，但马弗罗戈达托的译文能够很好地传达卡瓦菲斯对于受到朱利安的异教徒式苦修威胁并具有纵欲特征的基督教生活的赞美。这种对于早期基督教帝国的积极看法，显然在奥登那里得到了共鸣。

更加引人注目的是奥登自己对于基督教在帝国文化生活（他本人和吉本都认为它陷入了麻木和迟滞状态）中的复兴作用的评价。在为《生活》杂志所写的文章中，公开声称自己是圣公教会成员的奥登骄傲地宣布："不管你是否喜欢基督教，你都不能否认这一事实：正是

---

① 《C. P. 卡瓦菲斯诗集》，p343。

基督教和《圣经》使西方文学起死回生。"在对多兹作品的评论的结尾，他不乏激情地重新阐述了他的基本态度，强调了基督教教义的社会影响作用：

> 有一种信仰认为，上帝之子是在一个马槽里出生的，他由此成为一个不重要省份的底层人之一，并且像一个奴隶那样死去，但这一切都是为了救赎所有的人：富人和穷人，自由人和奴隶，公民和野蛮人；这种信仰需要我们以一种全新方式看待人类；既然所有的人都是上帝的子民，并且同样能得到拯救，那么，不论其地位或者才能如何，不论其是善是恶，都值得诗人、小说家和历史学家密切关注。

就像奥登几乎所有的批评性的散文一样，上述语句反映了他的个人品味。正是我们感受不到这些品位的其他叙述，例如有关古代技术的无趣段落，或者从科克伦那里直接借用的有关古典理想主义的评论，让我们觉得极其乏味而沉闷。但是，文章大部分内容所体现的激情和创见，表明他正在致力于解决过去25年来（自从他第一次阅读科克伦的著作以后）深切关注的问题。在这里出现的几个重要主题，后来再次出现于奥登在人生最后几年的诗歌作品中。

有些主题是如此重要，以至于《生活》杂志的那篇文章可以作为它们的一种注释性评论。例如，在那篇文章有关罗马衰落的第二段，奥登承认："由于遗传和气质的缘故，我想到古罗马人时会产生一种厌恶之情。"但他接着说："我真正喜欢的唯一的古典拉丁语诗人是贺拉斯。"20世纪最杰出的英语抒情大师欣赏无可争议的古典拉丁语抒情大师,这也许并不令人惊讶。不过,这句不经意的话成为奥登两年后所写的一首诗《贺拉斯主义者》的一种前奏。他根据一种复杂的贺拉斯风格的诗韵(Asclepiadean stanzas)创作这首诗歌,并与贺拉斯进行了某种竞争,他认为这位诗人的品位"倾向于/小型宴会,小房间,/以及适合他们的那种氛围"。他甚至努力把他喜欢的这位诗人与他的圣公会信仰联系起来:

> 有多少人在圣公会教堂
> 找到了您的梅塞纳斯[①],
> 唯有他能使人生变得没有阻碍。[②]

在1968年向贺拉斯表达的这种敬意,在奥登生命最后时期所写的一首题为《感恩》的诗歌中再次得到体现。奥登回顾了多年来为他带来灵感的那些具有榜样意义的诗人以及他现在所需要的人:

> 谁是我需要的导师?
> 啊,当然是贺拉斯,
> 曾经穿梭于蒂沃利城[③]的

---

① 梅塞纳斯(公元前70—公元前8年),罗马帝国皇帝奥古斯都的谋臣和著名外交家,诗人维吉尔和贺拉斯都曾得到过他的提携。他的名字在西方被认为是文学艺术赞助者的代名词。
② W. H. 奥登《诗集》p72。
③ 意大利中部城市。

最灵巧的艺人。①

奥登承认，在他看来，除了贺拉斯，在罗马帝国或者古代晚期没有多少有趣的作家。他的确能够挑出 *Pervigilium Veneris*②（《维纳斯的守护》）并将其视为杰作（一个大多数评论家都会认同的判断）。但是，他对于拉丁文学的评论令人颇为惊奇的一个方面，就是他对于古罗马诗人马克西米安的赞美："最后，在西方堕落以后的第6世纪，一个真正卓越的诗人就是马克西米安。"为了支持他的结论，奥登在他的文章最后部分，引用了马克西米安的一首哀伤的带有自传体性质的叙事诗。在君士坦丁堡，一个姑娘因发现那个上了年纪的诗人阳痿而泪如雨下。当诗人告诉她说，他的个人问题不应让她如此悲伤时，那个姑娘承认，她实际上不是为她自己而流泪，而是为"世界的普遍混乱"而流泪。她将马克西米安的不举视为整个古罗马世界失去创造力的一种象征。

奥登会将马克西米安视为罗马时代晚期仅有的几个伟大诗人之一，这无疑是令人惊讶的。许多渊博的古典学者到死都不曾读过马克西米安的一行诗歌，甚至都不曾听过他的名字。或许是在英国学者F. J. E. 雷比的《中世纪世俗拉丁诗歌史》（1934）当中的简短叙述，促使奥登把注意力转向这个相当不知名的诗人。要接触到他的拉丁语诗歌文本很不容易，更不用说翻译文本了。真正研究过马克西米安的

---

① W. H. 奥登《诗集》p89。

② 一首拉丁语诗歌，具体创作时间不详（大约在2世纪、4世纪或者5世纪），据说可能是由古拉丁语诗人贝里亚努斯所作。

诗歌的古典学者，基本上都没有过多考虑它们。标准的古典百科全书声称这个诗人是 ein mittelmässiger Kopf（一个平庸的人）。但是，我们很容易看出为什么他会吸引奥登。他是一个活力式微的诗人，他看到他自己和周围的世界正在行将就木，他试图体验他曾经感受过、但却不再能够表达的激情。在马克西米安的那首挽歌当中，显然有贺拉斯的创作特征（虽然表面上看奥维德的特征似乎更多一些）——他抱怨他不再是曾经的自己，这些句子与贺拉斯《歌集》第四卷中第一首诗的名句表达了相同的感情。这必然深深地让奥登产生了某种共鸣，后者在其生命即将结束之际，留下了那些令人心碎的诗句（最初由爱德华·门德尔松[1]在其主编的《谢谢你，雾》一书的引言中发表）：

> 他仍然热爱生活
> 可他多么希望
> 仁慈的主把他带走。[2]

奥登的那篇文章引用了 E. R. 多兹有关罗马的衰落的论述，是因为他对于新柏拉图主义和诺斯替教[3]的兴趣由来已久。他在1966年确信，当时的社会动荡——尤其是"嬉皮士"毒品文化——与古代晚期的哲学运动（它在很大程度上成为宗教替代品）的特征有一些相似之处。在1972年，奥登为多兹的《古希腊人与非理性》撰写了一首题

---

[1] 出生于1946年，哥伦比亚大学英语和比较文学教授，奥登研究专家。
[2] 《谢谢你，雾》，爱德华·门德尔松主编（伦敦：兰登书屋，1974），p8。
[3] 亦译"灵智派"、"神知派"，罗马帝国时期在地中海东部沿岸各地流行的许多神秘主义教派的统称。

为《夜曲》的诗。这首诗描绘了年轻的激进分子策划炸毁一栋大楼和被想象成金属蚊子的飞机，表达了对某种永远失去的纯真的渴望。诗中有一种黑夜来临的末世感，它呼应了在《生活》杂志那篇文章结尾的消极情绪。奥登在文中写道："我不知道我死之前到底会发生什么事，我只知道我不会喜欢它。"为多兹的那部开创性作品而写的这首诗一开头就这样发问：

> 有鳞片的歪歪扭扭地游动着的鱼，
> 在它们毫无生气的房子里，
> 会注意到黄昏的降临吗？
> 我想可能不会。①

在接下来的一年里，也即在他去世的这一年，奥登在《不，柏拉图，不》（有关科克伦所教授的关于物质和思维内容的一种诗意的重述）这首诗作中再次涉及了这一主题。事实上，奥登在《生活》杂志那篇文章结尾的悲观情绪，隐含着对史前考古学的时尚趣味的谴责。这一判断就其本质而言，就像奥登对毒品文化的谴责一样，是当事人的一种深切感受。在他看来，古希腊 - 古罗马考古更应当引发人们的兴趣。对于史前考古发掘（新石器时代或者青铜时代的考古发掘）的兴趣，代表了对于他最看重的人文主义的另一次偏离。

对于考古学领域的这一顺便提及，预示着奥登另一组最新诗歌的诞生。在《谢谢你，雾》这本诗集当中，写于1973年的一首诗歌的

---

① 《谢谢你，雾》p79。

题目就是"考古"。

> 从壁画和雕像当中,
> 我们得以一窥
> 先民所叩拜的圣物。
> 我们不能自欺,
> 我们需要确切地知道,
> 他们对什么最为关注,
> 他们对什么不屑一顾。

关于仪式,一个人可以得出怎样的结论呢——有的可憎,但有的或许并不可憎?

> 没有什么比以屠宰去取悦
> 被钉上十字架的灵魂
> 更不招耶稣喜欢的了。①

简而言之,作者想要发问的是:我们如何知道过去?历史也许并不是答案。在人生的最后几年,奥登似乎曾经怀疑历史学可能会颠倒黑白。他并不希望每一代人都相信他们在历史书中读到的东西。他必然记得,吉本把历史学定义为"无非是有关人类的犯罪、蠢行和不幸

---

① 《谢谢你,雾》p65—66。

的一种记录"。① 因此,正确的考古学可能成为一种安慰:

> 至少从考古中
> 可以得出一个教义,
> 发现一种智慧。
> 我们学校的历史课本
> 都在撒谎。
> 他们称作历史的东西,
> 包含了太多虚假的成分。
> 被人为创造出来的东西
> 不计其数。
> 真实的历史,
> 会客观讲述人类曾经的罪孽,
> 和他们永恒的善意。②

论罗马帝国的衰亡

W. H. 奥登

罗马帝国是一种任何西方人都不会漠不关心,或者对其保持中立态度的历史现象。我的远祖是来自从未接受过罗马统治的斯堪的纳维亚的蛮族。我出生在英国,在那里,罗马文化还不足以对抗盎格鲁人

---

① 爱德华·吉本,《罗马帝国衰亡史》,D.伍默斯利主编,第1卷,p102。
② 《谢谢你,雾》p97。

的入侵，因此，它在公元 16 世纪从罗马教会分离出来。我认为那些在宗教改革①阶段信奉新教的国家，恰恰是受到罗马帝国异教文化影响最小的国家，这种情形当然是不同寻常的。

　　由于遗传和气质的缘故，我想到古罗马人常常会产生一种厌恶之情。我真正喜欢的唯一的古典拉丁语诗人是贺拉斯。我发现他们的建筑（即使是在废墟中）就像今天的钢铁和玻璃建筑一样令人压抑并且缺乏人情味。我更喜欢"英国老酒鬼"创建的"起伏的英伦之路"②，而不是野蛮而充满杀伐之气的罗马帝国的直路或者公路。我那样喜欢意大利和意大利人的一个原因就是，除了他们对浮夸言辞有着不幸的上瘾倾向之外，我不能想象还有哪一个民族如此不同于古代罗马人。

　　我们打开一张古代晚期的地图就会发现，罗马帝国从苏格兰边境伸展到幼发拉底河。假使我们游历欧洲，就会看到巨大的建筑物、高架水渠、道路和防御工事的遗迹。我们也阅读过有关罗马宴会的描述。在这些证据的基础上，我们会很自然地把那个帝国想象成是与我们的社会一样的社会：高度富裕，行业众多，商业繁荣。然而，这些都是虚假的画面。

---

　　① 开始于 16 世纪欧洲基督教自上而下的宗教改革运动，该运动奠定了新教的基础，同时也瓦解了罗马帝国颁布基督教为国家宗教以后由天主教会所主导的政教体系，为后来西方国家从基督教统治下的封建社会过渡到多元化的现代社会奠定了基础，因而，西方史学界也直接称之为"改革运动"（Reformation），代表人物包括马丁·路德、约翰·加尔文、门诺·西门斯、约翰·卫斯理及其后发展出来的新教徒教派。宗教改革是欧洲资本主义发展的一个必然结果，也是基督教发展历史上的一个重要里程碑。

　　② 引自英国诗人和作家（1874—1936 年）切斯特顿的诗歌《起伏的英伦之路》。

按照现代标准，这个帝国的人口数字很小。到第 4 世纪初，罗马本身的人口是在 50 万和 75 万人之间，帝国第三大城市安提阿的人口大约是 20 万人。尽管帝国包括一二百个工业和贸易城市，它的经济却是以农业为基础的，而且其农业技术相当原始。罗马人唯一的技术进步，就是应用了北部非洲的旱地耕作方法。他们没有能够翻耕重粘土的犁铧，也没有手推车。他们尚不知道如何进行作物轮作，因此，田地不得不每隔一年休耕一年。他们似乎发明了一种收割机，它几乎没有怎么使用；标准收割工具是镰刀。在奥古斯都时代之前，还发明了一种高效的水磨坊，但在地中海周围地区的大部分土地上，供水并不丰富，不足以确保它的正常使用。在公元 2 世纪，罗马帝国用驴磨加工小麦，直到 4 世纪它们才被高架水渠提供动力的水磨取代。在这个国家，小麦一直是用手推石磨研磨的。制造技术同样是原始的；用纺纱杆和纺锤纺线，用原始纺织机织布，用可以旋转的轮子制作陶器，在砧上锤击金属。

　　这个帝国有良好的公路网络，但由于尚未发明马轭，货物只能通过牛大车以每小时两英里的移动速度运输。因此，像水果和蔬菜这样的易腐货物根本不可能长距离运输，肉类也只能在腌渍或者牲畜未屠宰的情况下运输，而且运输成本很高；300 英里路途的成本是小麦价格的一倍。海上运输同样也没有容易到哪里去。由于船舶建造与导航技术落后，地中海运输从 11 月中旬到次年 3 月中旬处于封闭状态，而在一年里只有两个月时间航行还算相对安全。在这种情况下，只有政府有能力为任何长距离运输必需品提供支持；私人交易要么是获得奢侈品，要么是为了满足某个当地市场的需要。

在帝国统治下，财富分布可能比共和国晚期阶段更为均匀，根据吉本的说法，在共和国晚期，"只有两千居民拥有属于自己的大宗财产"。当时必然有一些小地主，比如贺拉斯，其农场由一个工头和八个奴隶管理，周边有五个租户农场。然而，不同阶级之间的财富差距仍然很大。罗马帝国在 4 世纪有 1800 所家庭住宅和 4.5 万座出租公寓。有一小部分非常富有的人（他们中大多数是议员），大量的奴隶和农民，以及通常可以自给自足的少数佃农。税收制度加剧了小人物不稳定的处境。政府的财政需求通常是依靠一种按定额征收的土地税满足的。分散在帝国各地、拥有庄园的大地主，可能因为民事风波或者糟糕的收成而经受损失，但仍然有能力交税并且盈利；一个拥有一块土地的佃农在遭遇相似困境时，可能很容易破产，从而被迫出卖土地。

所有这些，都意味着帝国的财政安全并不十分稳固。共和国的战争曾经是无耻的侵略战争，正如吉本所言，"在这样的战争中，谨慎和勇气的政治美德，维系着长期违背正义的举措"，但它们已经付出了代价：金钱，奴隶，各种掠夺现象，已经涌入意大利。在皇帝领导下实现的帝国边疆的稳定，结束了类似的冒险行径；从此以后，维持罗马军队的目的是为了防御，而一场防御战争虽然比起进攻性战争通常更令人称道，却意味着一笔巨大的财政支出。

只要边境之外的野蛮人依然太弱或者太过怯懦而不至于进攻，只要没有哪个野心勃勃的军队指挥官为了夺权而发动内战，只要它没有遭受类似瘟疫这样的自然灾难，帝国就可以维持下去。然而，任何长期战争或者严重的灾难，都会将资源消耗到令帝国崩溃的程度。

帝国的稳定性取决于皇帝同时被参议院和军队支持的程度。当然，只要军队对其忠诚，一个皇帝就可以无视参议院的愿望或者威胁，而且某些皇帝就是这样做的，但这总归是有风险的。按照传统，具有古罗马军事执政官等级的参议员，通常控制着除埃及之外的所有军团，而领事级别的参议员被任命为主要边疆地区的长官，所以，如果他们发现一个皇帝真的让人无法忍受，他们就有能力发动一场军事政变；即使失败，参议员的财富和影响力也足以使他们雇用刺客去行刺皇帝。

凭借一种馈赠传统，皇帝也很有可能统治很长时间。皇帝在登基之后，往往会向军队每一个士兵提供一大笔现金；因此，一系列短暂的统治的更迭，意味着财政资金致命的流失。

从各个方面说，安东尼王朝时代都是幸运的。不信任世袭传统的参议院，以及倾向于对前任皇帝合法继承人保持忠诚的军队能够达成一致意见，因为安东尼王朝的皇帝都没有子嗣。为了取悦参议员，每一个皇帝都能够从他们中提名被证明有能力的成员作为继承人，而且可以把他收为养子，以便确保得到军队的支持。此外，皇帝大多都活到了高龄。在维斯佩西安①即位直到马库斯·奥勒留②之死的221年里，只有八个皇帝平均统治时期仅有15年，而且只有一个皇帝（图

---

① 维斯佩西安（9—79年），从公元69年到79年在位的罗马帝国皇帝。

② 马库斯·奥勒留（121—180年），古罗马帝国皇帝，在希腊文学和拉丁文学、修辞、哲学、法律、绘画方面受过良好教育，晚期斯多葛学派的代表人物之一。《沉思录》是其传世作品，对欧洲乃至世界思想史都产生了深远影响。正是通过《沉思录》等少数传世著作，古代斯多葛学派哲学精神才得以流传至今，并且深深植入近代西方文化精神之中。

密善）死于暴力。

然而，即使在这样的和平时期，仍然有经济上经常吃紧的迹象。自奥古斯都统治以来，政府为了压低行政管理开支，将地方政府委托给不领报酬的市议会管理，这是基于这样的假定：在每一个城市，都有足够多的经济充裕的人，其公民自豪感和爱国心会使他们愿意承担起这项任务。自豪感和爱国心固然存在，但公民拥有的财富却少于政府和城市的预期。由于相互攀比和竞争，市议会在公共建筑、水利工程、免费公共娱乐设施方面的投资，超过了其实际财政资源，而且到了图拉真时期，政府不得不为了控制过度开支而任命审查员入驻各地。图拉真为征服达契亚[1]而发动的持续时间均不超过一年的两场战事虽然都是小规模战争，但是为了满足军饷需求，他不得不减少铸币所含贵金属成色，他的继任者也采取了类似做法。

在文化方面也缺乏某种东西。奥古斯都的殖民地化，结束了让人难以忍受的无政府状态，而且至少在长达200年时间里，使公民生活在希腊人所称的"傻瓜境界"一样的状态中，就是说，他们过的是一种不关心政治的私人生活，但却为这种平静付出了在智力上的好奇心和发明方面普遍下降的代价。例如，在技术领域，各种典型的进步，譬如混凝土和拱门结构在建筑上的使用，用于矿山排水的水泵和阿基米德螺钉，道路测量和建设技术，军团的军事技术，组织训练有素、用于劳动或者战争的大规模团队的技术，所有这些，都是在帝国之前出现的。在它历经的五个世纪，我们唯一听到的新发明，就是一种改进的攻城车和使用全副武装的骑兵团。在370年，一个可移动浮桥和

---

[1] 罗马尼亚古地名，包括喀尔巴阡山脉和特兰西瓦尼亚地区。

浆轮式舰船的匿名发明者，相当热心地将其设计方案提供给国家，但显然被忽略了。

其次，必须承认，在谈不上有任何进步的艺术方面，"帝国之花"寥寥无几。比如，其作品仍在被崇拜者津津有味地阅读的诗人，仅有卢克莱修、卡图卢斯、维吉尔、贺拉斯、普罗佩提乌斯和奥维德。所有这些人都是在共和国时期成长起来的，而且他们中最年轻的一个——奥维德，是死于公元17年。在他们之后还有谁呢？马尔提阿利斯（卒于公元104年），尤维纳尔[1]（卒于公元140年），其作品值得一读，但往往生硬而晦涩，基本上并不使人愉悦。然后就是长达200年的萧条局面。在第4世纪和第5世纪，出现了类似《维纳斯的守护》这样的具有神秘色彩的小小的杰作，以及一些异教徒与基督徒的诗人，比如普鲁登修斯[2]、奥索尼厄斯[3]、波莱纳斯[4]和克劳迪诺斯[5]，他们都写过一两篇好文章，仅此而已。归根到底，在罗马帝国衰落以后的第6世纪，一个真正卓越的诗人就是马克西米安。名单不长。

严重的麻烦开始于马库斯·奥勒留统治时期，沿着多瑙河流域的

---

[1] 尤维纳尔（约60—127年），古罗马讽刺诗人。中年以后开始写诗，认为当时朝政腐败，道德堕落，不能不作诗加以针砭，"即使没有天才，愤怒也可以产生诗句"。后因诗歌获罪朝廷，年近八旬被遣往埃及（一说不列颠）并客死他乡。

[2] 普鲁登修斯（348—405年？），罗马帝国诗人曾学习修辞学，后成为律师并担任公职，约公元392年转而写作基督教主题的诗歌。

[3] 奥索尼厄斯（约310—约395年），罗马帝国时代著名的拉丁语诗人。

[4] 波莱纳斯（约354—431年），罗马帝国时代拉丁语诗人兼书信作家。

[5] 克劳迪诺斯（约370—约404年），古罗马帝国奥古斯都·霍诺留时代的拉丁语诗人。

一次漫长的战事和一场瘟疫的爆发是罪魁祸首。在他死后，灾难接踵而至：法兰克王国①、哥特族和柏柏尔人②的入侵，高卢农民起义，频繁的内战，无政府状态和急剧的通货膨胀。

居普良③（公元200—258年）所描述的图景，肯定没有太多夸张。

> 如今的世界不言自明地说明了一切；无所不在的腐败证据，证明它正在走向崩溃。农民从农村消失，贸易从海上消失，士兵从军营消失；所有的商业诚信，所有的法庭上的正义，所有稳固的友谊，所有的艺术技巧，所有的道德标准——全都正在消失。

在接下来的一个世纪，没有几个皇帝是有能力的，也没有哪个皇帝算得上是仁君。从西弗勒斯去世到戴克里先登基的73年里，有二十个合法的皇帝（不包括名义上的联合执政者和一些篡位者），平均统治时间是两年半。克劳狄死于鼠疫，瓦勒良④被波斯人俘虏，德

---

① 公元5世纪末到10世纪末，由日耳曼法兰克人在西欧建立的封建王国。法兰克人是日耳曼人强大的一支部落，3世纪南迁而进入高卢（今法国南部）东北，定居于莱茵河下游地区。481年开始全力扩张，486年击溃西罗马在高卢的残余势力，占领高卢地区。公元800年，查理加冕称帝，成为查理曼帝国。843年内部分裂为三部分，即后来法国、德国和意大利的雏形。

② 阿尔及利亚北部和突尼斯西部（古代称为努米底亚）曾经居住过的一个古老游牧民族，以部落为单位分布在大漠各处。公元前3世纪时由迦太基统治，每年向这个奴隶制国家提供轻骑兵作为雇佣军。

③ 迦太基主教和早期基督教的一个重要作家，有许多拉丁语作品流传至今。

④ 瓦勒良(193年/195年/200—260年/264年)，公元253年到260年在位的罗马帝国皇帝。

西乌斯①死于对抗哥特人的战斗；其他所有的皇帝以及差不多每一个篡位者，都被人暗杀、用私刑处死或在内战中殒命。大面积的土地陷入荒芜——它们可能质量不好，但迄今为止，人们发现它们是有耕种价值的。在公元 2 世纪，便士（古罗马货币）下跌到仅是其自身价值的 0.5%。

戴克里先、君士坦丁以及他的继任者，在一段时期内竭力中止了无政府状态，但却是以整个社会受到严格管制从而变得僵化、任何个人自由都不复存在为代价的，他们所采取的税收比率破坏了个人积极性和公民责任感。帝国还对农民强行征兵，后者就像牛马一样被打上烙印，这样一来，如果他们成为逃兵，就很容易被认出来。通货膨胀的主要受害者，是收入来自长期抵押贷款和固定租金的各个市政府，以及靠工资生活的政府雇员。戴克里先增加了军队规模，但为了削减开支，便以实物作为报酬。在之前的两个世纪，会发给士兵装备和口粮用以冲抵工资，不过士兵们有望保留一半薪水，而且来自城市的征用食物或材料可以花钱购买。在戴克里先统治时期，在部队的升迁所伴随的不是工资的增加，而是口粮的增加，而且军队征用物资即使花钱也无法购买。不论是士兵还是公职人员，其处境都大不如前，抢夺和挪用公款的诱惑相应地变得更大。

候选人热切地希望通过参选而进入市政府，已经是很长时间以前的事情了。人们现在会被法律强制提供服务，一项又一项以罚款和没收财产威胁那些躲在乡下以逃避责任的官员的法令，表明这是正在发生的实际情况。

---

① 德西乌斯（约 201—251 年），从 249 年到 251 年在位的罗马帝国皇帝。

380年，政府不得不下令在旧房屋修复之前，禁止建设新的城市房屋；在385年，它不得不承担支付这种维修的三分之一的费用。在狄奥多西统治时期，一个公民的处境，必然可从下面的法令中看出端倪。

> 凡被发现窝藏离开法定住所或者逃避兵役的人的地主，将被活活烧死。（379年）
>
> 任何人胆敢砍掉一颗葡萄树或者限制果树产量而企图欺骗税务员，都将被判死刑，其财产应予以没收。（381年）
>
> 任何人强行从事他（她）无权从事的职业，都将以亵渎罪受罚。（384年）

到404年，帝国甚至无力维持基本法律与秩序，因为那年颁布的一项法令，授权所有公民可以不受惩罚地行使对共同敌人的公众报复权，他们可以自由地"处死在任何地方被发现的作恶者、土匪和逃兵"。

直到狄奥多西在395年死后，帝国才分为东西两部分，但自从戴克里先执政以来，这两部分地区就各行其是，而且从那时起，西罗马的崩溃可能就只是一个时间问题了。西部远比东部穷困，它的边界更长，更难防守。它遭到一次又一次的入侵。410年，在阿拉里克[①]带领下的哥特人侵入西罗马帝国，并洗劫了整个罗马。476年，一个拥

[①] 西哥特国王（395—410年），西哥特的第一个国王，395年洗劫希腊，并于410年入侵西罗马。

有共和国和帝国创始人名字的男孩——皇帝罗慕路斯·奥古斯都,被蛮族首领废黜,并软禁在拉文纳①的一所别墅中。

罗马帝国的衰落被归于许多原因:经济问题,出生率下降,保持蛮族不断迁移的亚洲草原的长期干旱,基督教,等等,而且它们似乎都有各自的说服力。然而,有一个问题仍然存在:帝国最初所依赖的基本原则,是否存在从长远来看,必然导致其灾难的某种基本缺陷?

帝国文明的思想范畴及其有关自然、人类和社会的概念,起源于希腊唯心主义哲学(卢克莱修所发展的伊壁鸠鲁类型的唯物主义很早就死亡了)。相比之下,古典理想主义是以两种共存共荣的原则——意识与原始物质——为假定前提的。就其本身而言,物质是一种无定型和无意义、并且会被意识强加某种形式或者模式的不稳定状态,除此以外,物质并不存在或者基本上并不存在。为物质赋予实体性质的各种被强加的形式,在这个过程中并不会失去它们的结构特征,但却保持永恒不变。而且,运动中的物质会抵抗各种强加的形式,因此永远都不可能提供完美的复制品。物质世界是一个不断变化的世界;它始终是真实世界的一种不充分反映。无论是作为柏拉图的理念还是作为亚里士多德的"不动的推动者"(原动力),对于那个神圣而又真实的世界而言,其本身即能自给自足,而不需要任何外部知识或者关注。为了解释形势和秩序在宇宙中的存在,柏拉图思想假定了一个具有中介作用的造物主(世界的灵魂),它一方面思考各种原始模型,另一方面将其强加于物质之上;换言之,柏拉图思想认为,造物主把

---

① 今意大利东北部港市。

理念加之于原始物质或混沌状态而构成宇宙。亚里士斯多德哲学假定了对于物质秩序存在一种内在的愿望。虽然"上帝不需要朋友，他实际上也不可能有任何朋友"，但所有的物质都会"爱上"上帝而且会变得有序。正如运动中的事物会发生改变一样，像星星这样的无生命的事物，会使它们自身的运动变得规律化和周期化，有生命的事物会遵循它们所属的物种或者类型而得以生存。仅就人类而言，凭借他们的理性，那个神性的存在可以成为一种体验对象，并通过它体验他们的命运主宰者的存在。然而，根据理性生活是非常困难的，需要做出艰苦的、"超我"的努力。那个作为身体能量的"本我"是有敌意的，而且你不要指望可以从神灵那里获得任何帮助。关于我们的感官很难感觉到的有关真和善的认知，是以对于这一认知的渴望为前提的，而这种渴望只存在于少数人当中。柏拉图这样的哲学家和亚里士多德这样的"具有高尚灵魂的人"，都是社会的异类。

对于古典理想主义学派而言，运动、过程以及变化就其本身而论，都是不幸的状态：完美意味着保持不变。这样一种观点对科学、政治、艺术和历史的影响是严重的。它允许研究数学和逻辑，以及生物和社会类型的分类，但认为对自然的实验研究必然是浪费时间，因为从不完美的复制品中不可能发现真相。在其有关宇宙学的观点中，作为对意识和物质这一对立体的回应，古典理想主义把历史和政治看成是永恒的美德和可变的命运之间的相互作用。探究一个人能够自觉找到运气的历史情况，往往都是无效的，因为就像原始物质一样，它们是无法理解的；试图发现是什么导致它们的成因，或者从中预测接下来会发生什么事，必然是浪费时间。人类的和平与幸福要依靠一个小小的精英群体。他们承担着发现和维持国家的完美形式的任务。一个人可以从无知变为有知，其"创造性"的目标是征服命运，并且由此结束历史，这一任务是如此艰巨，只有超人才能完成它。

罗马皇帝尝试要成为这样的超人。西塞罗和其他皇帝可能会就所有人应一律平等的自然法则发表动人的演说，但他们的言论和罗马的现实没有多少关联。罗马法律对于律师而言，可能是一个迷人的研究主题，而且由于我对它们一无所知，我愿意相信在民法的某些领域（譬如有关合同和遗嘱的法律），罗马人取得了很大的进步。我确实知道的一点是，债务人会被视为罪犯。在一般人最关心的两个法律领域——刑事诉讼法律和行政法律领域，也就是说涉及税收、军事服务、言论和行动自由的权利和限制的法令法规，我看不到罗马的记录有什么值得自夸之处。其刑事程序是残忍和低效的，在很大程度上要依靠告密者和折磨，而且没有表现出任何公平待遇或者一视同仁的倾向。如果说在其统治的晚期，这个帝国在法律上变得更加民主，那么这只是一种奴隶制的民主；鞭子的使用不再局限于下层阶级，仅此而已。

至于行政法律，公民对法令中的任何规定都没有发言权，也没有抗议的权利。由于皇帝既是国家的行政官，也是最高立法者，从理论上说，没有什么能够阻止他颁布任何他喜欢的法令；"那些会取悦王子的东西，"乌尔比安[①]说，"都将具有法律效力。"而且，由于皇帝

[①] 即多米夏斯·乌尔比安（约170—223年），古罗马五大法学家中最后一位。他的著作是查士丁尼《法学汇编》的主要来源，构成了该汇编将近三分之一的内容。在法学理论方面，他在历史上第一次区分了公法和私法。

被视为神圣的存在，任何违背他的法令的言行，都会被看作是一种叛国或者亵渎行为，犯有这一罪行的罗马贵族或者上层阶级成员，通常都很可能会被折磨和处决；一些皇帝正是这样做的。

古典主义不能容忍那些被视为无价值活动的艺术；它们要么必须被降格为用于某种道德或政治目的的教学仪器，要么必须加以压制。柏拉图睿智而清晰地看到了这一点；亚里士多德的《诗学》一书，暴露出他完全误解了他所探讨的主题。

罗马文学，包括诗歌和散文，是面向少数高雅时髦的受众的贵族艺术。这本身不是什么错误。随着吟游诗人为其酋长或者首领吟诵部落诗歌的时代结束，同时在发明印刷技术并使公共阅读变得普遍之前，文学不可能是其他任何东西。实际上，如果一种语言要实行其全部的功用和价值，一个高雅而庄严的"宫廷文学"时期很可能是必要的。在为一个挑剔的小圈子写作的过程中，古典拉丁学家发现了可以如何使用拉丁语，也发现了大量连词和从属短语，它们的时态和语序的灵活性，这些语法功能使拉丁语成为一种相当完美、可将事实组织成一个逻辑连贯的整体的工具。拉丁文学的缺陷，不在于它对于事实的处理方式，而在于它认为值得处理的事实数量极少。它倾向于回避除了和受过高等教育、以及在政治上拥有实权的人有关的经验之外的所有经验。中世纪文学同样只有范围很小的读者群，但很容易从普通公众中汲取它的创作素材来源。《坎特伯雷故事集》是写给一些高雅受众的，但其故事角色既不是朝臣，也不是闹剧中的滑稽人物。正如 W. P. 科尔[①]所写的那样：

[①] 威廉·佩顿·科尔（1855—1923 年），苏格兰文学学者、散文家。

古典主义的消亡是来自于一些内在因素，但其最致命的疾病在于罗马帝国缺少浪漫主义，特别是在拉丁语作品方面。就像约翰逊爵士所说的那样，"有关仙女的哥特式神话"与其说是意大利的财产，毋宁说是北欧的财产。在任何山村里，诗人们都有可能发现薄伽丘在《诸神的谱系》一书中所称赞的那些讲故事者的曾祖母和高祖母。意大利神话中的精灵和小仙子——"Lamiae"（薄伽丘这样称呼他们），也许给诗人带来过各种新的灵感。但是，老妪们的童话故事都没有被注意到，除了阿普列乌斯。

必须补充一句：阿普列乌斯唯一感兴趣的就是它们可怕或怪诞的元素。

在诗人当中的这种局限性，对历史学家而言是很致命的。值得一提的是，历史不是被罗马人视为所有文学的衍生之源，而是文学的一个婢女。人们可能会仰慕罗马历史学家的风格，或者喜欢他们书写的类似八卦新闻一样的东西，但你不要指望从中找到对于历史的深刻理解。正如吉本所评论的那样："他们会说出那些虽然值得称赞但可以省略的东西，却省略了真正值得说出来的东西。"他们认为，人们可以自由地在"邪恶"和"美德"之间作出选择，如果他们愿意，没有什么可以阻止他们去过他们先辈的生活，无论那是一种什么样的生活。关于他们的历史观，埃里希·奥尔巴赫[①]写道：

[①] 埃里希·奥尔巴赫（1892—1957年），德国语言学家，比较文学学者和评论家。

它看不到各种原动力,它看到的是罪恶和美德,成功和错误。它构想的问题不是关注历史发展(包括精神层面或者物质层面),而是道德判断。它表明了贵族不愿深入参与发展过程的倾向,因为这些过程会让人感觉粗俗、野蛮、狂热而又不合法……有关古代贵族统治、民主政治等的伦理观念甚至政治观念,是固定的先验模型概念。

这种态度的一个特征是,对于人们在现实中所说的话,以及所有能够表明叙述者个性的语法和词汇的特质,古典历史学家似乎完全缺乏兴趣。他们极少报告面对面的对话。当他们确实使用了"直接引语"时,那很可能是按历史学家本人的风格所写的一篇固定模式的演讲稿。

不管你是否喜欢基督教,你都不能否认这一事实:正是基督教和《圣经》使西方文学起死回生。有一种信仰认为,上帝之子是在一个马槽里出生的,他由此成为一个不重要省份的底层人之一,并且像一个奴隶那样死去,但这一切都是为了救赎所有的人:富人和穷人,自由人和奴隶,公民和野蛮人;这种信仰需要我们以一种全新方式看待人类;如果所有的人都是上帝的孩子,并且同样有能力拯救他人,那么,不论其地位或者才能如何,不论其具有美德还是不乏邪恶,都值得诗人、小说家和历史学家密切关注。接受过古典修辞传统训练的圣杰罗姆[①],可能会觉得《圣经》的内容有些"粗俗",但在翻译《圣经》的过程中,他也丝毫没有试图将其"古典化"(只有16世纪

[①] 圣杰罗姆(约347—420年),罗马帝国时期的基督教牧师、神学家和历史学家。

的人文主义者曾经疯狂地作过那样的尝试)。旧约圣经的一些故事(譬如亚伯拉罕和艾萨克的故事①,或者大卫和押沙龙②的故事),以及新约圣经中类似于圣彼得③和耶稣的故事,不适合任何古典文体类别;要翻译它们,就需要一种相当不同的语汇,甚至是一种不同的句法。

从第3世纪和第4世纪幸存下来的大多数作品,都是有关辩论的神学报道,其中包括新柏拉图思想者与基督徒的辩论,对于其信仰有不同解读的基督教徒之间的辩论。作为一个不为很多民众所待见(这种情形实在有些罕见),而且被怀疑具有可怕的秘密仪式(但大多数人不屑对此于深入探究)的很不起眼的教派,这些在马库斯·奥勒留统治时期的基督教徒的数量变得足够多,影响力也变得足够大,以至于能够被当局和知识分子认真对待。在过去一直是零星发生而且互不连贯的迫害行为,在那些具有高度警惕性的皇帝的指挥下,逐渐变为一种深思熟虑的有计划性的政策。像赛尔苏斯④和波菲利⑤这样的知

---

① 指圣徒亚伯拉罕为表达对上帝的忠诚,将独子艾萨克带到摩利亚山上献祭给上帝的故事。

② 根据圣经记载,押沙龙是古时以色列国王大卫第三子,为大卫所宠爱。他曾发动反抗父亲的叛乱,后来被堂兄约押所杀。尽管押沙龙是一个逆子,但大卫对他的死十分悲痛。

③ 十二门徒之首,是耶稣第一个选定的门徒。耶稣曾在被捕前预言,彼得会在鸡啼以前连续三次不肯承认认识他。果然,彼得在耶稣被审讯时因为害怕,前后三次不肯承认与耶稣的关系。为此,彼得一直都很后悔。所以,当他后来在罗马殉道时,他对行刑者要求把自己倒过来挂在十字架上,作为对自己的一种惩罚。

④ 赛尔苏斯,2世纪的希腊哲学家和早期基督教反对者。

⑤ 波菲利(约234—约305年),罗马帝国时期的一个新柏拉图思想哲学家。

识分子感觉到，基督教是一种严重到应当对其发起攻击的文化威胁，而且在基督教徒这边，现在已经有了像德尔图良和俄利根①这样的教育水准足以解释和捍卫其信仰的皈依者。今天阅读他们的论战内容，更令人感到吃惊的是他们所达成的一致观点，而不是他们之间的分歧。

> 你还想带走这一切吗，加利利人②？但你不应当带走它们——月桂树、棕榈和赞歌，以及在矮丛林中的仙女们的乳房：比鸽子的身体更柔软、会随着每一次轻柔的呼吸而抖颤的乳房；还有所有爱神的翅膀，以及在死亡之前的所有的喜悦。

这是斯温伯恩③的叙述。但是，他一方面刻画了快乐、漂亮、性感和外向的异教徒，另一方面展示了忧郁、瘦弱、自卑和内向的基督徒，是一个没有任何历史事实基础的浪漫神话似的写法。在这一时期的有关基督教和异教徒的作品，似乎都表明了这一倾向性，正如比利时语言学家约瑟夫·彼德兹所说的那样：

---

① 俄利根（184/185—253年/254年），罗马帝国时期的一个学者和早期基督教神学家。

② 巴勒斯坦北部地区，为一地形崎岖的高地，主要城市为采法特和拿撒勒（古代加利利地区可能还包括今黎巴嫩南部的一些地方）。史学观点认为，耶稣生于加利利的拿撒勒。

③ 斯温伯恩（1837—1909年），英国维多利亚时代最后一位重要的诗人。他在诗歌艺术上的特色，对于20世纪以来的外国诗人产生了深远的影响。

人们正在停止观察外部世界以及尝试了解它，利用它，完善它。他们仅仅以对于自身的关注为驱动力。关于天堂或者世界之美的观念已不再时髦，而且被有关上帝的观念所取代。

这样一种态度既不符合正统柏拉图思想，也不符合正统基督教精神。尽管其具有潜在的双重性，但正统柏拉图思想认为，物质宇宙在某种程度上是某种神性的显化。柏拉图在《蒂迈欧篇》①中说，宇宙"是一种我们可以理解、也可以感觉到的极其伟大、卓越而完美的上帝的映像"。在正统基督徒看来，上帝创造了世界"并且发现它很不错"，而且，"诸神宣告上帝的荣耀，天国展示了它的杰作"。但是在第3世纪，不管是在异教徒还是在那些想象自己是基督徒的人当中，激进二元理论开始兴盛。"一些人认为，宇宙创造者是一种邪恶的灵魂，或者是一个无知的灵魂，或者是对于思考上帝感到厌烦、从而转向各种劣等生命的无形的智能；其他人得出结论说，它是星际魔鬼的力量偶然创造的结果。"（E. R. 多兹）。人的灵魂在一个肉体中的化身被许多人认为是一种诅咒，而且被当作是早先在天堂所犯罪过的惩罚，或者是由灵魂本身做出的一个错误选择的结果。最终，在越来越多的人的眼中，身体变成了厌恶和怨恨的对象。在一些基督徒中有这

---

① 柏拉图的晚期著作，是柏拉图思想的一篇重要文献。柏拉图认为事物的内在结构是事物的本质，指出宇宙生成是必然作用和理性作用的结果。人的出现意味着宇宙演化的最终实现，造物者在自己的创造物中实现了自身，而宇宙本身就是活生生的神灵的自身。

样一种异端倾向：以淫欲取代作为原罪的傲慢，而且在肉体的苦修中看到的不是一种修行，而是通向救赎的唯一道路。当时，对于玄学、占星学、灵性和魔术的迷恋非常普遍。不论是异教徒还是基督徒，都会认真对待传达神谕的祭司和"腹语者"这种据说有超能力的人。阅读公元3世纪的基督教徒的论战，人们会得到这样的印象：教会处于极度危险的癫狂状态。只有一个作家——爱任纽[①]的作品，具有那种在接下来的两个世纪被定义的"正统"特征。然而，尼西亚会议[②]和迦克墩会议[③]能够就它们给出的教义定义达成一致这一事实表明，那些态度最明确、诉求也最强烈的异教徒，并不能够代表他们在公元3世纪时期的教友。并非所有的人（甚至并非绝大部分人）都相信基督的身体是一个诺斯替教徒，是像德尔图良那样的神秘唯物主义者，是像克莱门斯[④]那样的神秘理想主义者，是像俄利根那样的自我阉割的人，或者表现得像为避免使用上帝的创造物——水，因而总是用自己的唾液洗脸的马西昂派教徒。

[①] 爱任纽（130—202年），使徒教会后期的神学家，法国里昂的大主教。

[②] 基督教会史上在小亚西亚北部的尼西亚城召开的两次世界性主教会议，分别称为第一次大公会议（325年）和第二次大公会议（787年）。第一次会议颁布了《尼西亚信经》，主要内容是宣告三位一体为信仰中心，并制定教会法规以扩大正统派主教的权力，但规定主教权由皇帝任免。第二次会议恢复了圣像崇拜，废除逾越节，并规定政府无权委任主教、神父及助祭人员。

[③] 451年在尼西亚附近的迦克墩召开的第四次基督教大公会议，约有600位主教参加会议。会议除再度肯定基督有完全的神性以外，又承认"基督有完全的人性"。教会宣告："基督只有一个位格，但兼具神、人二性。"而这两性之间的关系是"不相混合，不相交换，也不能分割"。

[④] 即提图斯·弗拉菲乌·克莱门斯（约150—约215年），希腊基督教神学家。

朱利安尝试建立他自己的崇拜太阳神的宗教的失败，以及他的继任者们轻易地镇压了异教徒崇拜（涉及极少数异教徒的殉难）这一事实表明，到君士坦丁时期的所谓的皈依时代，基督教作为一种信仰，最终战胜了它的对手新柏拉图思想、密特拉教①和摩尼教。对于这种胜利可以给出很多解释：殉难者的勇气给人们留下了深刻的印象，教会拒绝将其成员资格局限于一个精英阶层，或者拒绝让神秘的体验成为救赎的必要条件，它给任何有才能或者有品德的人提供机会，使之可以在教会阶层获得高位，它也有能力让其皈依者在教会和社区中体验到一种归属感，另外，它也具备突出的哲学优势。"Credo ut intelligam"②是一个适用于除身体疼痛之外的所有体验的格言，而且相对于其他教义，基督教教义对于各种人类体验作出了更清晰的解释。君士坦丁和他的继任者们非但没有为这一胜利作出过多少贡献，而且几乎将其毁掉。教会所面临的最大的灾难，也是我们仍在为其付出某种代价的灾难，是狄奥多西将基督教接纳为得到国家强力支持的官方宗教，以及在接下来的几个世纪蛮族居民的大量皈依（通常采用强制手段）。

君士坦丁和狄奥多西接纳基督教，纯粹是出于异教徒的原因；他们希望"基督教"的上帝会确保他们的政治和军事上的成功；布莱克对于圣经主祷文译本的重译清晰地表明了这一点。

---

① 一个古代的秘密宗教,在公元前1世纪到公元5世纪最为兴盛。它主要崇拜密特拉神（史前文明社会雅利安人曾信奉的神），而且只接受男性入教，所以在罗马帝国时期的士兵当中十分流行（密特拉原意是 | "契约"，因此也被视为"契约之神"）。

② 拉丁语的意思是"我之所以相信，乃是为了了解（即信仰的目的是为了要得到知识）"。

我们的慈父奥古斯都·恺撒，你来自遥远的天国。愿凡人都尊你的名为圣，愿你的王国永恒。你的王权将首先降临于地，继而上升于天。愿你每天给我们大量纳税钱购买食物；合理对待我们的债务和纳税；愿你引导我们远离圣经，让维吉尔和莎士比亚的著作成为我们的圣经；愿你带领我们走出耶稣时代的邪恶和贫穷。你的王权是天赋的神权，你的后代将永远受到权力、战争、荣耀或者法律的护佑；因为你才是唯一的上帝。阿门。

正如查尔斯·科克伦所写的那样：

将信仰作为一种政治原则，与其说是为了将文明基督教化，不如说是为了让基督教"文明化"；它不是要将人类的权力机构用于为上帝服务，而是要将为上帝服务的概念等同于维护人类的机构，在这种情况下，人类的机构所指的就是一个华而不实的帝国，一个起源于追求各种人类目标的体系，这种体系迄今已堕落到不再公开承认使其诞生的基本价值观，而且现在仅仅通过纯粹和彻底的武力加以维持。所以，以文化取代宗教作为一种凝聚力原则，不仅远未让古罗马精神复兴，而且为导致罗马帝国秩序瓦解的力量添加了最后的和决定性的元素。

隐士运动以及后来取代它的修道运动，本质上都不是对抗异教主义的运动，而是反对基督教世俗化的运动。在我们谴责沙漠隐士以前（正如 18 世纪和 19 世纪拒绝接受其公民责任的人文主义者所做的那样），我们必须记得，对于很多人而言，尤其是对于受过良好教育或者生活优裕、可能会成为治安法官或公职人员的人而言，承担这样的职位究竟意味着什么。治安法官不得不对违规者施以折磨；即使在我们看来那种似乎是他们最古怪而又可厌的特征——即他们对于洗浴的恐惧，也可能变得更容易理解（假使我们更多地了解到男人和女人在城市公共浴池中的所作所为①的话）。对于任何能够认真对待其信念的人而言，"基督徒"帝国的城市生活，必然似乎是个令人震惊的景象。被贴上一个基督徒的标签，可以具有一种世俗化的优势；凭借临终忏悔，所有的罪孽都可一笔勾销。当时必然有为数众多的人继续欣赏角斗表演，与野兽的搏斗，淫秽哑剧，等等。卡瓦菲斯所描述的安提阿公民对于皇帝朱利安的一次驾临的反应，可能很接近于事实。

> 他们（安提阿的基督徒）不可能放弃
> 他们可爱的生活方式；
> 他们丰富多彩的日常娱乐；
> 以及他们发现可将艺术与情欲
> 完美结合的无比宏伟的剧院！
> 他们在某种程度上，不，
> 可能是在相当大的程度上
> 是不道德的。但他们感到满足，

---

① 指当时的罗马帝国在两性关系上放荡不羁的社会风气。

> 因为他们的生活是饱受关注的
> 安提阿的生活,是令人愉悦的
> 高品质的生活。
> 如果他们失去了所有这一切,
> 他们可能会被迫关注什么呢?
> 他喋喋不休地谈论的虚假的神灵,
> 他令人厌烦的自我表白;
> 他对于剧院的幼稚的恐惧;
> 他那缺乏教养的假正经;
> 还有他那可笑的胡须。

大多数人对于沙漠教父①的概念,来自他们所听到的有关西蒙·斯提来特的事情,而这对他们是不公平的。首先,那些修行者当中很少有人是乞丐;大多数人靠编棕榈叶篮子和垫子过着朴素的生活。当然,他们当中也有男性疯子和过度狂热的女性,但许多趣闻逸事表明,他们大都是清醒而谦逊的信徒。修道运动在其鼎盛时期,产生了一些令人印象深刻的人物,他们具有诚信、智慧、洞察力,以及宽厚之德和善良之心。教会当局通常也不鼓励过度禁欲。一部早期的宗教教义,曾批评那些在禁食的日子里避开酒肉的人,因为"这是对造物主的亵渎"。我们应当更多地感谢沙漠教父。古代晚期的人们知道许多乐趣,但有关那种对我们而言意义重大的乐趣,他们最初完全一无所知,直到隐士们发现了它,那就是修行带来的自我陪伴的乐

---

① 指3世纪起在埃及沙漠和旷野地带苦修的牧师。

趣。没有什么比奥古斯丁所记录的一个逸事更能够例证古典文明所具有的一个迷人的特征——他讲述了当看到有的隐士不出声地采用"腹语"方式阅读时,他有多么惊讶:那是一个全新的世界。同样,那些隐士似乎是一些最早欣赏野性之美的人,也是最早和野生动物做朋友而非猎杀它们的人。

虽然修道运动直到西罗马帝国崩溃之后才得到充分发展,但它毕竟已经步入了正轨。人们开始意识到,虽然对于某些特殊的人和他们生活的某些时期而言,孤独的退隐行动可能是有价值的,但人终归是一种社会动物,通常需要与他人一起生活。需要解决的一个问题,就是设计出一种社会组织,它将不是建立在集体利己主义之上的极权主义组织,也不是建立在个人野心和利己主义之上的竞争性的组织。无论在此之前或者从那以后,在其最好的发展时期,修道运动比其他社会形式都更好地解决了这个问题。当然,它的缺陷就在于,到目前为止,它的参与者只局限于独身主义者。也许这是一种必然:也许家庭生活和公共生活并不具有兼容性(除了在灾难性的情况下)。但是,我们应当给予其更多的关注。

"阅读有关各个王国灭亡的历史以及帝国的革命史,"约翰逊爵士说,"会给人带来更大的宁静感。"我不能确定,如果说此举会给今天的人们带来更大的"兴奋感",是否更准确一些。鉴于有关当代历史小说(其中有很多都涉及罗马帝国的衰亡)和科幻小说提供的证据,真正吸引我们的方面,似乎是一个灾难性的社会与景观——一座曾经繁荣而伟大的城市的废墟,劣质的土地,长满杂草的道路,以及那些学习如何在野蛮条件下生活的个人和族群。同样值得关注的是,公众对于新石器时代或青铜时代考古学的兴趣，远远大于对古希腊罗马考古学的兴趣。

对于这种兴趣的变化，我能猜想出不同的原因，有些是好的，有些令人担忧。和我们的先辈相比，我们对于世俗的成功更为怀疑，我们更不愿相信这一结论：经济、社会和种族的不平等符合自然规律和上帝的规律。当我们阅读《埃涅阿斯纪》时，根据维吉尔在权利和力量之间建立的联系，我们能够识辨出它们在这部史诗中的意义，但我们显然对这种关系的实质感到厌恶。我们往往会认同布克哈特的观点。

"类似的途径必然是最佳途径，哪怕只是因为它通向我们自己的家园。"这种态度隐藏着多么大的冷酷和无情：它完全忽视了被征服者沉默的呻吟声。那些被征服者通常除了维系自己的生命，不再渴望其他任何东西。需要让多少东西消亡，新的事物才有机会出现！

相比于维吉尔所描绘的依靠埃涅阿斯而取得的军事胜利，对于我们而言，马克西米安的一首哀诗中记录的下面这个故事更加令人感动。在作为一个使者被狄奥多里克①派到君士坦丁堡以后，他和一个女孩好上了。他年纪越来越大，并且发现自己阳痿。女孩开始哭泣。

---

① 狄奥多里克（454—526 年），东哥特人的领袖（471 年起），东哥特王国（其疆域大部分位于今日的意大利）的建立者（493—526 年在位）。从 511 年开始，他还是西哥特王国的摄政。

他试图安慰她,并向她保证,她可以很容易找到一个更合适的爱人。"不是因为那个,"她说,"是因为世界普遍混乱。"

我想,我们当中很多人都被这样的感觉所困扰,那就是,我们的社会(这里所说的"我们",我指的不仅仅是美国或者欧洲,而是指全世界的技术文明时代)无论是被正式贴上资本主义、社会主义还是共产主义的标签,都将走向崩溃,而且这很可能是一个必需的过程。

就像3世纪一样,20世纪是一个充满压力和焦虑的时代。以我们自身为例,并不是说我们的技术太原始以至于无法应对新问题,但实际上,我们的技术梦幻般的成功,的确正在创造出一个可怕、嘈杂、拥挤,让正常的人生变得越来越艰难的世界。当我们对这种情形进行反思和回顾时,我们可以在3世纪看到许多类似的情形。我们有的不是诺斯替教徒,而是存在主义者和相信"上帝死了"的神学家;我们有的不是新柏拉图思想者,而是禅宗信徒;不是沙漠隐士,而是沉溺于海洛因的嬉皮士。我们热衷的不是身体的修行,而是施虐受虐狂的色情;至于我们的公共娱乐,相比于椭圆形露天竞技场,电视提供的精神食粮仍然是一个不那么残忍和庸俗的慰藉,但只不过是一种慰藉,而且可能未必持续很长时间。

我不知道在我死去之前究竟会发生什么,我只知道我不会喜欢那种情形。大约十年前,我曾在一首名为《罗马的陨落》的短诗中表达了我的预测:

> 一阵阵波涛将码头冲击;
> 在寂寥的旷野上,大雨

向一列废弃的火车倾泻；
各路匪徒都麇集在山洞里。

女士的晚礼服越发妖娆；
保护帝国金库的特务们
搜捕潜逃的欠税者，
追进各省城镇的下水道。

神秘的魔法仪式逼近，
将进入寺院的妓女催眠；
所有的文人墨客
都只有一个想象中的知音。

孤僻而偏执的帝国大亨
或许青睐古老的清规戒律，
但满身肌肉的水手们
为食物和薪水酝酿暴动。

凯撒的双人床温热而松软；
一个地位低微的小职员
在一张粉红色官方表格上，
写下了"我讨厌上班"。

小鸟们有着鲜红的脚趾,
却生来就得不到财富和怜悯。
它们蹲伏在满是斑点的蛋上,
紧盯着每一座流感肆虐的城市。

在另一个遥远之地,
成群结队的驯鹿穿越
绵延数里的金黄色苔藓,
无声而又迅疾。

参考文献

Gibbon and the Eighteenth Century

Bowersock,G. W.,John Clive, and S.R.Graubard,eds. *Edward Gibbon and the Decline and Fall of the Roman Empire.* Cambridge Mass: Harvard University Press, 1977.

Craddock, Patricia. *Young Edward Gibbon, Gentleman of Letters.* Baltimore: Johns Hopkins University Press, 1982.

——. *Edward Gibbon: A Reference Guide.* Boston: G. K. Hall, 1987.

——.*Edward Gibbon, Luminous Historian 1772–1794.* Baltimore: Johns Hopkins University Press, 1989.

Ducrey, Pierre, ed. *Gibbon et Rome à la lumière de l'historiographie moderne.* Geneva:Droz, 1977.

Folkenflik, Robert. *Samuel Johnson, Biographer.* Ithaca: Cornell University Press,1978.

Pocock, John G. A. *Barbarism and Religion.* Vol. 1, *The Enlightenments of Edward Gibbon.* Cambridge: Cambridge University Press, 1999.

——.*Barbarism and Religion.* Vol. 2, *Narratives of Civil Government.*

Cambridge:Cambridge University Press, 1999.

———.*Barbarism and Religion*. Vol. 3, *The First Decline and Fall*. Cambridge:Cambridge University Press, 2003.

———.*Barbarism and Religion*. Vol. 4, *Barbarians, Savages and Empires*. Cambridge:Cambridge University Press, 2005.

Womersley, *David, Gibbon and the "Watchmen of the Holy City": The Historian and His Reputation 1776–1815*. Oxford: Clarendon Press, 2002.

Sign Language in Italy and Antiquity

de Jorio, Andrea. *Gesture in Naples and Gesture in Classical Antiquity*. Translated,with introduction and notes, by Adam Kendon. Bloomington: Indiana University Press, 2000.

Berlioz

Barzun, Jacques. *Berlioz and the Romantic Century*. Boston: Little Brown, 1950.

Cairns, David. *Berlioz, 1803–1832: The Making of an Artist*. London: Deutsch,1989.

———.*Berlioz, 1832–1869: Servitude and Greatness*. London: Allen Lane, 1999.

Lear

Noakes, Vivien. *Edward Lear: The Life of a Wanderer*. London: Collins,

1968; revised and enlarged edition. Stroud: Sutton, 2004.

Burckhardt

Cesana, Andreas, and Lionel Gossman, eds. *Begegnungen mit Jacob Burckhardt/Encounters with Jacob Burckhardt.* Basel/Munich: Schwabe/Beck, 2004.

Momigliano, Arnaldo. "Introduction to the *Griechische Kulturgeschichte* by Jacob Burckhardt." In *A. D. Momigliano: Studies on Modern Scholarship*, edited by G. W. Bowersock and T. J. Cornell, 44–53. Berkeley: University of California Press, 1994 [Cornell's English version of the Italian original].

Classics between Europe and America

Briggs, Ward W., ed. *Soldier and Scholar: Basil Lanneau Gildersleeve and the Civil War.* Charlottesville: University Press of Virginia, 1998.

Dyson, Stephen L. *A History of Classical Archaeology in the Nineteenth and Twentieth Centuries.* New Haven: Yale University Press, 2006.

Marchand, Suzanne. *Down from Olympus: Archaeology and Philhellenism in Germany 1750–1970.* Princeton: Princeton University Press, 1996.

Winterer, Caroline. *The Culture of Classicism: Ancient Greece and Rome in American Intellectual Life 1780–1910.* Baltimore: Johns Hopkins University Press, 2002.

Cavafy

Haas, Diana. "Cavafy's Reading Notes on Gibbon's *Decline and Fall*."

Folia Neohellenica 4 (1982): 25–96.

———.*Le problème religieux dans l'oeuvre de Cavafy. Les années de formation 1882–1905.* Paris: Presses de l'Université de Paris—Sorbonne, 1996.

———.*Grand Street* (Spring 1983). Entire issue devoted to Cavafy.

Keely, Edmund. *Cavafy's Alexandria.* Cambridge, Mass.: Harvard University Press 1976; rev. ed. Princeton: Princeton University Press,1996.

Savidis, George (GP. SabbíídhV). Mikra` Kabajiká Athens: Hermes 1985 (vol. 1), 1987 (vol. 2).

Savidis, Manolis. *The Official Website of the Cavafy Archive,* containing Greek texts and various translations of both poems and prose, as well as selected published essays about these works: http://www.cavafy.com/.

Momigliano

Brown, Peter. "Arnaldo Dante Momigliano, 1908–1987." *Proceedings of the British Academy* 74 (1988): 405–42.

Dionisotti, Carlo. *Ricordo di Arnaldo Momigliano.* Bologna: Il Mulino, 1989.

Miller, Peter N. *Momigliano and Antiquarianism: Foundations of the Modern Cultural Sciences.* Toronto: University of Toronto Press, 2007.

Steinberg, M., ed. *The Presence of the Historian: Essays in Memory of Arnaldo Momigliano.* History and Theory *Beiheft* 30. Wesleyan University, 1991.

Kapus´cin´ski and Herodotus

Bowersock, G. W. "Herodotus, Alexander, and Rome," *The American Scholar* (Summer, 1989): 407–14.

Dewald, Carolyn, and J. Marincola, eds. *The Cambridge Companion to Herodotus.*

Cambridge: Cambridge University Press, 2006.

Kapus´cin´ski, Ryszard. *Travels with Herodotus.* New York: Knopf, 2007.

Strassler, Robert B., ed. *The Landmark Herodotus.* New York: Pantheon, 2007.

Auden and the Fall of Rome

Auden, W. H. *Forewords and Afterwords.* New York: Vintage, 1989.

Brown, Peter. *The World of Late Antiquity.* London: Thames and Hudson, 1971.

——."The World of Late Antiquity Revisited," *Symbolae Osloenses* 72 (1997):5–30.

Cochrane, C. N. *Christianity and Classical Culture: A Study of Thought and Action from Augustus to Augustine.* Oxford: Clarendon Press, 1940.

Dodds, E. R. *Pagan and Christian in an Age of Anxiety.* Cambridge: Cambridge University Press, 1965.

译后记

本书收录了当代知名历史学家、普林斯顿高等研究所古代史名誉教授G. W. 鲍尔索克的17篇论文。它们在很大程度上是以伟大的历史学家爱德华·吉本及其巨著《罗马帝国衰亡史》为核心研究主题的（尤其是前四章）。吉本的深刻影响，也进一步体现在其他围绕雅各布·布克哈特（19世纪以意大利文艺复兴时期历史研究而著称的学者，他有关古代晚期的作品直到最近几年才被充分重视）、康斯坦丁·卡瓦菲斯（现代希腊诗人，他对于吉本的《罗马帝国衰亡史》的诠释和解读，能够让我们更多地了解他的历史诗歌）以及W. H. 奥登（他撰写了《罗马的陨落》等诗作，以一种奇特的方式向吉本表达了敬意）等人所写的多篇研究论文当中。这些学术性文章能够给读者带来极大的审美享受，以及具有前瞻价值的大量知识性信息。作者以准确、优雅和洗练的语言，向我们呈现了一幅幅精彩生动的历史和文学（尤其是诗歌）画卷。我们不仅可以从中体验到一种明显的智力活动的力量，也能够感受到古典历史研究带来的强烈的情感冲击。

在过去将近五十年的时间里，G. W. 鲍尔索克所撰写的诸多书籍和文章，确立了他在古代史（尤其是从古代雅典到早期伊斯兰教）研究领域的大师地位。事实上，这绝非一本普通的学术性书籍，它所汇总的这一系列文章，第一次集中展示了鲍尔索克在推动现代文化与古代世界的全新对话方面的开创性研究成果。通过鲍尔索克本人那极具批判性和鉴赏性的眼光，他对于诸多历史学家和文学家及其著作的全面和深入的分析，读者将了解到吉本那些不朽的历史性散文的特殊价值，卡瓦菲斯和奥登那些别具一格的作品的内在特征，布克哈特与众不同的历史观，以及有关19世纪那不勒斯手语的经典研究结论，它有助于增强读者对于古典历史和文化更大的兴趣，并且形成更加广泛而又富有洞察力的认知。从这个意义上说，本书等于是为所有专业人士和广大读者打开了一个真正有用的窗口。

值得一提的是，能够将本书顺利译成中文并推荐给广大读者，是与蔡建坤、林月平、王伟、孟繁国等30人的大力支持与协助分不开的，在此谨致由衷的谢意。

于海生
2015年9月

编后记

G.W. 鲍尔索克教授是治古希腊史、罗马史和近东史的名家，也是对爱德华·吉本很感兴趣的著名学者，曾主编过《爱德华·吉本和罗马帝国的衰亡》(*Edward Gibbon and decline and fall of the Roman Empire*) 一书。本书是他的一部文集，主题是探讨西方古典传统自十八世纪到二十世纪在西方世界的传承和变迁，涉及吉本、柏辽兹、布克哈特、卡瓦菲斯、莫米利亚诺和奥登等西方文化名人，其中谈论吉本的文章所占比重最大，一共有四篇。自前几年在国图读过其中几篇文章后，便一直想引进此书。因本书涉及的西方文史知识较多，加之作者文笔优美，翻译难度较大，幸得于海生先生施以援手，在要求的时间里完成了此书的翻译。书中引用的卡瓦菲斯的诗歌片段，其中有部分是好友诗人陈迟恩先生帮忙翻译的。在此一并致谢。

编　者

作者简介

G.W. 鲍尔索克教授是希腊、罗马、近东历史和文化研究的权威，也是现代文学中的古典传统研究的专家。他精通多种语言，对古典文本极其娴熟，将古典文本与碑文、古钱币、镶嵌工艺品和考古挖掘物相结合，使他对不同文化的融合常能提出富于启迪的独到之见。他的研究兴趣包括罗马帝国和古代晚期的东部希腊世界以及伊斯兰教创立之前的阿拉伯世界。鲍尔索克是400多篇论文和十几本书的作者，其著作包括《奥古斯都和希腊世界》《罗马帝国中的希腊智术师》《叛教者朱利安》《古代晚期的希腊文化》《殉教与罗马》和《从吉本到奥登：古典传统论集》等。

图书在版编目（CIP）数据

从吉本到奥登：古典传统论集/（美）G.W.鲍尔索克（G.W. Bowersock）著；于海生译. -- 北京：华夏出版社，2017.8
书名原文：From Gibbon to Auden
ISBN 978-7-5080-9017-7

Ⅰ．①从… Ⅱ．①G… ②于… Ⅲ．①西方文化－文化史－文集 Ⅳ．①K500.3-53

中国版本图书馆 CIP 数据核字(2016)第 264322 号

FROM GIBBON TO AUDEN: ESSAYS ON THE CLASSICAL TRADITON/ by G. W. Bowersock/ ISBN:978-0-19-985694-7
Copyright© 2009 by Oxford University Press,Inc.
"FROM GIBBON TO AUDEN: ESSAYS ON THE CLASSICAL TRADITION,FIRST EDITION" was originally published in English in 2009.This translation is published by arrangement with Oxford University Press.

本书中文简体翻译版由牛津大学出版社授权华夏出版社独家出版。

版权所有 翻印必究
北京市版权局著作权合同登记号：图字 01-2015-5538 号

从吉本到奥登：古典传统论集

作　　者	[美] G.W. 鲍尔索克	译　者	于海生
责任编辑	罗　庆		

出版发行　华夏出版社
经　　销　新华书店
印　　装　三河市万龙印装有限公司
版　　次　2017 年 8 月北京第 1 版
　　　　　2017 年 8 月北京第 1 次印刷
开　　本　880×1230　1/32 开
印　　张　11
字　　数　250 千字
定　　价　59.00 元

华夏出版社　地址：北京市东直门外香河园北里 4 号　邮编：100028
　　　　　　网址：www.hxph.com.cn　电话：（010）64663331（转）
若发现本版图书有印装质量问题，请与我社营销中心联系调换。